SOCIÉTÉ DE L'HISTOIRE
DE LA RÉVOLUTION FRANÇAISE

Conserver la Couverture

1663

LISTE DES MEMBRES

DE LA

NOBLESSE IMPÉRIALE

DRESSÉE

D'APRÈS LES REGISTRES DE LETTRES PATENTES

CONSERVÉS AUX ARCHIVES NATIONALES

PAR

ÉMILE CAMPARDON

PARIS, AU SIÈGE DE LA SOCIÉTÉ
4, RUE DE FURSTENBERG, 4

SOCIÉTÉ

DE

L'HISTOIRE DE LA RÉVOLUTION FRANÇAISE

Comité directeur et Bureau

LISTE DES MEMBRES

DE LA NOBLESSE IMPÉRIALE

SOCIÉTÉ DE L'HISTOIRE
DE LA RÉVOLUTION FRANÇAISE
COMITÉ D'ÉTUDES POUR LA PRÉPARATION HISTORIQUE
DU CENTENAIRE DE 1789

LISTE DES MEMBRES

DE LA

NOBLESSE IMPÉRIALE

DRESSÉE

D'APRÈS LES REGISTRES DE LETTRES PATENTES

CONSERVÉS AUX ARCHIVES NATIONALES

PAR

ÉMILE CAMPARDON

PARIS

AU SIÈGE DE LA SOCIÉTÉ

4, RUE DE FURSTENBERG, 4

1889

LISTE DES MEMBRES

DE LA

NOBLESSE IMPÉRIALE

DRESSÉE

D'APRÈS LES REGISTRES DE LETTRES PATENTES

CONSERVÉS AUX ARCHIVES NATIONALES (1).

ABBÉ (Jean-Nicolas-Louis), général de brigade, baron de l'Empire, 30 octobre 1810.

ABERT (Pierre-Sulpice), capitaine au 1er carabiniers, baron de l'Empire, 29 août 1810.

ABOVILLE (Augustin-Marie), colonel du 3e d'artillerie à cheval, baron de l'Empire, 5 octobre 1808.

ABOVILLE (François-Marie), sénateur, comte de l'Empire, mai 1808.

ABRIAL (André-Joseph), sénateur, comte de l'Empire, 26 avril 1808.

ABSOLUT DE LA GASTINE (François-Charles), colonel au corps impérial du génie, directeur des fortifications, baron de l'Empire, 24 juin 1808.

(1) Cette liste a été dressée par M. Émile Campardon, dont le zèle érudit a déjà rendu tant de services aux études historiques. La Société de l'histoire de la révolution le remercie vivement d'avoir consenti à lui communiquer un document aussi précieux, qu'il avait préparé pour l'usage intérieur des Archives nationales, et dont M. le garde général a bien voulu autoriser la publication. — Le registre des lettres-patentes ne comprend pas la période des Cent jours, dans laquelle d'ailleurs (à en juger par le *Bulletin des lois*) Napoléon ne conféra de titre nobiliaire qu'au seul Carnot, et cela en raison de ses fonctions de ministre de l'intérieur. Voir plus bas la note au mot CARNOT (Lazare-Nicolas-Marguerite).

ADET (Pierre-Auguste), préfet du département de la Nièvre, chevalier de l'Empire, mai 1808.

AGAR DE MERCUEZ DE MOSBOURG (Jean-Antoine-Michel), grand dignitaire du royaume des Deux-Siciles, ministre des finances du roi de Naples, comte de l'Empire, 3 février 1813.

AGEN (la ville d'), concession d'armoiries, 23 avril 1812.

AGIS DE SAINT-DENIS (Louis-Pierre), président du canton de Beaumesnil, arrondissement de Bernay, membre du collège électoral du département de l'Eure, baron de l'Empire avec majorat, 10 avril 1811.

AGUESSEAU (Henri-Cardin-Jean-Baptiste d'), sénateur, comte de l'Empire, 24 avril 1808.

AIGREMONT (Guillaume-François d'), colonel du 13ᵉ cuirassiers, baron de l'Empire, 25 mai 1811.

AILLIET (Pierre-Gabriel), chef de bataillon au 30ᵉ de ligne, chevalier de l'Empire, 16 décembre 1810.

AIX (la ville d'), département des Bouches-du-Rhône, concession d'armoiries, 16 décembre 1810.

AIX-LA-CHAPELLE (la ville d'), concession d'armoiries, 6 juin 1811.

ALBERJOUX (Jean-Marie), chef de bataillon au 25ᵉ de ligne, chevalier de l'Empire, 23 février 1811.

ALBERT (Georges), capitaine aux grenadiers à pied de la garde impériale, chevalier de l'Empire, 23 mai 1810.

ALBERT (Joseph-Jean-Baptiste), général de brigade, baron de l'Empire, 14 avril 1810.

ALBISSON (Jean), conseiller d'État, chevalier de l'Empire, 11 août 1808.

ALEIN (François-Mathurin), agent judiciaire du trésor impérial, membre du collège électoral du département des Ardennes, chevalier de l'Empire, 23 octobre 1811.

ALEXANDRIE (la ville d'), concession d'armoiries, 13 juin 1811.

ALFIERI DE SOSTEGNO (Charles-Emmanuel-Ferdinand), maître des cérémonies du prince Borghèse, baron de l'Empire, 14 avril 1810.

ALIX (Jean-Baptiste), chef de bataillon en retraite, chevalier de l'Empire, 14 juin 1810.

ALLEMAND (Zacharie-Jacques-Théodore), vice-amiral, comte de l'Empire, 26 avril 1811.

ALLIOT (Claude-Louis), capitaine commandant la compagnie de réserve de la Haute-Loire, chevalier de l'Empire, 1ᵉʳ janvier 1813.

ALMÉRAS (Louis), général de brigade, baron de l'Empire, 27 septembre 1810.

ALPHONSE (François-Jean-Baptiste d'), préfet du Gard, baron de l'Empire, 9 mars 1810.

ALQUIER (Charles-Jean-Marie), ancien ambassadeur dans les cours étrangères, chevalier de l'Empire, 28 mai 1809.

ALSACE (Pierre-Simon d'), chambellan de l'Empereur, comte de l'Empire, 19 septembre 1810.

ALTON (Alexandre d'), colonel du 59e de ligne, baron de l'Empire, 15 janvier 1809.

ALTON (Jacques-Wulfrand d'), receveur général, majorat avec le titre de comte, après la mort du sénateur Shée, 17 avril 1812.

AMEIL (Auguste-Jean-Joseph-Gilbert), colonel du 24e chasseurs, baron de l'Empire, 9 mars 1810.

AMEY (Pierre-Joseph), général de brigade, baron de l'Empire, 11 juin 1810.

AMIENS (la ville d'), concession d'armoiries, 6 juin 1811.

AMIOT (Aspaïs), membre du collège électoral du département de Seine-et-Marne, maire de Saint-Martin-du-Tertre, baron de l'Empire avec majorat, 21 février 1814.

AMIRA (Jean-Baptiste), chef de bataillon adjoint à l'état-major général, chevalier de l'Empire, 13 août 1810.

AMORETTI D'ENVIE (Eugène-Jacques-Hyacinthe-Michel), adjudant commandant, chevalier de l'Empire, 27 septembre 1810.

AMSTERDAM (la ville d'), concession d'armoiries, 13 juin 1811.

AMY (Joseph), colonel du 6e léger, baron de l'Empire, 2 novembre 1810.

ANDLAU (Armand-Gaston-Félix d'), chambellan de l'Empereur, comte de l'Empire, 14 avril 1810.

ANDLAU (Hardouin-Gustave d'), écuyer de l'impératrice Joséphine, baron de l'Empire, 6 octobre 1810.

ANDRÉ (Claude), ci-devant évêque de Quimper, membre du chapitre impérial de Saint-Denis, baron de l'Empire, 16 septembre 1808.

ANDRÉ DE LA FRESNAIE (Noël-Urbain), propriétaire, baron de l'Empire avec majorat, 13 avril 1811.

ANDRÉOSSY (Antoine-François), ambassadeur à Vienne, général de division, inspecteur général du corps impérial de l'artillerie, comte de l'Empire, 24 février 1809.

ANDRÉOSSY (Victor-Antoine), général de brigade, inspecteur du génie, baron de l'Empire, mai 1808.

ANDRÉOSSY (Joseph-Pierre-Claude), membre du collège électoral de l'Aude, ingénieur en chef honoraire des ponts et chaussées, baron de l'Empire, 8 avril 1813.

ANGERS (la ville d'), concession d'armoiries, 29 janvier 1811.

ANGOSSE (Charles-Constant-Joseph d'), chambellan de l'Empereur, comte de l'Empire, 14 février 1810.

ANGOT DARSONVAL (Jean-François), adjudant commandant, chevalier de l'Empire, 27 septembre 1810.

ANGUISSOLA D'ALTOË (Ferrand), membre du collège électoral du département du Taro et du conseil municipal de Plaisance, baron de l'Empire, 26 avril 1811.

ANGUISSOLA DE GRASSANO (Ranuce-Charles-Joseph-Marie-François-Paul-Louis-Balthasar-Melchior-Gaspard), sénateur, comte de l'Empire, 15 août 1809.

ANSALDO GRIMALDI DELLA PIETRA (Louis-Nicolas-Gaspard), chambellan de l'Empereur, comte de l'Empire, 14 août 1813.

ANSELME (Charles-François-Ambroise), capitaine en retraite, chevalier de l'Empire, 2 mars 1811.

ANSELME, dit BAPTISTE (Joseph-François-Eugène-Benjamin), colonel du 25e régiment d'infanterie légère, baron de l'Empire, 29 juin 1808.

ANSTRUDE (François-César-Marie-Élisabeth-Luce d'), maire d'Anstrude, membre du collège électoral de l'Yonne, baron de l'Empire, 26 avril 1811.

ANTELME (Pierre-Joseph-Alexandre), chef de bataillon en retraite, chevalier de l'Empire, 15 juillet 1810.

ANTHOINE (Antoine-Ignace), maire de Marseille, trésorier de la 8e cohorte, baron de Saint-Joseph, 10 septembre 1808.

ANTONIN (Jean-Baptiste), procureur général à la cour de Colmar, chevalier de l'Empire, 25 mars 1809; baron de l'Empire, 19 juin 1813.

ANVERS (la ville d'), concession d'armoiries, 16 décembre 1810.

ARBAUD-JOUQUES (Joseph-Charles-André d'), sous-préfet à Aix, puis préfet des Basses-Pyrénées, baron de l'Empire, 22 octobre 1810; avec majorat, 6 mai 1813.

ARBOD (Jean-Pierre), colonel du 114e de ligne, baron de l'Empire, 26 avril 1811.

ARBORIO (Pierre), préfet de la Stura, chevalier de l'Empire, 10 septembre 1808.

ARDOINO (Nicolas), maire de Diano-Marine, président du collège électoral de Port-Maurice et membre du Conseil général de Montenotte, baron de l'Empire, avec majorat, 8 avril 1813.

ARENBERG (Louis-Engelbert-Marie-Joseph-Augustin d'), sénateur, comte de l'Empire, 26 avril 1808.

ARJUZON (Thomas-Gabriel-Marie d'), grand officier de la couronne de Hollande, chevalier d'honneur de la Reine de Hollande, comte de l'Empire avec majorat, 2 février 1809.

ARLES (la ville d'), concession d'armoiries, 3 février 1813.

ARMAND (Claude-Joseph), colonel du 22° régiment d'infanterie, baron de l'Empire, 2 août 1808.

ARMAND (Joseph), major en second et à la suite du 12° léger, chevalier de l'Empire, 25 mars 1813.

ARMENTIÈRES (la ville d'), concession d'armoiries, 21 février 1814.

ARNAUD (Jean-Baptiste), procureur général près la Cour de justice criminelle des Basses-Alpes, chevalier de l'Empire, 28 janvier 1809.

ARNAUD (Jean-Baptiste), colonel du 58° de ligne, baron de l'Empire, 28 mai 1809.

ARNAUD DE CLERMOND (Charles-Théodore), président du collège électoral de la Meuse-Inférieure, chevalier de l'Empire, 5 octobre 1808.

ARNAUD DE VITROLLES (Eugène-François-Auguste), membre du collège électoral du département des Hautes-Alpes, baron de l'Empire, 15 juin 1812.

ARNAULT (Antoine-Vincent), membre de l'Institut de France, conseiller et secrétaire général de l'Université impériale, chevalier de l'Empire, 3 mai 1809 et 6 septembre 1811.

ARNOULD (Ambroise-Henri), maître des comptes, chevalier de l'Empire, mai 1808.

ARRIGHI DE CASANOVA (Antoine-Louis), évêque d'Acqui, baron de l'Empire, 16 septembre 1808.

ARRIGHI DE CASANOVA (Jean-Thomas), général, colonel des dragons de la garde impériale, duc de Padoue, 24 avril 1808.

ARTAUT (Jean-Pierre), major du 26° chasseurs à cheval, chevalier de l'Empire avec donation, 31 janvier 1810.

ARTHUYS (Philippe-Claude), membre du collège électoral de l'Indre, baron de l'Empire avec majorat, 29 janvier 1811.

ASINARI DE BERNEZGO (Joseph-Marie-Jacques-Xavier), membre du collège électoral du département du Pô, baron de l'Empire, 14 avril 1810.

ASINARI DE SAINT-MARSAN (Philippe-Antoine-Marie), conseiller d'État, ministre plénipotentiaire de l'empereur près le roi de Prusse, comte de l'Empire, 25 octobre 1808.

Asselin (Louis-Jean-Baptiste-Marguerite), maire de Blois, baron de l'Empire, 5 août 1812.

Asselin de Villencourt (Domitien-Joseph), adjudant-commandant, chevalier de l'Empire, 22 octobre 1810.

Asti (la ville d'), concession d'armoiries, 20 juin 1811.

Astorg (Jacques-Pierre-Prothade d'), président du canton de Méréville, maire de Saint-Cyr-la-Rivière, arrondissement d'Étampes, membre du collège électoral et du Conseil général de Seine-et-Oise, baron de l'Empire avec majorat, 28 mai 1809.

Aubert (François), capitaine dans l'artillerie à pied de la garde impériale, chevalier de l'Empire, 19 juin 1813.

Aubert (Michel-Ange), chef de bataillon au 31e de ligne, chevalier de l'Empire, 16 décembre 1810.

Aubert (Pierre-Antoine-Parfait), lieutenant-colonel attaché à l'état-major, chevalier de l'Empire, 19 janvier 1811.

Aubert du Petit-Thouars (Abel-Ferdinand), capitaine adjoint à l'état-major, député au Corps législatif, chevalier de l'Empire, 11 juillet 1810.

Aubrée (Alexandre-Marie-Charles), colonel du 11e de ligne, baron de l'Empire, 26 avril 1810.

Aubrespy-Courselles (Jean-Laurent d'), colonel et commandant d'armes de la ville et citadelle de Verdun, chevalier de l'Empire, 20 juillet 1808.

Aubry (Claude-Charles), général de brigade, baron de l'Empire. 14 avril 1810.

Aubry (Joseph-Emmanuel), colonel du 10e de ligne, baron de l'Empire, 4 janvier 1811.

Aubry Darencey (Joseph-Gabriel), général de brigade, inspecteur-général d'artillerie, chevalier de l'Empire, 9 mai 1811; baron de l'Empire, 23 octobre 1811.

Aubusson de la Feuillade (Pierre-Raimond-Hector d'), ambassadeur près le roi des Deux-Siciles, chambellan de l'Impératrice, comte de l'Empire, 31 janvier 1810.

Audier-Massillon (Bruno-Philibert), juge en la Cour de cassation, chevalier de l'Empire, mai 1808.

Auger (Augustin), chef d'escadron, adjoint supérieur du palais des Tuileries et du Louvre, chevalier de l'Empire, 20 août 1808.

Augereau (Jean-Pierre), général de brigade, baron de l'Empire, 13 août 1811.

Augereau (Pierre-Charles-François), maréchal d'Empire, duc de Castiglione, 26 avril 1808.

Augier (Annet), procureur général près la cour criminelle de la Creuse, membre du collège électoral du même département, chevalier de l'Empire, 31 janvier 1810.

AULARD (Pierre), colonel en second commandant le 2ᵉ de ligne, baron de l'Empire, 11 juin 1810.

AULMONT DE VERRIÈRES (Nicolas-Grégoire), général de brigade d'artillerie, chevalier de l'Empire avec dotation, 9 janvier 1810; baron de l'Empire, 1ᵉʳ mai 1812.

AUSSENAC (Pierre-Gabriel), général de brigade, baron de l'Empire, 13 mars 1812.

AUTANCOURT (Pierre d'), major des chevau-légers polonais de la garde impériale, chevalier de l'Empire, 20 août 1808.

AUTIÉ (Jean-François-Étienne), colonel du 8ᵉ de ligne, baron de l'Empire, 11 août 1808.

AUVITY (Jean-Abraham), chirurgien des Enfants de France, membre de la Faculté de médecine de Paris et du Comité central de vaccine, chirurgien en chef de l'hospice de la Maternité, chevalier de l'Empire, 2 avril 1812.

AUVRAY (Louis-Marie), colonel d'infanterie, préfet de la Sarthe, baron de l'Empire, 31 janvier 1810.

AVERSÈNE (Jacques), capitaine aux grenadiers à pied de la garde impériale, chevalier de l'Empire, 17 mai 1810.

AVICE (Jacques-Philippe), colonel du 29ᵉ dragons, baron de l'Empire, 12 novembre 1809.

AVOGRADO-CASANOVA (Joseph-Marie), chevalier de l'Empire, 24 février 1809.

AVRANCHES (la ville d'), concession d'armoiries, 5 décembre 1811.

AVRANGE D'HAUGÉRANVILLE (François-Charles-Jean-Pierre-Marie d'), colonel du 6ᵉ cuirassiers, baron de l'Empire, 10 septembre 1808.

AVY (Antoine-Silvain), colonel attaché à l'état-major, baron de l'Empire, 9 janvier 1810.

AYMARD (Antoine), colonel du 32ᵉ régiment d'infanterie de ligne, baron de l'Empire, 20 juillet 1808.

AYMÉ (Charles-Jean-Louis), adjudant commandant, baron de l'Empire, 15 janvier 1809.

AYMÉ (Jacques-René-Marie), premier chambellan du roi des Deux-Siciles, membre du collège électoral des Deux-Sèvres, baron de l'Empire avec majorat, 27 juin 1811.

AZEM (Antoine), capitaine aux chasseurs à pied de la garde impériale, chevalier de l'Empire, 14 août 1813.

AZÉMAR (Baptiste-Pierre-Melchior d'), préfet du Var, baron de l'Empire, 23 décembre 1810.

Azuni (Dominique-Albert), président de la cour impériale de Gênes, chevalier de l'Empire, 19 juin 1810.

Bachelu (Gilbert-Désiré-Joseph), général de brigade, baron de l'Empire, 29 août 1810.

Bacher (Théobald-Jacques-Justin), chargé d'affaires près la confédération du Rhin, baron de l'Empire, 14 avril 1810.

Baciocchi-Montale (Jules), maire d'Alexandrie, chevalier de l'Empire, 23 juin 1810.

Bacler d'Albe (Louis-Albert-Guislain), adjudant commandant, directeur du bureau topographique, baron de l'Empire, 31 décembre 1809.

Baffier (François), président en la Cour d'appel d'Aix, chevalier de l'Empire, 10 septembre 1808; baron de l'Empire, 25 février 1813.

Bagniol (Jean-Louis-Charles), chef de bataillon, aide de camp, chevalier de l'Empire, 11 juin 1810.

Baille (Louis-Paul), colonel du 51e régiment de bataille, baron de Saint-Pol, 7 juin 1808.

Baillif (Pierre), chef de bataillon au 7e de ligne, chevalier de l'Empire avec donation, 9 décembre 1809.

Baillod (Jean-Pierre), adjudant commandant, baron de l'Empire, 23 mai 1809.

Baillon (Pierre-Quentin-Joseph), fourrier des palais impériaux, chevalier de l'Empire, 5 août 1812.

Baillot (Louis-Joseph), colonel, aide de camp du maréchal duc de Reggio, chevalier de l'Empire, 21 novembre 1810.

Baillot (Pierre), capitaine des pontonniers de 1re classe, chevalier de l'Empire, 13 août 1811.

Bailly (Edme-Louis-Barthélemi), préfet du Lot, baron de l'Empire, 30 septembre 1811.

Bailly (Nicolas), juge à la Cour de cassation, chevalier de l'Empire, 26 avril 1808.

Bailly de Monthion (François-Gédéon), général de brigade, baron de l'Empire, 28 janvier 1809.

Bajot de Conantre (Charles-Philippe), membre du collège électoral de Seine-et-Marne, baron de l'Empire avec majorat 19 juin 1813.

Balbe-Berton de Sambuy (Charles), chambellan du prince Borghèse, colonel commandant de la garde d'honneur de Turin, membre du collège électoral du département du Pô, baron de l'Empire, 14 avril 1810.

Balbi (Emmanuel), chevalier de l'Empire, 10 février 1809.

BALDELLI (Jean-Baptiste), préfet du palais de la princesse de Lucques et de Piombino, grande duchesse de Toscane, baron de l'Empire, 9 mars 1810.

BALGUERIE (Pierre), préfet du Gers, baron de l'Empire, 9 septembre 1810.

BALLAND (Antoine), général de division, chevalier de l'Empire, 13 avril 1811.

BALLAND (Jacques-Henri-François), procureur général près la Cour d'appel de Dijon, baron de l'Empire, 27 septembre 1810.

BALLET (Jean), procureur général près la Cour d'appel de Limoges, chevalier de l'Empire, 24 février 1809.

BALTUS (Basile-Gui-Marie-Victor), colonel du 1er régiment d'artillerie à cheval, baron de l'Empire, 28 janvier 1809.

BARAGUEY D'HILLIERS (Louis), colonel général des dragons, général de division, commandant le 2e corps de la grande armée, comte de l'Empire, 16 septembre 1808.

BARAILON (Jean-François), docteur en médecine, chevalier de l'Empire, 21 février 1814.

BARANGÉ (Jean), capitaine au 2e carabiniers, baron de l'Empire, 22 octobre 1810.

BARANTE (Claude-Ignace Brugière), préfet du Léman, chevalier de l'Empire, 29 novembre 1809 ; baron de l'Empire, 14 février 1810.

BARBANÈGRE (Joseph), colonel du 48e de ligne, baron de l'Empire, 20 août 1809.

BARBARON (Raymond), major en retraite, chevalier de l'Empire, 16 janvier 1812.

BARBÉ (François-Martin-Trophime), major du 20e chasseurs à cheval, chevalier de l'Empire, 19 janvier 1811.

BARBÉ DE MARBOIS (François), premier président à la Cour des Comptes, sénateur, comte de l'Empire, 28 avril 1813.

BARBIER, général de brigade, baron de l'Empire, 29 juin 1808.

BARBIER (Nicolas), capitaine de vaisseau, chef des mouvements du port de Rochefort, chevalier de l'Empire, 13 juin 1811.

BARDENET (Jacques), colonel au corps impérial de l'artillerie, chevalier de l'Empire, 21 novembre 1810.

BARDET (Martial), général de brigade, baron de l'Empire, 6 septembre 1811.

BARDI (Jérôme de), gouverneur des pages et l'un des chambellans de la grande duchesse de Toscane, directeur du musée impérial de Florence, baron de l'Empire, 8 avril 1813.

BAREL DE SAINT-ALBAN (Joseph-Vincent), membre du collège électoral du département du Pô, chevalier de l'Empire, 3 août 1813.

Barera (Jean-Dominique), chef de bataillon, aide de camp, chevalier de l'Empire, 11 septembre 1813.

Barère (Jean), colonel du 26ᵉ de ligne, chevalier de l'Empire, 15 juillet 1810.

Barnaart (Guillaume-Philippe), maire de la ville de Haarlem, chevalier de l'Empire, 25 novembre 1813.

Barnier (Jacques), commissaire des guerres de 1ʳᵉ classe, chef de division au ministère de la guerre, chevalier de l'Empire, mai 1808.

Barochio (Joseph-Marie), juge en la Cour d'appel de Turin, membre du collège électoral du département de Montenotte, chevalier de l'Empire, 23 juin 1810.

Barois (Jacques), lieutenant en retraite des fusiliers de lagarde impériale, chevalier de l'Empire, 2 octobre 1813.

Baron (Louis-Joseph), capitaine en retraite, commandant la compagnie de réserve du Gard, membre du collège électoral de l'arrondissement de Nîmes, chevalier de l'Empire, 22 octobre 1810.

Barral (André-Horace-François de), général de brigade en retraite, préfet du Cher, chancelier de la 7ᵉ cohorte de la légion d'honneur, baron de l'Empire, 31 janvier 1810.

Barral (Joseph-Marie), premier président de la Cour d'appel de Grenoble, député au corps législatif, chevalier de l'Empire, mai 1808.

Barral (Louis-Mathias de), archevêque de Tours, comte de l'Empire, 11 août 1808.

Barral (Pierre-Paulin-François de), chambellan du roi de Westphalie, baron de l'Empire, 14 avril 1810.

Barreau de Girac (François), ancien évêque de Rennes, membre du chapitre impérial de Saint-Denis, baron de l'Empire, 15 juin 1808.

Barrel (Louis), capitaine au 2ᵉ voltigeurs de la garde impériale, chevalier de l'Empire, 2 avril 1812.

Barrelier (Jean-Claude), major du 5ᵉ chasseurs à cheval, chevalier de l'Empire avec donation, 31 janvier 1810.

Barrié (Jean-Léonard), colonel du 45ᵉ de ligne, baron de l'Empire, 27 novembre 1808.

Barris (Pierre-Jean-Paul), président de la Cour de cassation, chevalier de l'Empire, 26 avril 1808 ; baron de l'Empire, 6 octobre 1810.

Barrois (Pierre), général, commandant la 3ᵉ division de la jeune garde impériale, baron de l'Empire, 24 février 1809 ; comte de l'Empire, 21 février 1814.

BARTHELEMI (Nicolas-Martin), général de brigade, baron de l'Empire, 5 octobre 1808.

BARTHELEMI DE SAIZIEU (Antoine-Étienne-Lazare), membre du collège électoral des Bouches-du-Rhône, baron de l'Empire avec majorat, 13 avril 1811.

BARTHELEMY (François), sénateur, comte de l'Empire, 26 avril 1808.

BARTHELOT DE RAMBUTEAU (Claude), chambellan de l'Empereur, comte de l'Empire, 27 septembre 1810.

BARTHEZ (Jacques), ancien magistrat, baron de l'Empire avec majorat, 17 mars 1811.

BARTHOLET (Joseph), chef d'escadron en retraite, chevalier de l'Empire, 23 décembre 1810.

BARTIER DE SAINT-HILAIRE (Jean-Etienne), colonel adjudant commandant, baron de l'Empire, 4 juin 1810.

BASSET (Jean-Charles), lieutenant colonel en retraite, chevalier de l'Empire avec dotation, 19 décembre 1809.

BASSET DE CHATEAUBOURG (Armand-Léonard-Camille), auditeur au conseil d'Etat, sous-préfet de Corbeil, baron de l'Empire, 27 septembre 1810.

BASTARD (Jean de), maire de Mont-Saint-Père, département de l'Aisne, membre du collège électoral du dit département de l'Aisne, baron de l'Empire avec majorat, 19 janvier 1812.

BASTARD (Jean-Baptiste de), membre du collège électoral du département du Gers, baron de l'Empire, 5 août 1812.

BASTE (Pierre), capitaine de vaisseau, commandant les marins de la garde impériale et les matelots et ouvriers attachés aux armées d'Espagne et d'Allemagne, comte de l'Empire, 25 mars 1810.

BASTIEN (Joseph), capitaine au 26e léger, chevalier de l'Empire, 2 août 1811.

BASTON (Guillaume-André-René), évêque de Séez, baron de l'Empire, 9 octobre 1813.

BATAILLE (Auguste-Nicolas), chef d'escadron, aide de camp du vice-roi d'Italie, baron de l'Empire, 25 mars 1810.

BAUCHAN (Corneille-Joseph), juge à la Cour de cassation, chevalier de l'Empire, 2 février 1809.

BAUDE (Pierre-Joseph-Marie), préfet du Tarn, baron de l'Empire, 4 avril 1810.

BAUDE DE LA VIEUVILLE (Auguste-Joseph), chambellan de l'Empereur, préfet du département de la Stura, comte de l'Empire, 12 février 1812.

BAUDIN (François-André), contre-amiral, baron de l'Empire, 16 décembre 1810.

BAUDINOT (Ignace), colonel du 46ᵉ de ligne, baron de l'Empire, 10 avril 1811.

BAUNOIN (Pierre), chef de bataillon au 52ᵉ de ligne, chevalier de l'Empire, 2 septembre 1810.

BAUDOT (Jean-François-Nicolas), capitaine au 9ᵉ léger, chevalier de l'Empire, 25 mars 1810.

BAUDUIN (Pierre-François), colonel du 93ᵉ d'infanterie, baron de l'Empire, 22 octobre 1810.

BAUDUY (Louis-Alexandre-Amélie), major du 6ᵉ chasseurs à cheval, chevalier de l'Empire, 11 juin 1810.

BAUFFREMONT-LISTENOIS (Alexandre-Emmanuel-Louis de), membre du Conseil général de la Haute-Savoie, comte de l'Empire avec majorat, 3 mai 1810.

BAULNY (César-Louis), maire de Villeroi, arrondissement de Meaux, baron de l'Empire avec majorat, 2 novembre 1810.

BAUR (Sébastien-Michel), chef de bataillon au 95ᵉ de ligne, chevalier de l'Empire, 27 septembre 1810.

BAUSSAIN (Jean-Claude), colonel du 43ᵉ régiment d'infanterie de ligne, baron de l'Empire, 27 juillet 1808.

BAUSSAIN (Thérèse-Simon-Pierre), sous-lieutenant au 43ᵉ de ligne, baron de l'Empire, 27 décembre 1811.

BAUSSET (Louis-François de), ancien évêque d'Alais, membre du chapitre impérial de Saint-Denis, baron de l'Empire, 15 juin 1808.

BAUSSET (Louis-François-Joseph de), l'un des préfets des palais impériaux, baron de l'Empire, 9 mars 1810.

BAUSSET-ROQUEFORT (Pierre-François-Gabriel-Raymond-Ignace-Ferdinand de), évêque de Vannes, baron de l'Empire, 20 juillet 1808.

BAYART-SÉLOSSE (Nicolas-Denon-Joseph), maire d'Armentières, membre du collège électoral du département du Nord, chevalier de l'Empire, 18 mai 1811.

BAYEUX (Alexandre-Constant), capitaine adjudant major aux chasseurs à cheval, chevalier de l'Empire, 10 avril 1811.

BAYONNE (la ville de), concession d'armoiries, 21 novembre 1810,

BAZELLE (Etienne), capitaine au 72ᵉ de ligne, baron de l'Empire, 21 novembre 1810.

BEAUFORT-D'HAUTPOUL (Benoît-Edouard-Madeleine d'Androin) capitaine au corps impérial du génie, chevalier de l'Empire, 26 avril 1810.

BEAUFRANCHET DE LA CHAPELLE (Henri), chevalier de l'Empire, 12 avril 1813.

BEAUHARNAIS (Claude de), sénateur, comte de l'Empire, mai 1808.

BEAUMONT (Joseph-Gabriel-Marie de), capitaine, aide de camp, auditeur au Conseil d'Etat, chevalier de l'Empire, 5 août 1812.

BEAUMONT (Marie-Antoine), général de division, premier écuyer de Madame Mère, comte de l'Empire, 26 avril 1808.

BEAUMONT DE NOVION (Louis-Eugène-Félicien), capitaine aide de camp, chevalier de l'Empire, 21 février 1814.

BEAUNE (Bernard de), président de la cour criminelle de la Haute-Vienne, chevalier de l'Empire, 22 octobre 1810.

BEAUSSET (Jean-Baptiste), chef de bataillon au 32e de ligne, chevalier de l'Empire, 19 janvier 1811.

BEAUTERNE (Robert-François-Antoine de), lieutenant de la chasse impériale à tir et porte arquebuse de l'empereur, chevalier de l'Empire, 30 octobre 1810.

BEAUVAIS (la ville de), concession d'armoiries, 23 avril 1812.

BEAUVAU-CRAON (Marc-Étienne de), chambellan de l'Empereur, comte de l'Empire, 21 novembre 1810.

BEAUZÉE (Jean-Baptiste-Nicolas), colonel, sous-inspecteur aux revues, chevalier de l'Empire, 23 juillet 1810.

BÉCHAUD (Jean-Pierre), colonel du 66e de ligne, baron de l'Empire, 6 juin 1811.

BÉCHEREL (François) évêque de Valence, baron de l'Empire, 18 juin 1809.

BÉCHET DE LÉOCOUR (Louis-Samuel-Albert-Désiré), adjudant commandant, 1er aide du camp du maréchal Ney, baron de l'Empire, mai 1808.

BECKER (Jean-Baptiste), chef de bataillon au 12e de ligne, chevalier de l'Empire avec donation, 9 mars 1810.

BÉDAT (Pierre-Firmin-César-Auguste), chef d'escadron au 22e dragons, chevalier de l'Empire avec donation, 9 mars 1810.

BÉDOCH (Pierre-Joseph), membre du collège électoral de la Corrèze, substitut du procureur général près la cour de Limoges, chevalier de l'Empire, 8 mai 1812.

BÉDOS (Jacques-Victor-Louis), chef de bataillon adjoint à l'état-major général, chevalier de l'Empire, 9 septembre 1810.

BÉGOUEN (Jacques-François), conseiller d'état à vie, chevalier de l'Empire, 26 avril 1808 ; comte de l'Empire, 21 décembre 1808 ; institution de majorat, 16 décembre 1810.

BÉGOUGNE DE JUNIAC (Jacques), colonel du 1er hussards, baron de l'Empire, 19 janvier 1812.

BÉGUINOT (François-Barthélemi), général de division, sénateur, comte de l'Empire, 1808.

BEKER (Nicolas-Léonard-Bagest), général de division, chef d'état-major général du 3e corps de la grande armée, comte de Mons, juin 1808.

BELAIR (Antoine-Charles-Alexandre-Julienne de), général de brigade, baron de l'Empire, 11 novembre 1813.

BELGRAND DE VAUBOIS (Claude-Henri), général de division, sénateur titulaire de la sénatorerie de Poitiers, comte de l'Empire, 20 août 1808.

BELISSEN (Jacques-Henri-Gabriel), chambellan de l'Empereur, comte de l'Empire, 9 septembre 1810.

BELLANGER DES BOULLETS (Didier-Louis-Ferdinand de), capitaine aide de camp, chevalier de l'Empire, 17 mai 1810.

BELLATON (Pierre), lieutenant-colonel des chasseurs à pied de la garde impériale, chevalier de l'Empire, 29 septembre 1809.

BELLAVÈNE (Jacques-Nicolas), général de division, commandant directeur des études de l'école de Saint-Cyr, inspecteur du prytanée de la Flèche, chevalier de l'Empire, 30 octobre 1810 ; baron de l'Empire, 25 mars 1813.

BELLEBAUX (Claude), chef d'escadron aux chasseurs à cheval de la garde impériale, chevalier de l'Empire, 14 août 1813.

BELLE DE GACHETIÈRE (César-Alexandre de), général de brigade, baron de l'Empire, 5 novembre 1808.

BELLEGARDE (Guillaume de), maire de « la bonne ville » de Toulouse, député au corps législatif, chevalier de l'Empire, 18 juin 1809 ; baron de l'Empire, 25 mars 1813.

BELLIARD (Auguste), général de division, comte de l'Empire, 9 mars 1810.

BELLOC (Georges-Antoine-Thérèse), chevalier de l'Empire, 10 septembre 1808.

BELLOY (Jean-Baptiste de), cardinal-prêtre de la sainte Église romaine, archevêque de Paris, comte de l'Empire, 26 avril 1808.

BELMAS (Louis), évêque de Cambrai, baron de l'Empire, 25 mars 1809.

BELON-LAPISSE (Pierre), général de division, baron de Saint-Hélène, 26 octobre 1808.

BÉNARD (Eugène-Balthazar-Crescent), maire du 8e arrondissement de Paris, chevalier de Moussignières, 10 septembre 1808.

BENS DE CAVOUR (Françoise-Joséphine-Marie-Philippine de Sales, veuve de), dame d'honneur de la princesse Pauline, duchesse de Guastalla, comtesse de l'Empire, 14 février 1810.

Bens de Cavour (Michel-Antoine-Paul), chambellan du prince Borghèse, gouverneur général des départements au delà des Alpes, baron de l'Empire, 9 mars 1810.

Bérardière de la Barbée (Marin-Gillet), chef d'escadron au 3e dragons, chevalier de l'Empire avec majorat, 15 octobre 1809.

Béraud de Palormo (Charles-François-Joseph-Ange-Marie-Vincent-Sébastien), propriétaire, maire de Palormo, membre du collège électoral du département de Marengo, chevalier de l'Empire, 21 février 1814.

Berckheim (Frédéric-Sigismond), écuyer de l'Empereur, général de brigade, baron de l'Empire, 9 mars 1810.

Bère (Mathieu), capitaine au 1er régiment des voltigeurs de la garde impériale, chevalier de l'Empire, 5 août 1812.

Bérenger (Jean), conseiller d'état à vie, directeur général de la caisse d'amortissement, comte de l'Empire, 26 avril 1808.

Berge (François), colonel du 5e d'artillerie à cheval, chevalier de l'Empire, 15 juillet 1810.

Berger (Georges-Joseph), chef de bataillon en retraite, chevalier de l'Empire, 30 juillet 1810.

Bergevin (Auguste-Anne), commissaire principal, chef maritime au port de Bordeaux, chevalier de l'Empire, 18 juin 1809.

Bergon (Joseph-Alexandre), conseiller d'état à vie, directeur des forêts, chevalier de l'Empire, 21 septembre 1810 ; comte de l'Empire, 18 juillet 1811.

Berlier (Théophile), conseiller d'état à vie, président du conseil des prises, comte de l'Empire, 26 avril 1808.

Berlier (Pierre-André-Hercule), colonel du 36e de ligne, baron de l'Empire, 22 octobre 1810.

Bernadotte (Jean), membre du collège électoral des Basses-Pyrénées, baron de l'Empire, 18 août 1810.

Bernard (François-Jean-Jules), chef de bataillon au corps impérial de l'artillerie, chevalier de Marsange, 24 février 1809.

Bernard (Jean-Baptiste), chef de bataillon en retraite, chevalier de l'Empire, 13 avril 1811.

Bernard (Pierre-Marie), capitaine aide de camp, chevalier de l'Empire, 28 janvier 1809.

Bernard (Simon), colonel du génie et aide de camp de l'empereur, chevalier de l'Empire, 10 janvier 1812 ; baron de l'Empire, 22 mars 1814.

Bernard de Mongenet (François), colonel au corps impérial de l'artillerie, baron de l'empire, 16 décembre 1810.

BERNON DE MONTLÉGIER (Gabriel-Gaspard-Achille), colonel aide de camp, baron de l'Empire, 31 décembre 1809.

BERRUYER (Jean-Baptiste), colonel en retraite, baron de l'Empire, 20 juillet 1808.

BERRUYER (Pierre-Marie-Auguste), colonel du 3e dragons, chevalier de l'Empire, 4 janvier 1811.

BERT (Louis-Dominique), chef de bataillon aux chasseurs à pied de la garde impériale, chevalier de l'Empire, 5 août 1813.

BERTET (Jacques), colonel de la 4e demi-brigade, chevalier de l'Empire avec dotation, 9 décembre 1809.

BERTÈCHE (Jean-Baptiste), chef d'escadron au 16e chasseurs à cheval, chevalier de l'Empire avec majorat, 15 octobre 1809.

BERTHELEMY(François-Dominique-Barbe), adjudant-commandant, chevalier de l'Empire avec majorat, 12 novembre 1809.

BERTHELOT-DESGRAVIERS (François-Ganivet), général de brigade, baron de l'Empire, 1er janvier 1813.

BERTHEMY (Pierre-Augustin), chef d'escadron, chevalier de l'Empire, 14 avril 1810.

BERTHEREAU (Thomas), président du tribunal de première instance de la Seine, chevalier de l'Empire, 21 décembre 1808.

BERTHEZÈNE (Pierre), colonel du 10e régiment d'infanterie légère, baron de l'Empire, 2 juillet 1808.

BERTHIER (Alexandre-Joseph), baron de l'Empire, 19 décembre 1809.

BERTHIER (Alméric-Alexandre), comte de l'Empire, 22 décembre 1809.

BERTHIER (César-Gabriel), général de division, comte de l'Empire, 13 février 1811.

BERTHIER (François-Paul), chef de bataillon, commandant d'armes de première classe, chevalier de l'Empire, 29 août 1810.

BERTHIER (Louis-Alexandre), maréchal d'Empire, vice-connétable, prince et duc souverain de Neuchâtel, prince de Wagram, avec donation du château de Chambord, 31 décembre 1809.

BERTHIER (Oscar), baron de l'Empire, 29 septembre 1809.

BERTHOIS (Joseph-Constant-Amédée-Conrad), capitaine de première classe au corps impérial du génie, chevalier de l'Empire, 3 janvier 1813.

BERTHOLLET (Claude-Louis), membre de l'Institut, sénateur, comte de l'Empire, 26 avril 1808.

BERTOLETTI (Antoine-Marc-Augustin), général de brigade, baron de l'Empire, 30 juillet 1810.

BERTON (Jean-Baptiste), chef d'escadron, attaché à l'état-major de la Grande Armée, chevalier de l'Empire, 22 novembre 1808.

BERTRAND (Antoine-Joseph), général de brigade, baron de l'Empire, 3 mai 1809.

BERTRAND (Louis-Amable-Jean-Baptiste), colonel du 106ᵉ de ligne, baron de l'Empire, 14 juin 1810.

BERTRAND (Louis), inspecteur général des eaux et forêts, chevalier de l'Empire, 15 juillet 1810.

BERTRAND (Louis-Gatien), aide de camp de l'empereur, général de division, comte de l'Empire, 24 septembre 1808.

BERTRAND DE GRÉVILLE (Joseph), procureur général près la cour criminelle de l'Indre, chevalier de l'Empire, 18 juin 1809.

BERTRAND DE SIVRAY (Louis), général de brigade, baron de l'Empire, 9 septembre 1810.

BESANÇON (la ville de), concession d'armoiries, 6 juin 1811.

BESNARD (Michel-Jacques), chef d'escadron en retraite, chevalier de l'Empire, 29 janvier 1811.

BESSIÈRES (Bertrand), général de brigade, baron de l'Empire, 16 décembre 1810.

BESSIÈRES (Jean-Antoine), chef d'escadron de gendarmerie, chevalier de l'Empire, 2 septembre 1810.

BESSIÈRES (Jean-Baptiste), colonel général commandant la cavalerie de la garde impériale, maréchal de l'Empire, duc d'Istrie, 28 mai 1809.

BESSIÈRES (Pierre-Henri-Jérôme-Julien), intendant général de l'empereur en Béarn, chevalier de l'Empire, 27 septembre 1811.

BESSODES (Jean-Joseph), major à la suite du 26ᵉ dragons, chevalier de l'Empire, 6 octobre 1810.

BESSON (Claude-Alexandre), chef de division au ministère de la guerre, chevalier de l'Empire, 3 juillet 1813.

BESSUEJOULS DE ROQUELAURE (Jean-Armand DE), ci-devant archevêque de Malines, membre du chapitre impérial de Saint-Denis, membre de l'Institut de France, 1ᵉʳ juin 1808.

BÉTHISY (Jacques-Charles DE), colonel du 5ᵉ régiment provisoire de dragons, chevalier de l'Empire, 17 mai 1810.

BEUGNOT (Jacques-Claude), conseiller d'État, chevalier de l'Empire, 1808 ; comte de l'Empire, 24 février 1809.

BEURET (Georges), colonel du 17ᵉ léger, baron de l'Empire, 23 octobre 1811.

BEURMANN (Ernest), adjudant commandant, chef de l'état-major de la 2ᵉ division du 4ᵉ corps de la grande armée, baron de l'Empire, 16 septembre 1808.

BEURMANN (Frédéric-Auguste), colonel du 17ᵉ dragons, baron de l'Empire, 27 novembre 1808.

BEURMANN (Pierre-Frédéric), capitaine aux fusiliers chasseurs de la garde impériale, chevalier de l'Empire, 30 septembre 1811.

BEURNONVILLE (Pierre Riel), général de division, sénateur, comte de l'Empire, mai 1808.

BEYTS (François-Joseph), chancelier de la 3ᵉ cohorte, premier président de la Cour impériale de Bruxelles, inspecteur général de l'Université, baron de l'Empire avec majorat, 23 octobre 1811.

BIAMINO (Pierre-Arborio), préfet de la Stura, chevalier de l'Empire, baron de l'Empire, 9 mars 1810.

BIANDRATE DE SAINT-GEORGES (Gui DE), officier au 14ᵉ hussards, chevalier de l'Empire, 10 janvier 1814.

BJAUNIÉ D'ARGENTRÉ (Jean-Baptiste-Joseph), colonel attaché à l'état-major général, membre du collège électoral de la Seine, chevalier de l'Empire, 30 juillet 1810.

BICQUELLEY (Pierre-Marie), colonel du 7ᵉ d'artillerie, baron de l'Empire, 26 octobre 1808.

BIÉ (Jean), capitaine adjudant major aux chasseurs à pied de la garde impériale, chevalier de l'Empire, 21 novembre 1810.

BIGNON (Louis-Pierre-Édouard), envoyé extraordinaire et ministre plénipotentiaire de S. A. R. le grand duc de Bade, chevalier de l'Empire, 20 août 1809 ; baron de l'Empire, 9 mars 1810.

BIGOT DE PRÉAMENEU (Félix-Julien-Jean), ministre des cultes, conseiller d'Etat à vie, membre de l'Institut, comte de l'Empire, 24 avril 1808.

BILLARD (Pierre-Joseph), colonel du 21ᵉ de ligne, baron de l'Empire, 31 janvier 1810.

BINET DE MARCOGNET (Pierre-Louis), général de brigade, baron de Marcognet, 26 octobre 1808.

BISSON (Jean-Baptiste-Louis), commandant les vélites de la garde impériale, faisant le service auprès de la grande duchesse de Toscane, chevalier de l'Empire, 30 septembre 1811.

BISSON (Pierre-François-Jean-Gaspard), général de division, comte de l'Empire, 10 septembre 1808.

BIZIEN (Joseph-Marie-Olivier), lieutenant-colonel au 5ᵉ de ligne, chevalier de l'Empire, 28 janvier 1809.

BIZOT-DUCOUDRAY (Pierre-Charles), colonel du génie, directeur des fortifications à Metz, chevalier de l'Empire, 20 août 1809.

BLANC (Anne-Emmanuel), chef de bataillon au corps impérial du génie, chevalier de l'Empire, 20 juin 1811.

BLANC D'HAUTERIVE (Alexandre-Maurice), conseiller d'Etat, garde des Archives du ministère des relations extérieures, membre du conseil du sceau des titres, chevalier de l'Empire, 26 avril 1808 ; comte de l'Empire, 19 décembre 1809

BLANCARD (Amable-Gui), colonel du 2e carabiniers, baron de l'Empire, 17 mai 1810.

BLANCARD (Jean-Charles-Marie-Gui), chef d'escadron au 2e carabiniers, chevalier de l'Empire, 4 janvier 1811.

BLANCHART (Jean-Louis), capitaine au 2e cuirassiers, chevalier de l'Empire, 10 septembre 1808.

BLANMONT (Pierre-Marie-Isidore), colonel au 105e de ligne, baron de l'Empire, 25 septembre 1809.

BLANQUART DE BAILLEUL (Henri-Joseph), député et questeur au corps législatif, membre du collège électoral du Pas-de-Calais, chevalier de l'Empire, 22 octobre 1810 ; baron de l'Empire, 6 septembre 1811.

BLANQUET (Bernard-Joseph-Silvestre), baron de l'Empire avec dotation, 9 octobre 1813.

BLANQUET DU CHAYLA (Armand-Simon-Marie), chevalier de l'Empire, 21 décembre 1808.

BLEIN (Ange-François-Alexandre), colonel du génie militaire, baron de l'Empire, 2 août 1808.

BLONDEAU (Antoine-François-Raymond), général de brigade, chevalier du Faïs, 1er avril 1809.

BLONDEAU (Jacques), général de brigade, baron de l'Empire, 1er janvier 1813.

BOCCARDI (Jean-Baptiste), membre du conseil général du département de Gênes, chevalier de l'Empire, 5 octobre 1808.

BODARD (Nicolas-Marie-Félix), chevalier de Montblins, 22 novembre 1808.

BODELIN (Pierre), major des grenadiers à pied de la garde impériale, chevalier de l'Empire, 20 août 1808 ; baron de l'Empire, 11 juin 1810.

BOERNER (Jean-David), adjudant commandant général de brigade au service du roi de Westphalie, chevalier de l'Empire, 15 juillet 1810.

BOERY (Guillaume-Barthélemi), membre du collège électoral de l'Indre, chevalier de l'Empire, 13 avril 1811.

BOGNE-DEFAY (François-Jean-Pierre), auditeur de 1re classe au conseil d'Etat, chargé des affaires de France à Munich, chevalier de l'Empire, 25 mars 1813.

Bogougne de Juniac (Jacques), colonel du 1er hussards, baron de l'Empire, 10 février 1809.

Bohin (Louis-André-Antoine), capitaine en retraite, chevalier de l'Empire, 13 février 1811.

Bohn (François-Joseph), chef d'escadron des chasseurs à cheval de la garde impériale, chevalier de l'Empire, 20 août 1808.

Boidi-Ardizzoni (Gaspard), député au corps législatif, membre du collège électoral du département de Marengo, chevalier de l'Empire, 23 juin 1810 ; baron de l'empire, 27 décembre 1811.

Bois-le-Duc (la ville de), concession d'armoiries, 13 mars 1813.

Boisrot de la Cour (Jacques), membre du collège électoral et du conseil général de l'Allier, baron de l'Empire, 25 février 1813.

Boissel de Monville (Thomas-Charles-Gaston), maire de la commune de Monville, Seine-Inférieure, et adjudant major de la 3e légion de ce département, baron de l'Empire, 11 juin 1810.

Boisselier (Julien), capitaine commandant au corps de l'artillerie à cheval de la garde impériale, chevalier de l'Empire, 12 février 1812.

Boissonnet (André-Barthélemi), chef de bataillon du génie de la garde impériale, chevalier de l'Empire, 20 août 1809.

Boissy d'Anglas (François-Antoine), sénateur, membre de l'Institut, comte de l'Empire, 26 avril 1808.

Boissy d'Anglas (François-Antoine), préfet de la Charente-Inférieure, baron de l'Empire, 24 août 1811.

Boivin de la Martinière (Guillaume), général de brigade d'artillerie, baron de l'Empire, 20 août 1809.

Bon (Joseph-Louis-André), élève de l'Ecole militaire de cavalerie, baron de l'Empire, 3 janvier 1813.

Bon de Lignim (Henri-Antoine), chevalier de l'Empire, colonel major d'artillerie de la garde impériale, baron de l'Empire, 21 février 1814.

Bonaventure (Nicolas), président de la cour criminelle de la Dyle, baron de l'Empire, 17 mars 1811.

Bondani de Néviano (Louis), membre du conseil de préfecture et du collège électoral du département du Tarn, chevalier de l'Empire, 2 mai 1811.

Bondurand (Alexis), commissaire ordonnateur en chef, chevalier de l'Empire, 11 juin 1810.

Bonet (Jean-Pierre-François), général de division, comte de l'Empire, 2 mars 1811.

Bonfanti (Antoine-Louis-Ignace), général de division dans les armées du royaume d'Italie, baron de l'Empire, 6 octobre 1810.

BONGARS (Joseph-Barthélemi-Clair de), chef d'escadron, lieutenant de la vénerie impériale, baron de l'Empire, 9 octobre 1809.

BONNAIRE (Félix), préfet d'Ille-et-Vilaine, baron de Maupas, 14 février 1810.

BONNAIRE (Jean-Gérard), colonel commandant la 7e demi-brigade, chevalier de l'Empire, 2 mars 1811.

BONNAMAZON (Pierre), capitaine au 66e de ligne, chevalier de l'Empire, 3 janvier 1813.

BONNE (Charles-Rigobert-Marie), colonel au corps impérial des ingénieurs géographes, chevalier de l'Empire, 3 juin 1811.

BONNEFOUX (François-Casimir), capitaine de vaisseau, préfet du 1er arrondissement maritime, baron de l'Empire, 31 janvier 1810.

BONNEFOY (Pierre-Charles), maire de Charmes, près de Château-Thierry, membre du collège électoral de l'Aisne, baron de l'Empire avec majorat, 18 juin 1809.

BONNEMAINS (Pierre), colonel du 5e régiment des chasseurs à cheval, baron de l'Empire, mai 1808.

BONNET (François), chef de bataillon au 95e de ligne, chevalier de l'Empire avec dotation, 12 novembre 1809.

BONNET DE VILLER (Charles-Auguste), chef d'escadron au 10e hussards, chevalier de l'Empire, 18 août 1810.

BONNEVIE DE POGNIAT (Guillaume-Gilbert), maire d'Aubiat, département du Puy-de-Dôme, membre du collège électoral de ce département, baron de l'Empire avec majorat, 13 mars 1811.

BONTÉ (Michel-Louis-Joseph), colonel du 81e de ligne, baron de l'Empire, 18 mars 1809.

BONTEMS (Notaire-Jean-Nicolas-Marie-Fare), capitaine aide de camp, chevalier de l'Empire, 24 février 1809.

BONY (François), major au 4e de ligne, chevalier de l'Empire, 20 juin 1811.

BORDEAUX (la ville de), concession d'armoiries, 6 juin 1811.

BOREA D'OLMO (Thomas-Jean-Baptiste), maire de San-Remo, Alpes-Maritimes, membre du collège électoral des Alpes-Maritimes, baron de l'Empire avec majorat, 3 juillet 1813.

BOREAU DE LA BÉNARDIÈRE (Pierre-Lézin-Urbain), maire d'Angers, baron de l'Empire avec majorat, 14 avril 1810.

BOREL (Durand), juge à la Cour de cassation, chevalier de l'Empire, 26 mai 1808.

BOREL DE LA RIVIÈRE (Pierre-Aimé), chef d'escadron en retraite, chevalier de l'Empire, 3 août 1810.

BOREL DU CHAMBON DE RETTERODE (Antoine), contrôleur général de la liste civile en Westphalie, baron de l'Empire, 23 avril 1812.

BORELLI (Charles-Luce-Paulin-Clément), général de brigade, baron de l'Empire, 8 avril 1813.

BORGHÈSE-BICHI (Louis-Marie), écuyer de la princesse de Lucques et de Piombino, grande duchesse de Toscane, baron de l'Empire, 23 mai 1810.

BORGO-TARO (la ville de), département des Apennins, concession d'armoiries, 10 janvier 1814.

BORNE DES FOURNEAUX (Etienne), général de division, chevalier de l'Empire, député au Corps législatif, baron de l'Empire, 12 avril 1813.

BORREL (Jean-Baptiste-Noël), adjudant commandant chef de l'état-major de la place de Berlin, baron de l'Empire, 29 juin 1808.

BOSC (Jean-Claude-Joseph), directeur des droits réunis de la Haute-Marne, chevalier de l'Empire, 31 janvier 1810.

BOSSONNIER DE L'ESPINASSE (Aimé-Louis-Adrien-Gabriel-Antoine), colonel commandant d'armes à Douai, chevalier de l'Empire, 18 juin 1809.

BOSSI (Joseph-Aurèle-Charles), préfet de la Manche, baron de l'Empire, 9 mars 1810.

BOTTON CASTELLAMONTE (Hugues), juge à la Cour de cassation, chevalier de l'Empire, 26 avril 1808.

BOUCHARD (Edme-Martial-Armand de), adjudant commandant, chevalier de l'Empire, 19 septembre 1810.

BOUCHEPORN (Anne-François-Louis-Bertrand de), maréchal de la Cour du roi de Westphalie, baron de l'Empire, 23 avril 1812.

BOUCHER (Pierre), capitaine adjudant-major aux chasseurs à pied de la garde impériale, chevalier de l'Empire, 23 mai 1810; plus tard colonel-major du 4e régiment de voltigeurs de la garde impériale, baron de l'Empire, 11 novembre 1813.

BOUCHET (Gratien), inspecteur général des ponts et chaussées, chevalier de l'Empire, 18 juin 1809.

BOUCHET (Jean-Baptiste-Magloire-Michel du), commandant d'armes à Saint-Tropez, député au Corps législatif, baron de l'Empire, 12 avril 1813.

BOUCHU (François-Louis), colonel du 3e régiment d'artillerie à pied, chevalier de l'Empire, 9 mai 1811.

BOUDET (Etienne), chef de bataillon en retraite, député au Corps législatif, baron de l'Empire, 30 septembre 1811.

BOUDET (Étienne), chef de bataillon en retraite, député au Corps législatif, chevalier de l'Empire, 5 août 1809.

BOUDET (Jacques), colonel en retraite, chevalier de l'Empire, 26 avril 1810.

BOUDIN DE VESVRES (Lazare-Nicolas), inspecteur général des postes aux chevaux, membre du collège électoral de l'Yonne, président du canton d'Avallon, chevalier de l'Empire, 16 mai 1813.

BOUDON DE LA COMBE (Étienne-Jean-Baptiste), chef de bataillon en retraite, chevalier de l'Empire, 2 mars 1811.

BOUGAINVILLE (Hyacinthe-Yves-Philippe-Potentien de), capitaine de frégate, baron de l'Empire, 12 novembre 1811.

BOUGAINVILLE (Louis-Antoine), membre de l'Institut et du bureau des longitudes, sénateur, comte de l'Empire, 26 avril 1808.

BOUGAULT (Louis-Loup-Martin-Étienne), colonel du 7e de ligne, baron de l'Empire, 22 mars 1814.

BOUGE (Charles), colonel du 61e de ligne, baron de l'Empire, 28 janvier 1809.

BOUILLÉ (Louis-Joseph-Amour de), général de brigade, comte de l'Empire, 2 septembre 1810.

BOULART (Jean-François), major, chef de bataillon de l'artillerie de la garde impériale, baron de l'Empire, 23 mai 1810.

BOULAY (Antoine-Jacques-Claude-Joseph), conseiller d'État à vie, ayant le département des domaines nationaux, comte de l'Empire, 26 avril 1808.

BOULÉ (Jean-Pierre), préfet des Côtes-du-Nord, baron de l'Empire, 31 janvier 1810.

BOULLET (Louis-Julien-François), lieutenant de gendarmerie, chevalier de l'Empire, 5 août 1809.

BOULNOIS (Louis-Nicolas), major du 9e régiment de chasseurs à cheval, chevalier de l'Empire, 21 décembre 1808.

BOULOGNE (Étienne-Antoine de), aumônier de l'empereur, évêque de Troyes, baron de l'Empire, 5 octobre 1808.

BOULON (Joseph), lieutenant-colonel au 17e léger, chevalier de l'Empire, 11 juillet 1810.

BOUQUEROL DES ESSARTS (Jean-Baptiste), chef d'escadron aux dragons de la garde impériale, chevalier des Essarts, 5 octobre 1808.

BOURAYNE (César-Joseph de), capitaine de vaisseau de seconde classe, membre du collège électoral du Finistère, baron de l'Empire, 2 mai 1811.

BOURCIER (François-Antoine-Louis), général de division, conseiller d'Etat, inspecteur général de la cavalerie de la grande Armée, comte de l'Empire, 29 juin 1808.

BOURDOIS (Edme-Joachim), médecin des Enfants de France, chevalier de l'Empire, 27 février 1812.

BOURDON-VATRY (Marc-Antoine), préfet de Gênes, baron de l'Empire, 31 janvier 1810.

BOURGEAT (Jérôme-Dominique), général de brigade, baron de l'Empire, 9 mai 1811.

BOURGEOIS (Charles-François), colonel du 1er léger, baron de l'Empire, 12 novembre 1811.

BOURGEOIS DE JESSAINT (Claude-Laurent), préfet de la Marne, chevalier de l'Empire, 16 septembre 1808; baron de l'Empire, 19 décembre 1809.

BOURGEOIS DE SAINT-PAUL (Charles-Louis), commissaire des guerres de première classe, chevalier de l'Empire, 3 mai 1810.

BOURGEREL (Joseph-Marie-Prudent-Lucas), procureur général près la cour criminelle du Morbihan, chevalier de l'Empire, 23 juin 1810.

BOURGES (la ville de), concession d'armoiries, 20 juin 1811.

BOURGOING (Jean-François DE), envoyé extraordinaire et ministre plénipotentiaire près le roi de Saxe, chvalier de l'Empire, 10 septembre 1808; baron de l'Empire, 9 décembre 1809.

BOURGOING (Armand-Marc-Joseph de), capitaine aide de camp, chevalier de l'Empire, 11 juin 1810.

BOURGNON (Armand-Théard), auditeur au conseil d'État, capitaine adjudant major en retraite, chevalier de l'Empire, 19 janvier 1811.

BOURGUIGNON (Claude-Sébastien), officier magistrat du parquet de la Haute Cour impériale, conseiller à la cour impériale de Paris, chevalier de l'Empire, 19 juin 1813.

BOURKE (Jean-Raymond-Charles), adjudant commandant de la garde impériale, baron de l'Empire, 16 septembre 1808.

BOURLIER (Jean-Baptiste), sénateur, évêque d'Évreux, baron de l'Empire, 28 janvier 1809 ; comte de l'Empire, 14 août 1813.

BOURLON DE CHEVIGNÉ (François-Louis-Charles), lieutenant au 1er cuirassiers, chevalier de l'Empire, 10 avril 1811.

BOURMONT (Jean-François), chef d'escadron en retraite, chevalier de l'Empire, 22 octobre 1810.

BOUROTTE (Jean-François), chef de bataillon en retraite, chevalier de l'Empire avec donation, 9 janvier 1810.

BOURRÉE DE CORBERON (Daniel-Jean-Charles), maire de Troissereux (Oise), baron de l'Empire avec majorat, 3 juin 1811.

BOUSQUET (Pierre), chirurgien major du 25e de ligne, chevalier de l'Empire, 16 mai 1813.

BOUSSAC (Valentin), capitaine-quartier-maître, trésorier du 5e dragons, chevalier de l'Empire, 23 juillet 1810.

BOUSSAIROLLES (Jacques-Joseph), président en la cour impériale de Montpellier, baron de l'Empire avec majorat, 19 juin 1813.

BOUSSART (André-Joseph), général de brigade, baron de l'Empire, 10 février 1809.

BOUSSART (Félix), major de gendarmerie, chevalier de l'Empire, 19 janvier 1812.

BOUSSON (Ignace-François), colonel en retraite, baron de l'Empire, 31 décembre 1809.

BOUSSIN (Claude-Christophe), adjudant commandant en retraite, chevalier de l'Empire, 9 mai 1811.

BOUTEILLER (Jacques-Nicolas-Jean-Antoine), président du tribunal de première instance d'Abbeville, membre du collège électoral de la Somme, chevalier de l'Empire, 10 avril 1811.

BOUTET DE MONVEL (Noël-Barthélemi), secrétaire des commandements du prince archichancelier de l'Empire, chevalier de l'Empire, 11 septembre 1813.

BOUTILLIER (Claude-Théodore), capitaine au 105° de ligne, baron de l'Empire, 2 novembre 1810.

BOUVIER (Claude-Pierre), député au Corps législatif, membre du collège électoral du département du Jura, procureur général à Besançon, chevalier de l'Empire, 23 juin 1810 ; baron de l'Empire, 12 avril 1813.

BOUVIER (Jean-Baptiste-Joseph), major au corps impérial du génie, baron de l'Empire, 14 avril 1810.

BOUVIER DES ESCLAZ (Joseph), colonel du 14° dragons, baron de l'Empire, 22 novembre 1808.

BOYÉ (Charles-Joseph), général de brigade, baron d'Abaumont, 2 juillet 1808.

BOYELDIEU (Louis-Léger), colonel du 4° régiment d'infanterie, baron de l'Empire, 20 juillet 1808.

BOYER (Alexis), premier chirurgien de l'Empereur, baron de l'Empire, 31 janvier 1810.

BOYER (Henri-Jacques), général de brigade, commandant le département des Côtes-du-Nord, baron de l'Empire, 22 octobre 1810.

BOYER (Jean-Baptiste-Nicolas-Henri), adjudant commandant, chevalier de l'Empire, 16 décembre 1810.

BOYER (Joseph), général de brigade en retraite, chevalier de l'Empire, 11 juillet 1810.

BOYER (Pierre-François-Xavier), général de brigade, baron de l'Empire, 1er mai 1812.

BOYER (Pierre-Joseph), juge en la Cour de cassation, chevalier de l'Empire, 29 juin 1808.

BOYER DE RÉBEVAL (Joseph), colonel commandant du 2ᵉ régiment des chasseurs à pied de la garde impériale, baron de Rébeval, 15 janvier 1809.

BOYES (Joseph), chef d'escadron, aide de camp, chevalier de l'Empire, 10 janvier 1814.

BOYSSET (Jean-Guillaume), l'un des médecins des armées impériales, chevalier de l'Empire, 26 avril 1811.

BRANCADORI (Joseph), maire de Sienne, député au corps législatif, chevalier de l'Empire, 26 avril 1810.

BRANCAS (Antoine-Constant de), colonel du 11ᵉ cuirassiers, baron de l'Empire, 15 janvier 1809.

BRANGER (Louis-Prudence), chef de bataillon au 4ᵉ de ligne, chevalier de l'Empire, 15 juillet 1810.

BRAULT (Charles), évêque de Bayeux, baron de l'Empire, 18 mars 1809.

BRAUN (Joseph), colonel en second du 66ᵉ de ligne, commandant le 21ᵉ régiment d'infanterie provisoire, chevalier de l'Empire avec dotation, 9 janvier 1810.

BRAYER (Michel-Silvestre), général de brigade, baron de l'Empire, 9 mars 1810.

BRÉHAN (Louis-Amand-Fidèle de), baron de l'Empire, 14 février 1810.

BREISSAND (Joseph), colonel du 35ᵉ de ligne, baron de l'Empire, 16 décembre 1810.

BRÊME (la ville de), concession d'armoiries, 13 juin 1811.

BRENIER-MONTMORAND (Antoine-François), général de division, baron de l'Empire, 12 février 1812.

BRESSON (Louis), chef de bataillon au 63ᵉ de ligne, chevalier de l'Empire, 27 septembre 1810.

BRESSON DE VALMABELLE (Jean-Pierre-Alexandre), chef d'escadron au 15ᵉ chasseurs, chevalier de l'Empire, 11 juillet 1810.

BREUILLE (Gabriel-François), colonel au corps impérial du génie, chevalier de l'Empire, 12 septembre 1810.

BREZETS (Nicolas-Antoine), premier président de la Cour d'appel de Bordeaux, baron de l'Empire, 22 octobre 1810.

BRIANT (Louis-Alexandre), colonel du 23ᵉ dragons, baron de l'Empire, 11 juin 1810.

BRICE (Charles-Borromée), chef de bataillon au 13ᵉ léger, chevalier de l'Empire, 29 août 1810.

BRICHE (André-Louis-Elisabeth de), colonel du 10ᵉ hussards, baron de l'Empire, 15 octobre 1809.

BRICOGNE (Athanase-Jean), maire du 6ᵉ arrondissement de Paris, chevalier de l'Empire, 2 mars 1811.

BRIÈRE DE MONDÉTOUR (François-Nicolas), président de la Cour criminelle et membre du collège électoral de Seine-et-Oise, chevalier de l'Empire, 26 avril 1810.

BRIÈRE DE MONDÉTOUR (Isidore-Simon), maire du 2ᵉ arrondissement de Paris, chevalier de Mondétour, 21 septembre 1808.

BRIERRE DE SURGY (Jean-Charles), conseiller et l'un des présidents à vie de la Cour des comptes, baron de l'Empire, 28 avril 1813.

BRIGNOLE-SALE (Antoine-Jean-François-Marie-Ignace-Louis), maître des requêtes au Conseil d'Etat, comte de l'Empire avec majorat, 30 août 1811.

BRIGNOLE-SALE (Anne-Marie-Gasparde-Vincente-Pieri, veuve du sieur), dame du palais, comtesse de l'Empire, 11 juin 1810.

BRIGODE (Louis-Marie-Joseph de), chambellan de l'Empereur, président du collège électoral de Lille, membre du conseil général du Nord, chevalier de l'Empire, 28 janvier 1809 ; comte de l'Empire avec majorat, 20 août 1809.

BRILLAT DE SAVARIN (Jean-Anthelme), juge à la Cour de cassation, chevalier de l'Empire, 26 avril 1808.

BRILLAT-SAVARIN (Marie-Frédéric), major de la première demi-brigade provisoire, chevalier de l'Empire, 14 août 1813.

BRINCARD (Antoine), major au 9ᵉ dragons, chevalier de l'Empire, 18 août 1810.

BRISION (Claude-Arduin-Tristan), adjudant commandant, sous-inspecteur aux revues, chevalier de l'Empire, 1ᵉʳ janvier 1813.

BRO (Louis), capitaine, aide de camp, chevalier de l'Empire, 30 octobre 1810 ; baron de l'Empire, 13 août 1811.

BROCKI (Alexandre), lieutenant au 1ᵉʳ régiment des chevau-légers polonais de la garde impériale, chevalier de l'Empire, 27 septembre 1810.

BROGLIE (Maurice-Jean-Magdeleine de), aumônier de l'Empereur, évêque de Gand, baron de l'Empire, 22 novembre 1808.

BROHON (Paul-Bernard), maire de Bréhal, membre du collège électoral de la Manche, baron de l'Empire avec majorat, 9 mai 1811.

BRON (André-François), général de brigade, baron de l'Empire, 1ᵉʳ janvier 1813.

BRONDEL (Alexandre), chef de bataillon au 24ᵉ d'infanterie légère, chevalier de l'Empire avec dotation, 9 janvier 1810.

BROSSIER (Simon-Pierre), colonel au corps impérial des ingénieurs géographes, chevalier de l'Empire, 30 octobre 1810.

BROUARD (Etienne), général de brigade, baron de l'Empire, 20 juillet 1808.

BROUSSART (Richard), chef de bataillon au 21ᵉ de ligne, chevalier de l'Empire, 2 septembre 1810.

BROUSSIER (Jean-Baptiste), général de division, comte de l'Empire, 15 octobre 1809.

BROUSSONET (Jean-Louis-Victor), médecin en chef à l'hôpital de Montpellier, professeur de clinique à la Faculté de cette ville, membre du collège électoral de l'Hérault, chevalier de l'Empire, 19 janvier 1811.

BRUCCO DE SORDEVOLO (André-Louis), chambellan de la princesse Pauline, duchesse de Guastalla, membre du Conseil municipal de Turin, baron de l'Empire, 26 avril 1810.

BRUGNIÈRE DE SORSUM (Antoine), secrétaire particulier du roi de Westphalie, baron de l'Empire, 23 avril 1812.

BRUIX (Alexis-Vital-Joseph de), page de l'Empereur, baron de l'Empire, 8 mai 1812.

BRUIX (Bernard-Pierre), chef de bataillon au 4ᵉ régiment du corps impérial d'artillerie de la marine, chevalier de l'Empire, 15 juin 1808.

BRUMAULD DE VILLENEUVE (Pierre), colonel d'artillerie, chevalier de l'Empire, 15 juillet 1810; baron de l'Empire, 25 mars 1813.

BRUN (Jean-Antoine), général de brigade, baron de l'Empire, 4 juin 1810.

BRUN DE VILLERET (Pierre-Bertrand-Louis), chef d'escadron, aide de camp, chevalier de l'Empire, 21 décembre 1808.

BRUNEAU-BEAUMEZ (Albert-Marie-Auguste), député au Corps législatif, chef de la légion de la garde nationale du Pas-de-Calais, président du canton de Bertincourt, chevalier de l'Empire, 28 janvier 1809.

BRUNET (Vivant-Jean), colonel commandant en second et directeur des études de l'école spéciale militaire de cavalerie, baron de l'Empire, 31 décembre 1809.

BRUNETEAU DE SAINTE-SUZANNE (Alexandre-François), préfet de la Sarre, baron de l'Empire, 19 janvier 1812; avec dotation, 8 avril 1813.

BRUNETEAU SAINTE-SUZANNE (Pierre-Antoine), colonel du 9ᵉ chasseurs à cheval, baron de l'Empire, 3 mai 1810.

BRUNOT DE ROUVRE (Antoine-François), chef de bataillon, attaché à l'état-major général, chevalier de l'Empire, 20 février 1812.

BRUNY (Jean-Baptiste), colonel du 62ᵉ de ligne, baron de l'Empire, 31 décembre 1809.

BRUSLÉ (Claude-Louis), préfet du département de l'Aube, chevalier de l'Empire, 2 juillet 1808; baron de Valsuzenai, 31 janvier 1810.

BRUXELLES (la ville de), concession d'armoiries, 6 juin 1811.

BRUYAS (Jean-Pierre), premier président de la cour de justice criminelle de la Loire, chevalier de l'Empire, 15 janvier 1809.

BRUYÈRE (Jean-Pierre-Joseph), général de brigade, baron de l'Empire, 2 août 1808.

BRUYÈRE (Louis), maître des requêtes au Conseil d'État, chevalier de l'Empire, 2 mai 1811.

BRUYÈRES (la ville de), département des Vosges, concession d'armoiries, 2 novembre 1810.

BRUYS DE CHARLY (Gilbert), député au Corps législatif, chevalier de l'Empire, 11 décembre 1813.

BUGET (Claude-Joseph), général de brigade, baron de l'Empire, 26 octobre 1808.

BUONACORSI (Alexandre), sénateur, comte de l'Empire, 20 octobre 1811.

BUQUET (Charles), colonel du 75ᵉ de ligne, baron de l'Empire, 11 août 1808.

BUQUET (Louis-Léopold), général de brigade, chef d'état-major près l'inspecteur général de la gendarmerie impériale, baron de l'Empire, 4 janvier 1811.

BUREAUX DE PUSY (Joachim-Irénée-Adélaïde), major au 28ᵉ dragons, chevalier de l'Empire, 19 janvier 1812.

BURGEVIN (François-Basile), capitaine aide de camp, chevalier de Lerne, 24 août 1811.

BURGUES MISSIESSY (Édouard-Thomas de), vice-amiral, comte de l'Empire, 23 février 1811.

BURTHE (André), colonel du 4ᵉ hussards, baron de l'Empire, 5 octobre 1808.

BUSSCHOP (François-Jacques), membre de la cour de Cassation, chevalier de l'Empire, mai 1808.

BUSSIÈRES (Jean-Baptiste-François), major en retraite, chevalier de l'Empire, 2 mars 1811.

BUTRAUD (Jacques), général de brigade, baron de l'Empire, 9 octobre 1813.

BUZINI (Jean-Pierre), chef de bataillon au 36ᵉ de ligne, chevalier de l'Empire, 9 septembre 1810.

BYE (Pierre-Jacques de), conseiller à la cour de Cassation, chevalier de l'Empire, 25 novembre 1813.

CABANEL (Louis), capitaine au 2ᵉ régiment des tirailleurs de la garde impériale, chevalier de l'Empire, 29 janvier 1811.

CABANES-PUYMISSON (Marc), colonel du 17ᵉ régiment d'infanterie légère, baron de l'Empire, 2 juillet 1808.

CABANIS (Pierre-Jean-Georges), sénateur, membre de l'Institut, comte de l'Empire, 1808.

CABAU (François), colonel au corps impérial de l'artillerie, baron de l'Empire, 17 mai 1810.

CABROL DE MONTE (Pierre), major du 3ᵉ cuirassiers, chevalier de l'Empire, 16 décembre 1810.

CACAULT (Jean-Baptiste), général de brigade, baron de l'Empire, 14 avril 1810.

CACCIORNA (François-Hilaire-Scipion-Marie-Mathis), membre du collège électoral de la Stura, baron de l'Empire, 25 mars 1810.

CACCIORNA (Joseph-Mathis de), député au Corps législatif, membre du collège électoral du département de la Stura, chevalier de l'Empire, 23 juin 1810.

CACHERANO DE BRICHERASIO (Esprit-Marius-Louis-Marie), major au 11ᵉ de ligne, chevalier de l'Empire, 5 août 1812.

CACHIN (Joseph-Marie-François), inspecteur général des ponts et chaussées, directeur des travaux maritimes des ports militaires, chevalier de l'Empire, 16 septembre 1808 ; baron de l'Empire, 24 janvier 1814.

CACQUERAY DE PLEINE-SEVETTE (Abraham-François-Louis), lieutenant de la vénerie impériale, chevalier de l'Empire, 11 juillet 1810 ; baron de l'Empire, 30 octobre 1810.

CADET DE FONTENAY (Hippolyte-René-Jean), colonel du 6ᵉ d'artillerie à cheval, chevalier de l'Empire, 18 juillet 1811.

CADET DE GASSICOURT (Charles-Louis), pharmacien de la maison de l'Empereur, chevalier de l'Empire, 15 juillet 1810.

CADILHON (Denis), chef de bataillon au 34ᵉ de ligne, chevalier de l'Empire avec dotation, 9 mars 1810.

CADOLT (Louis-Germain), chef d'escadron au 13ᵉ dragons, chevalier de l'Empire avec dotation, 31 janvier 1810.

CADRES (Nicolas), capitaine au 24ᵉ de ligne, baron de l'Empire, 27 septembre 1810.

CAEN (la ville de), concession d'armoiries, 12 novembre 1811.

CAFFARELLI (Charles-Ambroise), préfet du département du Calvados, chevalier de l'Empire, 27 novembre 1808 ; baron de l'Empire, 31 décembre 1809.

CAFFARELLI (Jean-Baptiste), évêque de Saint-Brieuc, baron de l'Empire, 21 septembre 1808.

CAFFARELLI (Louis-Marie-Joseph), conseiller d'État, comte de l'Empire, 15 juillet 1810.

CAFFARELLI (Marie-François-Auguste), aide de camp de l'empereur, ministre de la guerre du royaume d'Italie, général de division, comte de l'Empire, 15 janvier 1809.

CAHOUET (Alexandre), inspecteur divisionnaire des ponts et chaussées, chevalier de l'Empire, 20 août 1809.

CAILA (Pierre), membre du collège électoral de la Gironde et du Conseil général de Bordeaux, baron de l'Empire avec majorat, 6 octobre 1810.

CAILLE (Félix), chef d'escadron au 4e dragons, chevalier de l'Empire avec dotation, 9 décembre 1809.

CAILLEMER (Louis), chef d'escadron au 26° chasseurs à cheval, chevalier de l'Empire, 10 avril 1811.

CAILLOUX-POUGET (François-René), colonel du 26e régiment d'infanterie légère, baron de l'Empire, 2 août 1808.

CAISSOTTI DE CHIUSANO (Charles-François-Hiacinthe), colonel de cavalerie en retraite, membre du collège électoral du département du Pô, chevalier de l'Empire, 15 octobre 1809.

CALÈS (Jean-Chrysostôme), colonel du 86e d'infanterie, baron de l'Empire, 11 juillet 1810.

CALLANDE DE CLAMECY (Antoine), conseiller en la cour de Bourges, baron de l'Empire, 8 mai 1812.

CALLIER DE SAINT-APOLIN (Hubert), général de brigade, baron de l'Empire, 5 août 1812.

CALVET DE MADAILLAN (Joseph-Thibault), député et questeur du Corps législatif, chevalier de l'Empire, 12 avril 1813; baron de l'Empire, 12 avril 1813.

CAMBACÉRÈS (Étienne-Hubert), cardinal-archevêque de Rouen, sénateur, comte de l'Empire, 10 septembre 1808.

CAMBACÉRÈS (Jean-Jacques-Regis, prince), archichancelier de l'Empire, duc de Parme, 24 avril 1808.

CAMBACERÈS (Jean-Pierre-Hubert), général de brigade, baron de l'Empire, 1er juin 1808.

CAMBIASO (Michel-Ange-Marie-Joachim), sénateur, comte de l'Empire, 28 janvier 1809.

CAMBON (Louis-Alexandre de), conseiller en la cour impériale de Toulouse, membre du collège électoral de la Haute-Garonne, baron de l'Empire, 18 mai 1811.

Cambour (Louis-Just), capitaine au 1ᵉʳ chasseurs à pied de la garde impériale, chevalier de l'Empire, 11 juin 1810.

Cambronne (Pierre-Jacques-Étienne), lieutenant-colonel du 1ᵉʳ bataillon du 1ᵉʳ régiment des tirailleurs de la garde impériale, baron de l'Empire, 4 juin 1810.

Campana (Ange), lieutenant au 103ᵉ de ligne, chevalier de l'Empire, 19 janvier 1812.

Campana (François-Joseph-Jérôme), chef d'escadron au 21ᵉ dragons, chevalier de l'Empire avec dotation, 9 janvier 1810.

Campi (Toussaint), adjudant-commandant, baron de l'Empire, 16 décembre 1810.

Camus (Jean-Jacques), chef de bataillon au 28ᵉ de ligne, chevalier de l'Empire, 9 septembre 1810.

Camus du Martroy (Emmanuel-François), auditeur au Conseil d'État, préfet de la Creuse, baron de l'Empire, 9 septembre 1810.

Canaveri (Jean-Baptiste), évêque de Verceil, 1ᵉʳ aumônier de Madame-Mère, baron de l'Empire, mai 1808.

Canclaux (Jean-Baptiste-Camille), général de division, sénateur, comte de l'Empire, 1808.

Canisy (Louis de), écuyer de l'Empereur, baron de l'Empire, 9 septembre 1810.

Canouville (Alexandre-Charles-Marie-Ernest de) l'un des maréchaux des logis du palais impérial, baron de l'Empire, 22 octobre 1810.

Canouville (Antoine-Alexandre-Marie-François de), l'un des questeurs du Corps législatif, baron de l'Empire, 13 juillet 1813.

Canouville (Armand-Jules-Élisabeth de), chef d'escadron, aide de camp du prince vice-connétable, baron de l'Empire, 22 octobre 1810.

Capelle (Guillaume-Antoine-Benoist), préfet du Léman, baron de l'Empire, 19 janvier 1812.

Caracciolo (Gaëtan), auditeur au conseil d'État, trésorier des cohortes de la 20ᵉ division militaire, chevalier de l'Empire, 10 janvier 1814.

Caralp (Jean-Germain), chef de bataillon au 85ᵉ de ligne, chevalier de l'Empire, 23 février 1811.

Carbonara (Louis-Dominique), sénateur, comte de l'Empire, 15 octobre 1809)

Cardaillac (Jean-Pierre), chef de bataillon au 54ᵉ de ligne, chevalier de l'Empire avec dotation, 12 novembre 1809.

Cardeilhac (Jean-Baptiste), chef de bataillon au 17ᵉ léger, chevalier de l'Empire, 23 octobre 1811.

CARDENAU (Bernard-Augustin), général de brigade, baron de l'Empire, 20 mars 1812.

CARDEVAC D'HAVRINCOURT (Anaclet-Henri de), comte de l'Empire avec majorat, 9 mars 1810.

CARDON (Edmond-Charles-Guillaume), auditeur au Conseil d'Etat, membre du collège électoral du Pas-de-Calais, sous-préfet d'Arras, baron de Montigny, avec majorat.

CAREL (Martin-Louis), président de la cour impériale de justice criminelle de la Seine-Inférieure, chevalier de l'Empire, 28 octobre 1808.

CARELLI (Jean-Baptiste), procureur général près la cour impériale de Florence, baron de l'Empire, 4 janvier 1811.

CARENTAN (la ville de), concession d'armoiries, 5 décembre 1811.

CARLIEN DU HAUT-BOIS (Ignace-Joseph), chevalier de l'Empire, 26 avril 1810.

CARMEJANE (Charles-Joseph), colonel au corps impérial de l'artillerie, baron de l'Empire, 11 juin 1810.

CARNÉ (Louis-Marie de), sous-préfet à Brest, membre du collège électoral du Finistère, baron de l'Empire, 9 mai 1811.

CARNOT (Joseph-François-Claude), conseiller à la Cour de cassation, chevalier de l'Empire, 2 mai 1811.

CARNOT (Lazare-Nicolas-Marguerite), ancien membre de la Convention nationale et du Comité de salut public, ministre de l'intérieur, comte de l'Empire, 20 mars 1815 (1).

CARON (Louis-François-Denis-René), capitaine au 3e régiment des tirailleurs de la garde impériale, chevalier de l'Empire, 3 janvier 1813.

CARON (Pierre-Louis-Auguste), colonel, chef de l'état-major d'artillerie du 6e corps de la grande armée ; chevalier de l'Empire, 15 juillet 1810 ; baron de l'Empire, 9 octobre 1813.

CARON DE FROMENTEL (Jean-Baptiste-Louis-Maxime), procureur impérial près le tribunal de 1re instance de Boulogne-sur-Mer, chevalier de l'Empire, 1er janvier 1813.

---

(1) Le décret du 20 mars 1815, par lequel Carnot est nommé ministre de l'intérieur, l'appelle *le général comte Carnot*. Ce ne fut pas là, comme on l'a dit, une malice de Fouché : l'article 4 du décret du 1er mars 1808 (qui créait les titres nobiliaires) était ainsi conçu : « Nos ministres, les sénateurs, nos conseillers d'état à vie, les présidents du Corps législatif, les archevêques porteront pendant leur vie le titre de *Comte*. » Nommer Carnot ministre, c'était donc le faire *Comte*. Carnot protesta et ne porta pas ce titre. « Les lettres patentes sont demeurées dans quelque carton de la chancellerie, où les fils de Carnot n'ont pas été les chercher. » *Mémoires sur Carnot par son fils*, II, 428.

CARRA SAINT-CYR (Jean-François), général de division, baron de l'Empire, 11 août 1808.

CARRÉ (Jean-Nicolas-Louis), major aux grenadiers à pied de la garde impériale, chevalier de l'Empire, 25 mars 1813.

CARRETTE (Antoine-Michel), capitaine au corps impérial du génie, chevalier de l'Empire, 10 septembre 1808.

CARRIÉ (Augustin), général de brigade, baron de l'Empire, 26 avril 1810.

CARRIÉ CANCÉ (Bernard), sous-préfet de l'arrondissement d'Espalion, membre du collège électoral de l'Aveyron, chevalier de l'Empire, 11 septembre 1813.

CARRIÈRE (François), colonel, directeur au corps impérial de l'artillerie, chevalier de l'Empire, 6 septembre 1811.

CARRIÈRE DE BEAUMONT (Jean-Louis-Chrétien), général de brigade, baron de l'Empire, 26 octobre 1808.

CARRION-NISAS (Marie-Henri-François-Élisabeth de), adjudant-commandant, chancelier de la 9e cohorte de la Légion d'honneur, baron de l'Empire, 2 novembre 1810.

CARTIER (Hippolyte), chef de bataillon au 7e léger, chevalier de l'Empire avec majorat, 12 novembre 1809.

CASABIANCA (Raphaël), général de division, sénateur titulaire de la sénatorerie d'Ajaccio, comte de l'Empire, 5 octobre 1808.

CASAMAJOR d'ONEIX (Joseph de), propriétaire, baron de l'Empire avec majorat, 19 juin 1813.

CASELLI (Charles-François), sénateur, cardinal-prêtre de la sainte Église romaine, évêque de Parme, comte de l'Empire, 3 mai 1809.

CASENAVE (Antoine de), député au Corps législatif, chevalier de l'Empire, 15 juin 1812.

CASSAGNE (Louis-Victorin), général de brigade, baron de l'Empire, 18 juin 1809.

CASSAGNE (Pierre), général de brigade, baron de l'Empire, 5 août 1812.

CASSAGNES-BEAUFORT DE MIRAMON (Jean-Gaspard-Louis), chambellan de l'Empereur, président du Conseil général de la Haute-Loire, maire de Pauliac, canton de Brioude, comte de l'Empire avec majorat, 25 mars 1810.

CASSAIGNE (Jean), juge à la cour de cassation, chevalier de l'Empire, 26 avril 1808.

CASSAN (François), chef de bataillon en retraite, chevalier de l'Empire, 13 mars 1811.

CASSINO (Charles), chef d'escadron au 6e dragons, chevalier de l'Empire, 6 octobre 1810.

CASTANIÉ (Jean-Jacques), chef de bataillon aux chasseurs à pied de la garde impériale, chevalier de l'Empire, 24 août 1811.

CASTELLALFIERI (Vincent-Charles-Louis-Marie-Paul-Joachim-Amico de); chambellan de la princesse Pauline, chevalier de l'Empire, 13 mai 1813.

CASTELLAN (Noël-Georges), colonel du 60e de ligne, baron de l'Empire, 15 septembre 1811.

CASTELLANE (Boniface-Louis-André de), maître des requêtes au Conseil d'État, général de brigade en retraite, préfet des Basses-Pyrénées, comte de l'Empire, 9 mars 1810.

CASTELLANE (Boniface-Louis-André de), général de brigade, maître des requêtes au Conseil d'État, baron de l'Empire, 14 février 1810.

CASTELLANE (Esprit-Victor-Elisabeth-Boniface), lieutenant aide de camp, chevalier de l'Empire, 11 juillet 1810.

CASTEL-SARRAZIN (la ville de), concession d'armoiries, 13 août 1811.

CASTEX (Pierre), colonel du 20e chasseurs à cheval, baron de l'Empire, 16 septembre 1808.

CASTILLARD (Bernard-Jean), chef de bataillon au 24e de ligne, chevalier de l'Empire avec dotation, 31 janvier 1810.

CASTILLE (Célestin-Joseph), inspecteur général du train d'artillerie, chevalier de l'Empire, 4 juin 1810,

CAVAIGNAC DE LA LANDE (Jean-Baptiste), sous-préfet à Lesparre, baron de l'Empire, 13 février 1811.

CAVALETTI (Charles-Joseph), écuyer de l'Empereur, baron de l'Empire, 31 décembre 1809.

CAVALLI d'OLIVA (Joseph-François-Alexandre), président de la cour d'appel de Turin, député au Corps législatif, chevalier de l'Empire, 28 janvier 1809.

CAVAZZA (Jérôme), capitaine de vaisseau, chevalier de l'Empire, 29 septembre 1809.

CAVROIS (Alexandre), chef d'escadron aux chasseurs à cheval de la garde impériale, chevalier de l'Empire, 20 août 1808 ; colonel du 20e chasseurs à cheval, baron de l'Empire, 23 février 1811.

CAUCHY (Louis-François), secrétaire archiviste du Sénat, chevalier de l'Empire, 20 juillet 1808.

CAULAINCOURT (Armand-Augustin-Louis), général de division, grand écuyer de l'Empire, duc de Vicence, 7 juin 1808.

CAULAINCOURT (Gabriel-Louis), sénateur, comte de l'Empire, 24 avril 1808.

CAUMONT-LAFORCE (Louis-Joseph-Nompar de), membre du collège électoral de l'arrondissement de Montauban, commandant de la garde d'honneur de cette ville, chevalier de l'Empire avec dotation, 9 décembre 1809.

CAZALS (Louis-Joseph-Elisabeth), général de brigade au corps impérial du génie, baron de l'Empire, 21 décembre 1808.

CAZAUX (Hippolyte), colonel-major de l'hôtel impérial des Invalides, baron de l'Empire, 12 avril 1813.

CAZAUX (Jean-Louis), major au 24e léger, chevalier de l'Empire, 19 juin 1813.

CAZENEUVE (Etienne-Grégoire de), chef d'escadron au 13e dragons, chevalier de Bellême, 9 septembre 1810.

CAZENEUVE (Jean-Michel), chef de bataillon au 34e de ligne, chevalier de l'Empire avec dotation, 19 décembre 1809.

CAZENEUVE (Martizy), chef de bataillon au 57e de ligne, chevalier de l'Empire, 6 octobre 1810.

CAZIN DE CAUMARTIN (Félix-Alexis-Augustin), chef de bataillon au corps impérial du génie, chevalier de l'Empire, 19 septembre 1810.

CÉARD (Nicolas), inspecteur divisionnaire des ponts et chaussées, chevalier de Chalivoy, 28 octobre 1808.

CERISE (Guillaume-Michel), adjudant commandant, baron de l'Empire, 11 juin 1810.

CERVONI (Louis-César), baron de l'Empire, 17 mai 1810.

CERVONI (Thomas), baron de l'Empire, 17 mai 1810.

CESTIN (Jean-Alexandre-Gabriel-Nicolas), chef de bataillon en retraite, chevalier de l'Empire, 2 septembre 1810.

CHABAUD-LATOUR (Antoine-Georges-François), député au corps législatif, chevalier de l'Empire, 11 août 1808.

CHABERT (Jean-François), chef de bataillon en retraite, chevalier de l'Empire, 29 août 1810.

CHABERT (Louis), colonel du 1er de ligne, chevalier de l'Empire, 16 décembre 1810.

CHABOT (Louis-Jean-François), général de division, baron de l'Empire, 30 août 1811.

CHABOT (Marie-Jean-Baptiste de), membre du chapitre impérial de Saint-Denis, baron de l'Empire, 10 septembre 1808.

CHABOT de l'Allier (Georges-Antoine), député au corps législatif, inspecteur général des Ecoles de droit, chevalier de l'Empire, 2 juillet 1808.

CHABROL-CROUSOL (Christophe), maître des requêtes au Conseil d'État, premier président par intérim de la Cour d'appel d'Orléans, chevalier de l'Empire, 11 août 1808 ; président du Conseil extraordinaire de liquidation à Florence, comte de l'Empire avec majorat, 9 mars 1810.

CHABROL DE TOURNOELLE (Guillaume-Michel), maire de Riom, président du collège électoral de l'arrondissement de cette ville, baron de l'Empire avec majorat, 2 avril 1812.

CHABROL DE VOLVIC (Gilbert-Joseph-Gaspard), préfet de Montenotte, baron de l'Empire, 17 mai 1810.

CHAILLOT (Claude), chef d'escadron au 21e dragons, chevalier de l'Empire avec dotation, 19 décembre 1809.

CHALLAN (Antoine-Didier-Jean-Baptiste), député au corps législatif, chevalier de l'Empire, 26 avril 1808.

CHALONS-SUR-MARNE (la ville de), concession d'armoiries, 25 mars 1813.

CHAMBARLHAC DE LAUBESPIN (Jacques-Antoine de), général de division, baron de l'Empire, 30 août 1811.

CHAMBARLHAC (Dominique-André), général de brigade, inspecteur au corps impérial du génie, baron de l'Empire, 6 octobre 1810.

CHAMBAUD (Pierre), adjudant commandant en retraite, chevalier de l'Empire avec dotation, 19 décembre 1809.

CHAMBON (Claude-Gauderique-Joseph-Jérôme), commissaire ordonnateur des guerres, chevalier de Limoron, 3 mai 1810 ; baron de Limoron, 13 mars 1812.

CHAMORIN (Vital-Joachim), colonel du 26e dragons, baron de l'Empire, 10 février 1809.

CHAMPAGNE (Jean-François), proviseur au lycée impérial, membre de l'Institut, chevalier de l'Empire, 18 mars 1809.

CHAMPAGNY (Jean-Baptiste Nompère de), ministre des relations extérieures, comte de l'Empire, 24 avril 1808 ; duc de Cadore, 15 août 1809.

CHAMPEAUX (Joseph-Nicolas de) conseiller et inspecteur général de l'université impériale, chevalier de l'Empire, 23 novembre 1811.

CHAMPION DE CICÉ (Jérôme-Marie), archevêque d'Aix, comte de l'Empire, 16 septembre 1808.

CHAMPION DE NANSOUTY (Étienne-Antoine-Marie), 1er écuyer de l'Empereur, général de division, comte de l'Empire, 27 juillet 1808.

CHAMPY (Jean-Simon), administrateur adjoint des poudres et salpêtres, baron de l'Empire avec majorat, 31 janvier 1810.

CHANALEILLES (Charles-François-Guillaume de), membre du collège électoral de l'Ardèche, baron de l'Empire, 9 janvier 1810.

CHANIÉ (François), major au 7e de ligne, chevalier de l'Empire, 5 août 1812.

CHAPAIS DE MARIVAUX (Charles-Bernard), juge de la Cour d'appel de Rouen, chevalier de l'Empire, 19 septembre 1810 ; conseiller à la Cour de Bourges, baron de l'Empire avec majorat, 22 mars 1814.

CHAPELAIN DU BROSSERON (Jacques-Marie), baron de l'Empire avec majorat, 23 février 1811.

CHAPONNEL (Aaron-Claude-Théodore), adjudant commandant chef de l'état major du corps des grenadiers réunis, baron de l'Empire, 27 novembre 1808.

CHAPPUIS (Hiacinte-Adrien), député au corps législatif, chevalier de l'Empire, 28 janvier 1809.

CHAPTAL (Jean-Antoine), sénateur, l'un des quatre officiers du Sénat, membre de la 1re classe de l'Institut, comte de l'Empire, 26 avril 1808 ; comte de Chanteloup avec majorat, 25 mars 1810.

CHAPUIS (Jean-Baptiste), chef de bataillon d'artillerie, commandant le 2e bataillon des pontonniers, chevalier de l'Empire, 30 juillet 1810.

CHAPUZET (Jacques-François), chef de bataillon au 4e de ligne, chevalier de l'Empire avec dotation, 9 mars 1810.

CHARBONNEL (Joseph-Claude-Marguerite-Jules), colonel d'artillerie, baron de l'Empire, 10 septembre 1808 ; général de division, inspecteur général de l'artillerie, comte de Salès, 24 janvier 1814.

CHARBONNIÈRE (Charles-Antoine-Gérard), chevalier de l'Empire, 11 août 1808.

CHARLOT (Hugues), général de brigade, baron de l'Empire, 6 septembre 1811.

CHARNOTET (Jean-Baptiste), colonel en retraite, baron de l'Empire, 20 août 1809.

CHARPENTIER (Charles-Étienne-Constant), chef de bataillon, commandant d'armes, à Concarneau, chevalier de l'Empire, 11 novembre 1813.

CHARPENTIER (François), lieutenant colonel, commandant les vétérans de la garde impériale, chevalier de l'Empire, 20 août 1808.

CHARPENTIER (Germain), colonel du 3e chasseurs à cheval, baron de l'Empire, 25 mars 1809.

CHARPENTIER (Henri-François-Marie), général de division, comte de l'Empire, 14 février 1810.

CHARPENTIER (Pierre), chef de bataillon au 94° de ligne, chevalier de l'Empire, 23 juillet 1810.

CHARRIER DE LA ROCHE (Louis), premier aumônier de l'Empereur, évêque de Versailles, baron de l'Empire, 22 novembre 1808.

CHARRIÈRE (Louis), colonel du 57° de ligne, baron de l'Empire, 9 janvier 1810.

CHARROY (Sébastien), capitaine adjoint à l'état-major de la garde impériale, chevalier de l'Empire, 23 mai 1810.

CHARTENER (Jean-Baptiste), chef de bataillon au 55° de ligne, chevalier de l'Empire, avec dotation, 9 décembre 1809.

CHARTIER DE COUSSAY (Marie-Frédéric-Louis-Melchior), propriétaire, baron de l'Empire, avec majorat, 23 décembre 1810.

CHARTRES (la ville de), concession d'armoiries, 2 août 1811.

CHASLE (Cir-Pascal), juge à la cour de cassation, chevalier de l'Empire, 26 avril 1808.

CHASSELOUP DE LAUBAT (François), général de division, inspecteur général commandant l'arme du génie, en Italie, comte de l'Empire, 7 juin 1808.

CHASSEPOT DE PISSY (François-Timoléon de), membre du collège électoral de la Somme, baron de l'Empire, avec majorat, 19 juin 1813.

CHASSERAUX (Thomas-Jean-Julien), colonel du 40° de ligne, baron de l'Empire, 28 mai 1809.

CHASSET (Charles-Antoine), sénateur, comte de l'Empire, 26 avril 1808.

CHASSIRON (Pierre-Charles-Martin de), maître des comptes, chevalier de l'Empire, mai 1808 ; baron de l'Empire, avec majorat, 29 septembre 1809.

CHASTEIGNER (Alexandre de), lieutenant de dragons, chevalier de l'Empire, 21 septembre 1808.

CHASTELAIN (Jean-Louis-Antoine-Alexandre), commissaire des guerres, à Colmar, chevalier de l'Empire, 21 décembre 1808.

CHATELAIN (René-Julien), chef d'escadron au 9° cuirassiers, chevalier de l'Empire, 14 juin 1810.

CHATRY DE LA FOSSE (Jacques-Louis), capitaine adjoint à l'état-major, chevalier de l'Empire, 27 juin 1811.

CHATRY LAFOSSE (Pierre-Jacques-Samuel), chevalier de l'Empire, 27 juillet 1808.

CHAUBRY (René-Ferdinand), inspecteur divisionnaire des ponts et chaussées, député au corps législatif, chevalier de l'Empire, 14 août 1813.

CHAUBRY DE LA ROCHE (François-Jean), maire de Cougny, membre du collège électoral de la Sarthe, baron de l'Empire, avec majorat, 16 décembre 1810.

CHAUDRUC DE CRAZANNES (Jean-César-Marie-Alexandre de), membre du collège électoral du Gers, officier des gardes d'honneur du même département, secrétaire général de la préfecture du Loiret, baron de l'Empire, 25 février 1813.

CHAUMONT (la ville de), concession d'armoiries, 11 décembre 1813.

CHAUSSY (Louis-François), capitaine adjudant major au 2e régiment des voltigeurs de la garde impériale, chevalier de l'Empire, 3 juin 1811.

CHAUVEL (Pierre-Alexandre-François), colonel du 64e régiment d'infanterie de bataille, baron de l'Empire, 20 juillet 1808.

CHAUVELIN (Bernard-François de), conseiller d'état, comte de l'Empire, 10 avril 1811.

CHAZAL (Jean-Pierre), préfet du département des Hautes-Pyrénées, baron de l'Empire, 13 août 1810.

CHAZELLES LUNAC (Auguste-Jean-Baptiste-Louis-Marie), membre du collège électoral du département du Gard, baron de l'Empire, avec majorat, 13 avril 1811.

CHÉBRON DE LESPINATS (Jean-Baptiste-Marie-Victor), membre du collège électoral du département des Deux-Sèvres, chevalier de l'Empire, 19 juin 1813.

CHEMINEAU (Jean), colonel du 76e de ligne, baron de l'Empire, 26 novembre 1808.

CHENAUD (Jacques-Antoine-Anne), chef de bataillon en retraite, chevalier de l'Empire, 2 novembre 1810.

CHERBOURG (la ville de), concession d'armoiries), 12 novembre 1811.

CHÉRY (Louis-Vincent), chef de bataillon en retraite, chevalier de l'Empire, 23 juillet 1810.

CHEVIGNÉ DE BOIS-CHOLET (Hilarion-François de), évêque de Séez, baron de l'Empire, 18 mars 1809.

CHEVILLARD DE MARLIOZ (Louis-Victor-Joseph), colonel en retraite, député au corps législatif, chevalier de l'Empire, 26 avril 1810.

CHEYRON DU PAVILLON (Louis du), chef de bataillon au 59e de ligne, chevalier de l'Empire, avec dotation, 9 décembre 1809.

CHICOILET DE CORBIGNY (Louis-Antoine-Ange), préfet du Loir-et-Cher, chevalier de l'Empire, 5 octobre 1808 ; baron de l'Empire, 25 mars 1810.

CHIFOLIAU (Didier-Auguste), médecin principal des armées, chevalier de l'Empire, 31 octobre 1809.

CHIGI (Augustin-Auguste-Raphaël, prince), comte de l'Empire, 2 août 1811.

CHLAPOWSKI (Désiré), officier d'ordonnance de l'Empereur, baron de l'Empire, 4 janvier 1811.

CHLOPICKI DE NECZUIA (Joseph), général de brigade, baron de l'Empire, 2 mai 1811.

CHLUSOWIEZ (Joseph-Georges), colonel du 2ᵉ régiment de la Vistule, baron de l'Empire, 9 octobre 1813.

CHOISEUL-PRASLIN (Charles-Reynard-Laure-Félix de), chambellan de l'Empereur, membre du conseil général et du collège électoral de Seine-et-Marne, comte de l'Empire, 31 janvier 1810.

CHOLET (Antoine-Fabien), juge à la cour d'appel de Paris, député au corps législatif, chevalier de l'Empire, 28 janvier 1809.

CHOLET (François-Armand), sénateur, comte de l'Empire, 24 avril 1808.

CHOPIN (Emiland-Marie), sous-inspecteur aux revues, chevalier de l'Empire, 29 septembre 1809.

CHOUARD (Louis-Claude), colonel du 2ᵉ cuirassiers, baron de l'Empire, 27 novembre 1808.

CHOVET DE LA CHANCE (Jean-Claude), membre du collège électoral de la Loire, député au Corps législatif, baron de l'Empire avec majorat, 25 mars 1810.

CHRESTIEN DE FUMECHON (Jacques-Pierre-Amable), conseiller à la Cour impériale de Rouen, membre du collège électoral et de la députation du département de l'Eure, chevalier de l'Empire, 19 juin 1813.

CHRISTIANI (Charles-Joseph), major des grenadiers à pied de la garde impériale, baron de l'Empire, 14 février 1810.

CHRISTIN (Antoine-Gabriel), chef de bataillon du génie de la garde impériale, baron de l'Empire, 19 juin 1813.

CHRISTOPHE (Jean-François), colonel au 4ᵉ hussards, baron de l'Empire, 12 février 1812.

CHRISTOPHE (Philippe), colonel au 5ᵉ cuirassiers, baron de Lamotte-Guéri, 26 février 1814.

CIREZ (Ferdinand-François), chef de bataillon au corps impérial du génie, chevalier de l'Empire, 24 août 1811.

CIUSAN DELLA CHIESA DI RODDI (Victor-Amédée-Ferdinand-Mathias), préfet du palais du prince Borghèse, baron de l'Empire, 14 avril 1810.

CIVALIERI DE MASIO (Pierre-Benoît-Joseph-Marie), membre de la députation d'Alexandrie, chevalier de l'Empire, 22 mars 1814.

CLAPAREDE (Michel), général de brigade, comte de l'Empire, 29 juin 1808.

CLARAC (Louis-Antoine), sous-inspecteur aux revues de la garde impériale, chevalier de l'Empire, 3 mai 1809.

CLARKE D'HUNEBOURG (Henri-Jacques-Guillaume), général de division, secrétaire du cabinet de l'Empereur, ministre de la guerre, comte d'Hunebourg, 24 avril 1808 ; duc de Feltre, 15 août 1809.

CLAUDET (Antide-Marie), président de la Cour de justice criminelle du Jura, chevalier de l'Empire, 28 janvier 1809.

CLAUSEL DE COUSSERGUES (Jean-Claude), député au corps législatif, chevalier de l'Empire, 27 septembre 1810.

CLAUZEL (Bertrand), général de division, baron de l'Empire, 11 juin 1810.

CLÉMENT (Charles-Louis), député au corps législatif, chevalier de l'Empire, 19 juin 1813.

CLÉMENT (Charles-Jean-Baptiste-Claude), baron de l'Empire avec dotation, 25 novembre 1813.

CLÉMENT (Jacques-Valère), colonel, intendant général de la maison du prince Borghèse, baron de l'Empire, 20 juillet 1808.

CLÉMENT (Jean-François), chef de bataillon au 61e de ligne, chevalier de l'Empire, 22 novembre 1811.

CLÉMENT (Louis), chef d'escadron aux grenadiers à cheval de la garde impériale, chevalier de l'Empire, 10 septembre 1808.

CLÉMENT DE GRANDPREY (Nicolas), chef d'escadron de gendarmerie, chevalier de l'Empire, 15 octobre 1809.

CLÉMENT DE GRUBEN (Charles), évêque d'Osnabruck, baron de l'Empire, 14 août 1813.

CLÉMENT DE LA RONCIÈRE (François-Marie), général de brigade employé à la 2e division de cuirassiers de la grande armée, baron de l'Empire, 20 juillet 1808.

CLÉMENT DE RIS (Athanase-Louis-Marie), capitaine adjudant major au 16e dragons, chevalier de l'Empire, 27 juillet 1808.

CLÉMENT DE RIS (Dominique), sénateur et prêteur du Sénat, comte de l'Empire, 26 avril 1808 ; comte de Mauny avec majorat, 21 novembre 1810.

CLERC (Antoine-Marguerite), chef d'escadron aux chasseurs à cheval de la garde impériale, chevalier de l'Empire, 20 août 1808 ; colonel au 1er cuirassiers, baron 4 juin 1810.

CLERC DE MONTPIER (Jean-Baptiste), /adjudant commandant, chevalier de l'Empire, 10 avril 1811.

CLÈRE (Jean-François), colonel en retraite, chevalier de l'Empire, 29 septembre 1809.

CLERGÉ DE FRANCE (le), concessions d'armoiries, 27 juin 1811.

CLERICI DE ROCCAFORTE (Laurent-Joseph-Marie), chevalier de l'Empire, 9 mars 1810.

CLERMONT-FERRAND (la ville de), concession d'armoiries, 13 juin 1811.

CLERMONT-TONNERRE (Alexandre-Louis de), propriétaire, baron de l'Empire, 2 avril 1812.

COCHOIS (Antoine-Christophe), général de brigade, chevalier de l'Empire, 11 juillet 1810.

COCHON DE LAPPARENT (Charles), préfet des Deux-Nèthes, chevalier de l'Empire, 10 septembre 1808 ; sénateur, comte de l'Empire, 28 mai 1809.

COEHORN (Louis-Jacques), général de brigade, baron de l'Empire, 27 novembre 1808.

COETNEMPREN DE KERSAINT (Gui-Pierre de), capitaine de vaisseau, baron de l'Empire, 23 février 1811.

COETLOSQUET (Charles-Yves-César-Cyr de), chef d'escadron au 8e hussards, chevalier de l'Empire, 11 juillet 1810.

COFFINHAL DU NOYER (Joseph), conseiller à la cour de cassation, commissaire général de justice dans les provinces illyriennes, président du collège électoral du Cantal, chevalier de l'Empire, 26 avril 1808 ; baron de l'Empire, 2 mars 1811.

COLAUD (Claude-Sylvestre), général de division, sénateur, comte de l'Empire, 26 avril 1808.

COLAUD DE LA SALCETTE (Joseph-Louis-Claude), député au corps législatif, chevalier de l'Empire, 28 janvier 1809.

COLBERT (Auguste-François-Marie), général de brigade, baron de l'Empire, 2 juillet 1808.

COLBERT (Pierre-David), général de brigade, baron de l'Empire, 28 mai 1809.

COLCHEN (Victor), membre du Conseil du sceau des titres, sénateur, comte de l'Empire, 26 avril 1808.

COLIN (Jean-Pierre-Chrysostome), quartier-maître de la gendarmerie d'élite, chevalier de l'Empire, 10 septembre 1808.

COLLI-FELIZANNO (Victor-Amé), lieutenant en retraite, chevalier de l'Empire, 13 août 1811.

COLLIN DE SUSSY (Jean-Baptiste), conseiller d'état à vie, comte de l'Empire, 24 avril 1808.

COLLIQUET (Pierre-François), colonel d'infanterie, sous-inspecteur aux revues, baron de l'Empire avec majorat, 13 juillet 1811.

COLMAR (Louis-Joseph), évêque de Mayence, baron de l'Empire, 10 février 1809.

COLMONT DE VAULGRENAND (François-Camille-Gabriel), chambellan de l'Empereur, comte de l'Empire, 19 septembre 1810.

COLOGNE (la ville de), concession d'armoiries, 6 juin 1811.

COLOMBAN (Jacques), capitaine aux chasseurs à pied de la garde impériale, chevalier de l'Empire, 20 mars 1812.

COMBE (Sébastien), major au 56ᵉ de ligne, chevalier de l'Empire, 9 septembre 1810.

COMBELLE (Jean-Antoine-François), colonel du 94ᵉ de ligne, baron de l'Empire, 18 août 1810.

COMBIS (Jean-Baptiste-Stanislas-Jacques de), général de brigade, chevalier de l'Empire, 20 juillet 1808.

COMOLI (Etienne), chef de bataillon dans le régiment illyrien, chevalier de l'Empire, 18 mai 1811.

COMPANS (Dominique), général de division, chef de l'état-major général du 4ᵉ corps de la grande armée, comte de l'Empire, 24 juin 1808.

CONROUX (Nicolas), général de brigade, baron de Pépinville, 27 novembre 1808.

CONSTANTIN (Bertrand), chef de bataillon au corps impérial du génie, chevalier de l'Empire, 11 juillet 1810.

CONTADES (Erasme-Gaspard de), président du conseil général et membre du collège électoral du Maine-et-Loire, maire de Mazé, arrondissement de Baugé, comte de l'Empire avec majorat, 28 mai 1809.

CONTADES DE GIZEUX (Louis-Gabriel-Marie de), membre du collège électoral et du conseil général du département d'Indre-et-Loire, baron de l'Empire, 1ᵉʳ janvier 1813.

CONTAMINE (Théodore de), adjudant commandant, chevalier de l'Empire, 17 mars 1811.

COQUEBERT-MONBRET (Charles-Etienne), maître des requêtes au Conseil d'État, chevalier de l'Empire, mai 1808.

COQUEBERT-MONBRET (Charles-Etienne), maître des requêtes au Conseil d'État, baron de l'Empire, 31 décembre 1809.

COQUEREAU (Dominique-Jean), colonel en retraite, chevalier de l'Empire, 4 janvier 1811.

COQUEREAU (Etienne-Jacques), capitaine au 17ᵉ de ligne, chevalier de l'Empire, 25 mars 1810.

COQUEUGNIOT (Lazare-Claude), colonel sous-inspecteur aux revues, chevalier de l'Empire avec dotation, 31 janvier 1810.

CORBIÈRE (Charles-Philippe-Auguste), procureur général près la cour impériale de Toulouse, membre du collège électoral du Tarn, chevalier de l'Empire, 14 février 1820; baron de l'Empire, 2 octobre 1813.

CORBINEAU (Jean-Baptiste-Juvénal), colonel du 20ᵉ dragons, baron de l'Empire, 10 octobre 1808.

CORBINEAU (Louis-Marie-Hercule-Hubert), chef d'escadron aux chasseurs à cheval de la garde impériale, chevalier de l'Empire, 20 août 1808; major des chasseurs à cheval de la garde impériale, baron de l'Empire, 9 mars 1810.

CORNEBIZE (Louis-Jean-Baptiste), chef de bataillon au 47ᵉ de ligne, chevalier de l'Empire, 2 septembre 1810.

CORNELISSEN DE WEYNSBROUCK (Jacob-Joseph-Antoine-Jean-Népomucène de), comte de l'Empire, 6 octobre 1810.

CORNET (Mathieu-Augustin), sénateur, comte de l'Empire, 26 avril 1808.

CORNU DE LA FONTAINE (Alexandre-Henri-Simon), payeur général des dépenses diverses, chevalier de l'Empire, 2 juillet 1808.

CORNUDET (Joseph), sénateur, comte de l'Empire, mai 1808.

CORNUT-DELAFONTAINE DE COINCY (François-Benoît), caissier général du trésor impérial, membre du collège électoral de la Seine, chevalier de l'Empire, 24 août 1811.

CORSIN (André-Hippolyte), colonel du 4ᵉ léger, baron de l'Empire, 12 novembre 1809.

CORSINI (Neri-Marie-Joseph-Dominique), conseiller d'État, comte de l'Empire, 25 mars 1810.

CORSINI (Thomas, prince), sénateur, comte de l'Empire, 20 août 1809.

CORTEZ (Gui-Henri), chef de bataillon au 56ᵉ de ligne, chevalier de l'Empire avec dotation, 9 décembre 1809.

CORTE DE BONVOISIN (Roch-Joseph-Laurent-Jacinthe), général de brigade en retraite, membre du collège électoral du département du Po, chevalier de l'Empire, 15 juillet 1810.

CORVETTO (Louis-Emmanuel), conseiller d'État, chevalier de l'Empire, 1808; comte de l'Empire, 14 février 1810.

CORVISART (Jean-Nicolas), premier médecin de l'Empereur, baron de l'Empire, 27 novembre 1808.

COSDA (Joseph), colonel directeur du corps impérial de l'artillerie à Metz, baron de l'Empire, 7 juin 1808.

COSMAO-KERJULIEN (Julien-Marie), contre-amiral, baron de l'Empire, 18 décembre 1810.

Cossé-Brissac (Augustin-Marie-Paul-Pétronille-Timoléon de), préfet du département de Marengo, baron de l'Empire, 9 septembre 1810.

Cossé-Brissac (Hiacinte-Hugues-Timoléon), sénateur, chambellan de Madame Mère, comte de l'Empire, avril 1808.

Cosson (Antoine-Alexandre), adjudant-commandant, chef de l'Etat-major de la 3e division du 4e corps de la grande armée, baron de l'Empire, 11 août 1808.

Costa (Joseph-Marie), conseiller à la cour impériale de Turin, député au corps législatif, chevalier de l'Empire, 18 juillet 1811.

Costa de la Trinité (Philibert-Marie), baron de l'Empire, 23 mars 1810.

Costaz (Benoit), évêque de Nancy, baron de l'Empire, 16 décembre 1810.

Costaz (Louis), préfet de la Manche, membre de l'Institut d'Égypte, baron de l'Empire, 31 décembre 1809.

Coste (Pierre), colonel du 59e de ligne, baron de l'Empire, 17 avril 1812.

Cotillon (Jacques), colonel d'infanterie, chevalier de l'Empire avec dotation, 12 novembre 1809.

Cottin (Claude-Ponce), chef de bataillon de l'artillerie de la garde impériale, chevalier de l'Empire, 4 janvier 1811.

Cotzhausen (Henri-Guillaume-Louis), président du collège électoral de l'arrondissement de Clèves et membre du collège électoral du département de la Roër, baron de l'Empire avec majorat, 17 mars 1811.

Coubard (Louis-Marie), chef de bataillon au 111e de ligne, chevalier de l'Empire avec dotation, 9 décembre 1809.

Couin (Joseph-Christophe), général de brigade, colonel du régiment d'artillerie de la garde impériale, baron de Granchamp, 15 juin 1808.

Couin (Pierre-Gabriel), chef de bataillon de l'artillerie à pied de la garde impériale, chevalier de l'Empire, 19 juin 1813.

Coulmier (Jean-Louis), chef d'escadron en retraite, chevalier de l'Empire, 29 août 1810.

Coulon (François-Philippe), major de cavalerie, chevalier de l'Empire, 22 mars 1814.

Coulon (Pierre-Jean-Marie), chef d'escadron au 20e dragons, chevalier de l'Empire avec dotation, 9 décembre 1809.

Coulot (Jean-Étienne), capitaine au 4e hussards, chevalier de l'Empire, 22 novembre 1810.

COULOUMY (Antoine), colonel-major commandant le régiment des gardes nationales de la garde impériale, baron de l'Empire, 5 décembre 1811.

COUPPÉ (Gabriel-Hyacinthe), député au corps législatif, conseiller en la Cour de Rennes, chevalier de l'Empire, 5 décembre 1811.

COURTIER (Thomas-Éléonore-Ambroise), major au 1er chasseurs à cheval, chevalier de l'Empire avec dotation, 9 décembre 1809.

COURTIN (Eustache-Marie-Pierre-Marc-Antoine), procureur impérial au tribunal de première instance de la Seine, chevalier de l'Empire, 19 juin 1813.

COURTOIS (Jean), colonel en retraite, chevalier de l'Empire, 30 août 1811.

COUSIN DE GRAINVILLE (Guillaume-Baltasar), évêque de Cahors, baron de l'Empire, 10 septembre 1808.

COUSIN DE MARINVILLE (Étienne-Jules-Cousin de), chambellan et maître de la garde-robe du roi de Westphalie, baron de l'Empire, 8 mai 1812.

COUTANCES (la ville de), concessions d'armoiries, 5 décembre 1811.

COUTARD (Louis), colonel du 65e d'infanterie légère, baron de l'Empire, 21 décembre 1808.

COUTELLE (Jean-Marie-Joseph), colonel, sous-inspecteur aux revues, chevalier de l'Empire, 28 janvier 1809.

COUTURIER DE FOURNOUE (Gabriel), membre du collège électoral du département de la Creuse, maire de Guéret, baron de l'Empire, 13 mars 1813.

COUZIN (Pierre), capitaine au 17e de ligne, baron de l'Empire, 16 décembre 1810.

CRÉPY (Bon-Baudoin), capitaine aux chasseurs à pied de la garde impériale, chevalier de l'Empire, 27 octobre 1811.

CRESSAC (Jacques-François-Céline de), capitaine au corps impérial du génie, chevalier de l'Empire, 26 avril 1810.

CRESTÉ (Charles-François), major au 31e léger, chevalier de l'Empire, 22 novembre 1811.

CRESTEAULT (Louis-Marie), chef d'escadron en retraite, chevalier de l'Empire, 9 septembre 1810.

CRETET (Emmanuel), conseiller d'État à vie, ministre de l'intérieur, comte de Champmol, 26 avril 1808.

CRIGNON-DÉSORMEAUX (Antoine-Edouard), maire de la ville d'Orléans, chevalier de Savenay, 2 août 1808 ; baron de l'Empire, 9 septembre 1810.

CRINCHON (Marc-Louis-Joseph), chef d'escadron de gendarmerie impériale, chevalier de l'Empire avec dotation, 9 décembre 1809.

CRISTOPHE (Jean-François), chef d'escadron aide de camp, chevalier de l'Empire avec dotation, 31 janvier 1810.

CRISTOPHE (Nicolas-François), colonel du 25ᵉ chasseurs à cheval, baron de l'Empire, 3 mai 1810.

CROUZET (Pierre), directeur des études du prytanée militaire français, correspondant de l'Institut, chevalier de l'Empire, 21 septembre 1808.

CUGNOT-DAUBIGNY (Nicolas), général de brigade, commandant à Valenciennes, député au corps législatif, chevalier de l'Empire, 23 juin 1810.

CUNY (Jean-Baptiste), colonel directeur d'artillerie, chevalier de l'Empire, 15 juillet 1810.

CURÉE (Jean-François), sénateur, comte de la Bédissière, 15 juin 1808.

CURIAL (Philibert-Jean-Baptiste-François-Joseph), général de brigade, colonel des chasseurs à pied de la garde impériale, baron de l'Empire, mai 1808; général de division, commandant les chasseurs à pied de la garde impériale, comte de l'Empire, 22 mars 1814.

CURNIER DE PILVERIN (François-Théodore), major au 116ᵉ de ligne, chevalier de l'Empire, 6 octobre 1810.

CURTO (Jean-Baptiste-Théodore), colonel du 8ᵉ chasseurs à cheval, baron de l'Empire, 9 septembre 1810.

CUSSY (Marie-Léonor-Louis-Ambroise de), préfet du palais, chef de légion de la garde nationale de la Manche, baron de l'Empire.

CUSTINE (Robert-Juvénal de), baron de l'Empire avec majorat, 11 juin 1810.

CUVIER (Georges-Léopold-Nicolas-Christian-Frédéric), conseiller de l'université, secrétaire perpétuel de l'Institut, lecteur, professeur d'histoire naturelle au collège de France, professeur d'anatomie comparée et administrateur du musée d'histoire naturelle, chevalier de l'Empire, 23 octobre 1811.

DABADIE (Jean-Melchior), général de brigade au corps impérial du génie, baron de l'Empire, 17 mai 1810.

DACIER (Bon-Joseph), secrétaire perpétuel de la classe d'histoire et littérature ancienne de l'Institut, administrateur de la bibliothèque impériale, membre du collège électoral de Seine-et-Oise, chevalier de l'Empire, 16 décembre 1810.

DACKER (Jacques), chef d'escadron des chasseurs à cheval Hanovriens, chevalier de l'Empire avec dotation, 31 janvier 1810.

DACLIN (Antoine-Louis), maire de Besançon, baron de l'Empire, 11 juin 1810.

DAGALLIER (Claude-Joseph), chef d'escadron de gendarmerie, chevalier de l'Empire, 9 mars 1810.

DAHLMANN (Jean-Baptiste), baron de l'Empire, 2 mai 1811.

DAIGREMONT (Guillaume-François), colonel commandant le 13ᵉ cuirassiers, chevalier de l'Empire, 13 février 1811.

DALAYRAC (Nicolas), chevalier de l'Empire, 3 mai 1809.

DALBERG (Emmerie-Joseph-Volfgang-Héribert de), grand-duc de Francfort, duc de l'Empire avec dotation, 14 avril 1810.

DALESME (Jean-Baptiste), général de brigade, baron de l'Empire, 23 juin 1810.

DALLEMAGNE (Claude), général de division, baron de l'Empire, 19 juin 1813.

DAL POZZO (Joseph-Marie-Ferdinand), maître des requêtes au Conseil d'État, président de la Cour d'appel de Gênes, baron de l'Empire avec majorat, 5 août 1809.

DALPOZZO DE LA BISTERNE (Charles-Emmanuel-Philippe-Joseph-Alphonse-François-Marie), chambellan de la princesse Pauline, duchesse de Guastalla, baron de l'Empire, 9 mars 1810.

DAMELINCOURT (Jean-Baptiste), chirurgien major au 33ᵉ de ligne, chevalier de l'Empire, 24 août 1811.

DANDENAC (Marie-François), procureur général près la Cour d'appel d'Angers, chevalier de l'Empire, 5 août 1809.

DANIA (Ange-Vincent), évêque d'Albenga; baron de l'Empire, 20 août 1809.

DANNERY (Julie-Madeleine-Sophie Forget, veuve), gouvernante des princesses d'Espagne, baronne de l'Empire, 8 avril 1813.

DARCANTEL (Claude), lieutenant-colonel au 1ᵉʳ régiment des fusiliers chasseurs de la garde impériale, chevalier de l'Empire, 1ᵉʳ janvier 1813.

DARNAUD (Jacques), général de brigade, baron de l'Empire, 15 janvier 1809.

DARNAULD (Pierre-Louis), général de brigade, baron de l'Empire, 25 mars 1810.

DARQUIER (François-Isidore), lieutenant colonel aux grenadiers à pied de la garde impériale, chevalier de l'Empire, 20 août 1808; major des grenadiers à pied de la garde impériale, baron de l'Empire, 11 juin 1810.

DARRICAU (Augustin), général de brigade, baron de l'Empire, 27 juillet 1808.

DARRIULE (Jean), major colonel du 1ᵉʳ régiment des tirailleurs de la garde impériale, baron de l'Empire, 24 janvier 1814.

DARTHENAY (Guillaume-Louis), député au Corps législatif membre du collège électoral du Calvados, chevalier de l'Empire, 26 avril 1810; baron de l'Empire, 23 mai 1810.

DARTIGAUX (Antoine), procureur général à la Cour de Pau, chevalier de l'Empire, 27 décembre 1811.

DARU (Martial-Noel-Pierre), intendant des domaines de la couronne impériale à Rome, inspecteur aux revues, baron de l'Empire, 3 février 1813.

DARU (Pierre-Antoine-Noel-Bruno), conseiller d'Etat, intendant général de la maison de l'Empereur, comte de l'Empire, 23 mai 1809.

DAUDE (Jean), président de la Cour de justice criminelle du Cantal, chevalier de l'Empire, 18 mars 1809.

DAUDIÉS (Michel-Jean-Paul), major au 12e cuirassiers, chevalier de l'Empire avec majorat, 9 janvier 1810.

DAUGER (Jean-Léopold-Honoré), chef de bataillon au 100e de ligne, chevalier de l'Empire, 9 septembre 1810.

DAUMESNIL (Pierre), colonel major des chasseurs à cheval de la garde impériale, baron de l'Empire, 9 mars 1810.

DAUTHOUARS (Charles-Nicolas), général de brigade, comte de l'Empire, 31 janvier 1810.

DAURIER (Charles), général de brigade, baron de l'Empire, 19 janvier 1812.

DAUTANCOURT (Pierre), deuxième major des chevau-légers polonais de la garde impériale, baron de l'Empire, 26 avril 1810.

DAUTURE (Guillaume), colonel du 9e léger, baron de l'Empire, 3 février 1813.

DAUZAT (Basile), député au corps législatif, capitaine en retraite, chevalier de l'Empire, 23 juin 1810.

DAVIAU DU BOIS DE SANZAY (Charles-François), archevêque de Bordeaux, comte de l'Empire, 18 mars 1809.

DAVID (Jacques-Louis), premier peintre de l'Empereur, membre de l'Institut de France, chevalier de l'Empire, 10 septembre 1808.

DAVIGNON (Jean-Armand), chef de bataillon des chasseurs à pied de la garde impériale, détaché à l'Ecole polytechnique, chevalier de l'Empire, 20 août 1808.

DAVILLIER (Jean-Charles), régent de la banque de France, baron de l'Empire, 19 septembre 1810.

DAVOUS (Pierre-Louis), sénateur, comte de l'Empire, 26 avril 1808.

DAVOUT (Louis-Alexandre-Edme-François), l'un des colonels attachés à la garde impériale, baron de l'Empire, 22 novembre 1808.

DAVOUT (Louis-Nicolas), maréchal d'Empire, colonel général de la garde impériale, chef de la 6ᵉ cohorte, commandant le 3ᵉ corps de la grande armée et les troupes alliées dans le duché de Varsovie, duc d'Auerstaedt, 2 juillet 1808; prince d'Eckmulh, 28 novembre 1809.

DAVRANGE DU KERMONT (Jean-François), commandant ordonnateur de l'hôtel impérial des Invalides, chevalier de l'Empire, mai 1808.

DAZÉMAR (Jean-Jacques), général de brigade, baron de l'Empire, 15 juin 1812.

DEBILLY (Charles-Louis), capitaine aide de camp, chevalier de l'Empire, 1ᵉʳ janvier 1813.

DEBRY (Jean-Antoine-Joseph), préfet du Doubs, chevalier de l'Empire, 27 juillet 1808; baron de l'Empire, 3 mai 1809.

DECAEN (Charles-Mathieu-Isidore), général de division, gouverneur de la Catalogne, comte de l'Empire, 25 février 1813.

DECAUX (Louis-Victor), chef de bataillon du corps impérial du génie, chef de division du ministère de la guerre, chevalier de Blacquetot, 2 juillet 1808.

DECORNOIS (Nicolas-François), capitaine au 2ᵉ cuirassiers, baron de l'Empire, 30 septembre 1810.

DECOURS (Pierre), colonel du 21ᵉ de ligne, baron de l'Empire, 27 novembre 1808.

DECRÈS (Denis), vice-amiral, grand officier de l'Empire, chef de la 10ᵉ cohorte de la légion d'honneur, ministre de la marine et des colonies, comte de l'Empire, juin 1808; duc de l'Empire, 28 avril 1813.

DECREST DE SAINT-GERMAIN (Antoine-Louis), général de brigade, baron de l'Empire, 15 janvier 1809.

DECRÉTOT (Jean-Baptiste), administrateur de la caisse d'amortissement, chevalier de l'Empire, 18 juin 1809.

DEDELAY D'AGIER (Claude-Pierre), sénateur, comte de l'Empire, 15 juin 1808.

DEDOUAL (Otto-Antoine), chef de bataillon au 28ᵉ léger, chevalier de l'Empire, 3 février 1813.

DEFERMON (Jacques), conseiller d'État à vie, président de la section des finances, ministre d'État, comte de l'Empire, mai 1808.

DEFERMON (Jean-François), préfet des Hautes-Alpes, membre du collège électoral de la Mayenne, baron de l'Empire, 14 avril 1810.

DEFOURCROY (Charles-Louis), consul à la Corogne, chevalier de l'Empire, 14 juin 1810.

DEFRANCE (Jean-Marie-Antoine), écuyer de l'Empereur, général de brigade, comte de l'Empire, 2 juillet 1808.

DEGLI-ALESSANDRI (Jean), premier chambellan de la princesse de Lucques et de Piombino, grande-duchesse de Toscane, député au corps législatif, baron de l'Empire, 26 mai 1810.

DEHAIES DE MONTIGNY (François-Emmanuel), général de brigade, chevalier de l'Empire, 12 avril 1813.

DEHASTREL (Etienne), général de brigade, baron de l'Empire, 27 juillet 1808.

DEHAUSSY-ROBECOURT (Mathias-Antoine), président du tribunal de Péronne, membre du collège électoral de la Somme, baron de l'Empire, 10 avril 1811.

DEIN (Paul-Louis-Marie), colonel du 15e de ligne, baron de l'Empire, 12 novembre 1811.

DEJEAN (François-André), évêque d'Asti, baron de l'Empire, 3 mai 1809.

DEJEAN (Jean-François-Aimé), général de division, grand trésorier et membre du grand conseil de la Légion d'honneur, ministre directeur de l'administration de la guerre, comte de l'Empire, 1er juin 1808.

DEJEAN (Pierre-François-Marie-Auguste), colonel du 11e régiment de dragons, baron de l'Empire, 1er juin 1808.

DELABORDE (Henri-François), général de division, comte de l'Empire, 12 novembre 1809.

DELABORDE DE DEBAN (Jean-Baptiste), colonel du huitième régiment de hussards, baron de l'Empire, mai 1808.

DELACHASTRE (Étienne-Denis), colonel attaché à l'état-major, baron de l'Empire, 27 septembre 1810.

DELACROIX (Charles-Henri), colonel, aide de camp du prince vice-roi d'Italie, baron de l'Empire, 17 mai 1810.

DELAETRE (Philippe-Joseph), président de la cour criminelle du département du Nord, chevalier de l'Empire, 2 mars 1811.

DELAFONS (Louis-Anne), colonel de gendarmerie, chevalier de l'Empire, 27 septembre 1809.

DELAISTRE (Guillaume-Joseph-Norbert), référendaire de 1re classe en la cour des comptes, chevalier de l'Empire, 10 septembre 1808.

DELAITRE (Jean-François-Marie), préfet d'Eure-et-Loir, baron de l'Empire, 31 janvier 1810.

DELAMALLE (Gaspard-Gilbert), conseiller d'État, conseiller titulaire de l'université, 25 juillet 1811.

DELAMARDELLE (Pierre-Suzanne-Marie), député au corps législatif, juge au tribunal civil de la Seine, chevalier de l'Empire, 3 mai 1810 ; procureur général à la cour d'Amiens, député au corps législatif, baron de l'Empire.

DELAMBRE (Jean-Baptiste-Joseph), secrétaire perpétuel de la 1re classe de l'Institut, trésorier de l'université impériale, chevalier de l'Empire, 10 septembre 1808 ; baron de l'Empire, 24 août 1811.

DELAPIERRE DE FRÉMEUR (Armand-Louis), membre du collège électoral de l'arrondissement de Meaux, baron de l'Empire, avec majorat, 16 mai 1813.

DELAPOINTE (Jean-Marie-Gabriel-Emmanuel), adjudant commandant, chevalier de l'Empire, 20 février 1812 ; baron de l'Empire, 25 mars 1813.

DELAPORTE (Armand-Ferdinand), évêque de Carcassonne, baron de l'Empire, 25 mars 1809.

DELAROCHE (Grégoire), général de division, baron de l'Empire, 9 décembre 1809.

DELARUE (Antoine), ancien négociant, chevalier de l'Empire, 28 novembre 1809.

DELARUE DE LA GÉRARDIÈRE (Aimé-Charles-Julien), capitaine de vaisseau, baron de l'Empire, 9 mai 1811.

DELAUNAY (Jean-Marie-Auguste), général de brigade, baron de l'Empire, 31 janvier 1810.

DELAUNAY (Louis-Jean-Baptiste), chef de bataillon au 4e régiment des tirailleurs de la garde impériale, chevalier de l'Empire, 15 juin 1812.

DELAUNAY (Pierre-Marie), président de la cour de justice criminelle de Maine-et-Loire, membre du conseil général du même département, chevalier de l'Empire, 5 août 1809.

DELBÉE (Charles-Louis), lieutenant au 2e cuirassiers, chevalier de l'Empire, 25 mars 1809.

DELCAMBRE (Victoire-Joseph), colonel du 23e de ligne, baron de Champvert, 4 juin 1810.

DELÉCLUSE (Jean-Baptiste), député au corps législatif, chevalier de l'Empire, 24 février 1809.

DELESALLE (Joseph-Augustin), chef d'escadron au 3e dragons, chevalier de l'Empire, 11 juillet 1810.

DELESSERT (Jules-Paul-Benjamin), régent de la Banque de France, membre du collège électoral, baron de l'Empire, 19 septembre 1810.

DELFAU DE PONTALBA (Joseph-Xavier), adjudant commandant en retraite, baron de l'Empire avec majorat, 3 mai 1810.

DELFT (la ville de), concession d'armoiries, 19 juin 1813.

DELLA-GHERARDESCA (Gui-Albert), chambellan de la grande duchesse de Toscane, comte de l'Empire, 12 février 1812.

DELLARD (Jean-Pierre), colonel du 16ᵉ de ligne, baron de l'Empire, 20 août 1809.

DELORME (Armand-Louis), chef d'escadron du 3ᵉ régiment des chasseurs à cheval, chevalier de l'Empire, mai 1808.

DELORME (Pierre), colonel commandant le département de Sambre-et-Meuse, baron de l'Empire, 10 septembre 1808.

DELORT (Jacques-Antoine-Adrien), colonel du 24ᵉ dragons, chevalier de l'Empire, 30 octobre 1810 ; baron de l'Empire, 4 janvier 1811.

DELORT DE GLÉON (Jean-François), adjudant commandant, baron de l'Empire, 14 avril 1810.

DELPIERRE (Antoine-François), président de la 2ᵉ chambre de la cour des comptes, chevalier de l'Empire, mai 1808 ; baron de l'Empire, 28 avril 1813.

DELZONS (Alexis-Joseph), général de brigade, baron de l'Empire, 2 juillet 1808.

DEMADIÈRES (Pierre-Prosper), maire de Rouen, chevalier de l'Empire, 5 octobre 1808.

DEMANDOLX (Jean-François), évêque d'Amiens, baron de l'Empire, juin 1808.

DEMARÇAY (Marc-Jean), colonel d'artillerie, baron de l'Empire, 10 septembre 1808.

DEMBARRÈRE (Jean), sénateur, ancien général de division, comte de l'Empire, 15 juin 1808.

DEMBOWSKI (Louis-Mathieu), général de brigade, baron de l'Empire, 6 octobre 1810.

DEMENGEOT (Jean-Baptiste), colonel du 13ᵉ chasseurs à cheval, baron de l'Empire, 10 septembre 1808.

DEMETZ (François), procureur général près la cour d'appel de Nancy, chevalier de l'Empire, 11 juillet 1810 ; baron de l'Empire, 19 septembre 1810.

DÉMEUNIER (Jean-Nicolas), sénateur, comte de l'Empire, 26 avril 1808.

DEMONGIN (Louis-François), chef d'escadron en retraite, chevalier de l'Empire, 1ᵉʳ avril 1809.

DEMONS DE DUNES (Jean-Luc-Guillaume), commandant de la garde nationale de Soussans près Bordeaux, membre du conseil municipal du dit lieu et du collège électoral de la Gironde, baron de l'Empire avec majorat, 19 juin 1813.

DEMONT (Joseph-Laurent), sénateur, général de division, comte de l'Empire, 26 avril 1808.

DEMOULIN (Jean-Laurent), capitaine à la 1re légion de gendarmerie, chevalier de l'Empire, 14 août 1813.

DEMUN (Jean-Antoine-Claude-Adrien), chambellan de l'Empereur, membre du collège électoral de Seine-et-Marne, comte de l'Empire, avec majorat, 29 septembre 1809.

DENNIÉE (Antoine), inspecteur en chef aux revues, baron de l'Empire, 8 mai 1812.

DENNIÉE (Pierre-Paul), sous-inspecteur aux revues, chevalier de l'Empire, 6 juin 1811.

DENON (Dominique-Vivant), directeur général du musée Napoléon et de la monnaie des médailles, membre de l'Institut, chevalier de l'Empire, 29 juin 1808 ; baron de l'Empire avec majorat, 5 août 1812.

DENOUAL DE LA HOUSSAIE (François-Marie-Alexandre), chef de bureau de justice criminelle au ministère du grand juge, ministre de la justice, membre du collège électoral d'Ille-et-Vilaine, chevalier de l'Empire, 27 février 1812.

DENOUAL DE LA HOUSSAYE (Jean-François), lieutenant de gendarmerie impériale à Rennes, chevalier de l'Empire, 15 juin 1808.

DENOUE (Charles-Gabriel-Louis), capitaine en retraite, auditeur au conseil d'État, chevalier de l'Empire, 10 avril 1811.

DENOYEZ (Gilles), lieutenant-colonel en retraite, chevalier de l'Empire, 11 juillet 1810.

DENTZEL (Georges-Frédéric), adjudant commandant, baron de l'Empire, 29 juin 1808.

DEPÈRE (Mathieu), sénateur, comte de l'Empire, 26 avril 1808.

DEPRET (Philippe-Antoine-Joseph), membre du collège électoral du département des Deux-Nèthes, maire d'Hebixen, arrondissement d'Anvers, baron de l'Empire avec majorat, 25 mars 1813.

DEPREUX (Joseph-Xavier), évêque de Sion, baron de l'Empire, 23 octobre 1811.

DERAZEY (Jean-Nicolas), procureur général près la cour criminelle des Vosges, chevalier de l'Empire, 10 février 1809.

DEREIX (Pierre), chef de bataillon au 22e de ligne, chevalier de l'Empire avec dotation, 31 janvier 1810.

DÉRIOT (Albert-François), colonel, sous-gouverneur du palais de Versailles, baron de l'Empire, 31 janvier 1810.

DERMONCOURT (Paul-Ferdinand-Stanislas), colonel du 1ᵉʳ régiment de dragons, baron de l'Empire, 16 septembre 1808.

DEROY (Amé-François-Xavier-Ferdinand), colonel commandant le 6ᵉ de ligne bavarois, comte de l'Empire avec dotation, mai 1813.

DERVILLE-MALÉCHARD (Claude-Joseph-Parfait), préfet du département du Simplon, chevalier de l'Empire, 13 mars 1811.

DÉRY (Pierre-César), général de brigade, baron de l'Empire, 3 mai 1810.

DESAILLY (Charles), général de brigade, baron de l'Empire, 20 août 1809.

DESAIX (Annet-Gilbert-Antoine), chef du dépôt des haras, à Corbigny, chevalier de l'Empire, 15 juin 1812 ; baron de l'Empire, 19 juin 1813.

DESAIX (Casimir-Marie), baron de l'Empire, 15 juin 1812.

DESAIX (Gilbert-Antoine), baron de l'Empire, 5 août 1812.

DESAIX (Louis-Amable), baron de l'Empire, 21 décembre 1808.

DESAIX (Louis-Jean), capitaine aide de camp, baron de l'Empire, 12 février 1812.

DESALONS (Louis-Joseph-Léonard), chef de bataillon aux fusiliers des chasseurs de la garde impériale, chevalier de l'Empire, 11 juin 1810.

DESARGUS (Jean-Baptiste-Pierre-Martin), colonel du 7ᵉ cuirassiers, chevalier de l'Empire, 13 août 1811.

DESAZARS (Guillaume-Joseph-Jean-François), président de la Cour d'appel de Toulouse, membre du collège électoral de la Haute-Garonne, trésorier de la 10ᵉ cohorte, baron de l'Empire, 28 octobre 1810.

DESBOIS (Mathurin), premier président de la Cour impériale de Rennes, baron de Boismarqué, 23 octobre 1811.

DESBUREAUX (Charles-François), général de division, baron de l'Empire, 16 décembre 1810.

DESCHAMPS (Claude), inspecteur divisionnaire au corps des ponts et chaussées, chevalier de l'Empire, 19 juin 1813.

DESCHAMPS (Nicolas-Laurent), chef de bataillon au 28ᵉ de ligne, chevalier de l'Empire avec dotation, 9 décembre 1809.

DESCHAMPS (Pierre), fourrier des palais impériaux, chevalier de l'Empire, 5 août 1813.

DESCHAMPS DE LA VAREINNE (Antoine-Joseph-Gilbert-Nicolas), maire de Sauvagny, baron de l'Empire avec majorat, 17 mars 1811.

DESCHAMPS-DUMESNIL-ADÈRÉE (Charles-Victor-Guesnon), major du 27ᵉ chasseurs à cheval, chevalier de l'Empire, 11 juillet 1810.

DESCOMBES (Pierre), capitaine adjudant-major aux grenadiers à pieds de la garde impériale, chevalier de l'Empire, 30 septembre 1811.

DESCORBIAC (Maurice-Jean-Jacques), membre du collège électoral du Tarn-et-Garonne, président du canton est de Montauban, baron de l'Empire avec majorat, 13 juin 1811.

DESCORCHES DE SAINTE-CROIX (Charles), général de brigade, comte de l'Empire, 14 février 1810.

DESCORCHES DE SAINTE-CROIX (Marie-Louis-Henri), préfet de la Drôme, baron de l'Empire, 31 janvier 1810.

DESCORCHES DE SAINTE-CROIX (Robert-Jean-Automeomer), lieutenant au 4e dragons, comte de l'Empire, 25 juillet 1811.

DESHAYES (Jean-Baptiste-Joseph), colonel aux chasseurs à pied de la garde impériale, chevalier de l'Empire, 21 décembre 1808 ; baron de l'Empire, 4 juin 1810.

DESLANDES (Paul), maire de Tours, baron de l'Empire, 21 février 1814.

DESMARETS (Pierre-Marie), chef de division au ministère de la police générale, chevalier de l'Empire, 10 avril 1811.

DESMAZIÈRE (Thomas-Marie-Gabriel), juge en la Cour d'appel d'Angers, chevalier de l'Empire, 5 août 1809.

DESMICHELS (Alexis), chef d'escadron des chasseurs de la garde impériale, chevalier de l'Empire, 20 août 1809.

DESMONTS (Jacques), capitaine aux grenadiers à cheval de la garde impériale, chevalier de l'Empire, 30 septembre 1811.

DESMOUSSEAUX (Antoine-François-Erhard-Marie-Catherine), préfet de la Haute-Garonne, chevalier de l'Empire, 15 janvier 1809 ; baron de l'Empire, 31 janvier 1810.

DESOLLE (Irénée-Yves), évêque de Chambéry, baron de l'Empire, 24 juin 1808.

DESPATYS (Pierre-Étienne), procureur général, près la Cour criminelle de Seine-et-Marne, chevalier de l'Empire, 28 janvier 1809 ; baron de l'Empire, 2 mai 1811.

DESPÉRICHONS (Denis), député et questeur au corps législatif, chevalier de l'Empire, 26 avril 1810 ; baron de l'Empire, 17 mai 1810 ; baron de l'Empire avec majorat, 8 avril 1813.

DESPORTES (Nicolas-Félix), préfet du département du Haut-Rhin, baron de l'Empire avec majorat, 28 janvier 1809.

DESPREZ (Alexandre), colonel, ex-commandant la 2e demi-brigade du 21e régiment d'infanterie légère, baron de l'Empire, 19 janvier 1811.

DESRIBES (Jean-Marie-Austremoine), député au corps législatif, chevalier de l'Empire, 11 juillet 1810.

DESROYS (Claude-Étienne-Annet), maire de Moulins, président de la députation du collège électoral de l'Allier, baron de l'Empire, 8 mai 1812.

DESSAIX (Joseph-Marie), général de division, comte de l'Empire, 11 juillet 1810.

DESTABENRATH (Léopold), général de brigade, employé au 4e corps de la grande armée, baron de l'Empire, 29 juin 1808.

DESTOUFF-MILET-MUREAU (Louis-Antoine), général de division, préfet de la Corrèze, chevalier de l'Empire, 2 juillet 1808; baron de l'Empire avec majorat, 18 juin 1809.

DESTUTT-TRACY (Antoine-Louis-Claude), sénateur, comte de l'Empire, 26 avril 1808.

DESVAUX DE SAINT-MAURICE (Jean-Jacques), major de l'artillerie à cheval de la garde impériale, baron de l'Empire, 30 octobre 1810.

DEURBROUCQ (Pierre-Jean), chancelier de la 12e cohorte de la légion d'honneur, chevalier de l'Empire, mai 1808; capitaine de la louveterie, colonel commandant en chef la garde d'honneur de l'Empereur, à Nantes, baron de l'Empire avec majorat, 20 août 1809.

DEVAISNE (Jean-Marie-Eusèbe), directeur général de la régie impériale des sels et tabacs dans les départements au delà des Alpes, chevalier de l'Empire, 22 novembre 1808.

DEVAL (Jean), président en la cour de Riom, chevalier de l'Empire, 30 septembre 1811.

DEVALLANT (François-Antoine), chef d'escadron au 4e hussards, chevalier de l'Empire, 18 août 1810.

DEVAUX (Pierre), général de brigade, baron de l'Empire, 9 octobre 1813.

DEVAUX (Quentin), chef de bataillon d'artillerie en retraite, chevalier de l'Empire, avec dotation, 31 janvier 1810.

DEVAUX-MOISSON (Michel-Victor-Frédéric), intendant général de la maison de la reine Hortense, chef d'escadron, baron de l'Empire, 5 décembre 1811.

DEVEZ (Antoine), colonel en second commandant le 6e provisoire de réserve, chevalier de l'Empire, 15 juillet 1810.

DEVISMES (Jacques-François-Laurent), procureur général près la cour criminelle de l'Aisne, chevalier de l'Empire, 24 février 1809.

DEYDIER (Pierre-Jean-François-Louis-Adrien), lieutenant au 24ᵉ dragons, aide de camp, chevalier de l'Empire, 3 février 1813.

DEYSAUTIER (Pierre-Louis-Barthélemi), colonel au corps impérial de l'artillerie, chevalier de l'Empire, 29 septembre 1809.

DEZÉ (Claude-Bénigne), procureur impérial près la cour criminelle de la Côte-d'Or, président du 3ᵉ canton de Dijon, chevalier de l'Empire, 21 décembre 1808.

DÉZIRAD (Mathieu), chef d'escadron au régiment des dragons de la garde impériale, chevalier de l'Empire, 20 août 1808; colonel du 11ᵉ chasseurs à cheval, baron de l'Empire, 30 juillet 1810.

DIANOUX (Alexandre-Hilarion-Esprit-César), colonel au corps impérial du génie, baron de l'Empire, 29 janvier 1811.

DIBBETZ (Harmanns-Mouvitz), capitaine de frégate, chevalier de l'Empire, 11 septembre 1813.

DIDELON (Pierre-François), major du 15ᵉ dragons, chevalier de l'Empire, avec dotation, 19 décembre 1809.

DIDELOT (François-Charles-Luce), envoyé extraordinaire et ministre plénipotentiaire de l'Empereur près la cour de Danemark, baron de l'Empire, 30 août 1811.

DIÉTRICH (Évrard-Louis-Philippe-Chrétien), lieutenant aide de camp, chevalier de l'Empire, 2 mars 1811.

DIGEON (Alexandre-Elisabeth-Michel), général de brigade, baron de l'Empire, 1808.

DIGEON (Armand-Joseph-Henri), colonel du 8ᵉ d'artillerie, chevalier de l'Empire, 9 octobre 1813.

DIJON (la ville de), concession d'armoiries, 6 juin 1811.

DOBERLIN MITTERSBACH (Eugène-Valentin), lieutenant aide de camp, chevalier de l'Empire, 25 février 1813.

DODE (Guillaume), colonel au corps impérial du génie, baron de la Brunerie, juin 1808.

DODUN (Claude-Laurent-Marie), maire de Maisons-Alfort, département de la Seine, chevalier de l'Empire, 3 juillet 1813.

DOGUEREAU (Jean-Pierre), colonel au 2ᵉ d'artillerie, chevalier de l'Empire, 15 janvier 1809.

DOGUEREAU (Louis), colonel major de l'artillerie de la garde impériale, baron de l'Empire, 1808.

DOLE (la ville de), concession d'armoiries, 20 juin 1811.

DOLFUS (Jean-Henri), chef de bataillon en retraite, chevalier de l'Empire, 10 avril 1811.

DOMBIDAU DE CROUSSEILHES (Pierre-Vincent), évêque de Quimper, baron de l'Empire, 10 septembre 1808.

DOMMANGET (Jean-Baptiste), colonel du 10ᵉ dragons, baron de l'Empire, 14 avril 1810.

DOMON (Jean-Siméon), colonel du 8ᵉ hussards, baron de l'Empire, 22 octobre 1810.

DONEY (Jean-Claude), chef d'escadron aide de camp, chevalier de l'Empire, 17 mai 1810.

DORDELIN (Alain-Joseph), contre-amiral, comte de l'Empire, 6 octobre 1810.

DORIA DE CIRIÉ (Alexandre-Eléazar-André-Louis), chambellan du prince Borghèse, baron de l'Empire, 14 avril 1819.

DORNES (Joseph-Philippe-Marie), colonel commandant le 12ᵉ cuirassiers, baron de l'Empire, 10 septembre 1808.

DORNIER (François-Gabriel), major au 19ᵉ chasseurs à cheval, chevalier de l'Empire, avec dotation, 14 février 1810.

DORSAY (Jean-François-Marie-Albert), adjudant commandant, baron de l'Empire, 11 juillet 1810.

DORSENNE (Jean-Marie-Pierre-François), général de brigade, colonel commandant les grenadiers à pied de la garde impériale, comte de l'Empire, 2 juillet 1808.

DORSNER (Jean-Philippe-Raimond), général de division, gouverneur de Hameln, baron de l'Empire, 26 octobre 1808.

DOULCET-D'EGLIGNY (Louis), maire du 7ᵉ arrondissement de Paris, chevalier de l'Empire, 21 décembre 1808.

DOULCET-PONTÉCOULANT (Gustave), sénateur, comte de l'Empire, 26 avril 1808.

DOUMERC (Jean-Pierre), général de brigade, baron de l'Empire, 2 août 1808.

DOUSSAULT (Joseph-Michel-Jean), capitaine adjoint à l'état-major général de la grande armée, chevalier de la Primadière, 13 juillet 1813.

DOUTREPONT (Charles-Lambert), membre de la Cour de cassation, chevalier de l'Empire, 2 juillet 1808.

DROUAUT-LAMARCHE (François-Joseph-Dagobert), chef d'escadron au 2ᵉ hussards, chevalier de l'Empire, 29 août 1810.

DROUET (Jean-Baptiste), général de division, commandant la 11ᵉ division militaire, comte d'Erlon, 28 janvier 1809.

DROUHOT (Pierre-Nicolas), adjudant commandant, chevalier de l'Empire, avec dotation, 31 janvier 1810.

DROULLIN DE MÉNILGLAISE (Alphonse), membre du conseil municipal de Montreuil (Seine), baron de l'Empire, avec majorat, 19 janvier 1811.

Droüot (Antoine), colonel major de l'artillerie à pied de la garde impériale, baron de l'Empire, 6 octobre 1810 ; général de division, aide de camp de l'Empereur, aide-major de la garde impériale, comte de l'Empire, 22 mars 1814.

Dubois (Antoine), docteur en chirurgie, accoucheur de l'Impératrice, ancien chirurgien des armées, professeur à la Faculté de médecine de Paris, baron de l'Empire, 23 avril 1812.

Dubois (Armand), inspecteur des douanes, chevalier de l'Empire, 26 avril 1810.

Dubois (Charles-Louis), chef d'escadron au 2e cuirassiers, chevalier de l'Empire avec dotation, 9 décembre 1809.

Dubois (Charles-Marie-Joseph), major au 2e régiment des lanciers de la garde impériale, baron de l'Empire, 24 janvier 1814.

Dubois (Jacques-Charles), colonel du 7e régiment de cuirassiers, baron de l'Empire, 2 août 1808.

Dubois (Louis-Nicolas-Pierre), conseiller d'État à vie, préfet de police de Paris, comte de l'Empire, 26 avril 1808.

Du Bois du Bais (Louis-Thibault), sénateur titulaire de la sénatorerie de Nimes, comte de l'Empire, 20 juillet 1808.

Duboys-Fresney (Etienne-Thérèse-Amaranthe), lieutenant colonel au corps impérial du génie, chevalier de l'Empire, 26 avril 1810.

Dubreil (Marie-Anne-Alexandre) inspecteur aux revues, chevalier de l'Empire, 21 septembre 1808.

Dubreil (Marie-Jean-Alexandre-Paschal), général de brigade, inspecteur aux revues, chevalier de l'Empire, baron de l'Empire avec majorat, 3 mai 1810.

Dubuard (Jean-Marin), colonel, chef du 1er d'escadron de l'artillerie à cheval de la garde impériale, baron de l'Empire, 6 juin 1811.

Dubuc (Jean-Jacques), chef d'escadron en retraite, chevalier de l'Empire, 28 janvier 1809.

Duc (Robert-Henri-Marie), écuyer de la princesse Pauline, duchesse de Guastalla, baron de l'Empire, 14 avril 1810.

Duchastel (Louis-Claude), major au 19e dragons, chevalier de l'Empire, 30 juillet 1810.

Duchatel (Charles-Jacques-Nicolas), conseiller d'État à vie, directeur général de l'administration des domaines, comte de l'Empire, mai 1808.

DUCHÊNE (Alexandre) chef de bataillon au 48e de ligne, chevalier de l'Empire, 4 janvier 1811.

DUCHESNE DE GILLEVOISIN (Antoine-Charles-Nicolas), député au corps législatif, membre du collège électoral de Seine-et-Oise, baron de l'Empire, 12 avril 1813.

DUCLAUX (Pierre), chef d'escadron des grenadiers à cheval de la garde impériale, chevalier de l'Empire, 20 août 1808.

DUCLAUX (Pierre-Alexis), colonel du 11e cuirassiers, baron de l'Empire, 21 novembre 1810.

DUCOLOMBIER (Jean-Pierre), préfet de la Loire, baron de l'Empire, 14 février 1810.

DUCOS (Nicolas), général de brigade, baron de l'Empire, 17 mai 1810.

DUCOS (Roger), sénateur, comte de l'Empire, 1808.

DUCREST (Jean-Jacques), colonel du 21e de ligne, baron de l'Empire, 19 décembre 1809.

DUCROS (Pierre-Germain), chef d'escadron en retraite, adjoint au maire de Haguenau, chevalier de l'Empire, 16 décembre 1810.

DUDEVANT (Jean-François), colonel en retraite, député au Corps législatif, maire de Pompiers, Lot-et-Garonne, chevalier de l'Empire, 26 avril 1810 ; baron de l'Empire, 6 septembre 1811.

DUDON (Jean-François-Pierre-Cécile), auditeur au Conseil d'Etat, secrétaire général du sceau des titres, baron de l'Empire, 22 novembre 1808.

DUDOUIT (Jean-Théodore), chef d'escadron au 8e dragons, chevalier de l'Empire, 13 mars 1811.

DUFOUR (François-Bertrand), général de brigade, baron de l'Empire, 26 avril 1811.

DUFOUR (Gilbert-Jean-Baptiste), commissaire ordonnateur de la garde impériale, baron de l'Empire, 24 janvier 1814.

DUFOUR (Jean-François), juge en la Cour d'appel de Paris, chevalier de l'Empire, 20 décembre 1808.

DUFRESNE (Pierre-François), inspecteur aux revues, chevalier de l'Empire, 19 janvier 1811 ; baron de l'Empire, 20 février 1812.

DUFRICHE-DESGENETTES (René-Nicolas), inspecteur général du service de santé, médecin en chef des armées, chevalier de l'Empire, 29 septembre 1809 ; baron de l'Empire, 31 janvier 1810.

DUFRICHE-VALAZÉ (Éléonor-Bernard-Aimé-Christophe-Zoé), chef de bataillon du génie, chevalier de l'Empire, avec dotation, 9 janvier 1810.

DUGOMMIER (François-Coquille-Chevrigny), adjudant commandant, chevalier de l'Empire, 20 mars 1812.

DUHAMEL (Louis-Joseph), maître des cérémonies de l'Empereur, baron de l'Empire, avec majorat, 3 juin 1811.

DUHAMEL (Louis-Marie), maire de Coutances, baron de l'Empire, avec majorat, 14 avril 1810.

DUHAMEL (Luc-Barthélemi-Marie), député au corps législatif, membre du collège électoral de la Manche, baron de l'Empire, 16 mai 1813.

DUHAMEL (Michel-François), chef d'escadron de la gendarmerie impériale à Saint-Lô, juge à la cour spéciale du département du Calvados, chevalier de l'Empire, 28 janvier 1809.

DULAC (Emmanuel-Jean-Joseph-Marie), chef d'escadron au 14e dragons, chevalier de l'Empire, 18 août 1810.

DULONG (Louis-Étienne), général de brigade, baron de l'Empire, 3 juillet 1813.

DUMAREST (Etienne-François), adjudant commandant, chevalier de l'Empire, 28 mai 1809.

DUMAS (Charles-François-René), capitaine au 21e dragons, chevalier de l'Empire, 30 octobre 1810.

DUMAS (Guillaume-Mathieu), conseiller d'État, général de division, comte de l'Empire, 14 février 1810.

DUMAS (Jean), chef d'escadron aide de camp, chevalier de l'Empire, 22 octobre 1810.

DUMAS DE POLARD (Jean-Baptiste-Charles-René), colonel du 21e dragons, baron de l'Empire, 26 octobre 1808.

DUMONCEAU (Jean-Baptiste), général de division, comte de Bergendal, 2 mai 1811.

DUMOUSTIER (Pierre), officier supérieur des palais impériaux, général de brigade, membre du collège électoral du département du Nord, baron de l'Empire, 27 novembre 1808; général de division, colonel du premier régiment des chasseurs à pied de la garde impériale, chambellan de l'Empereur, comte de l'Empire, 10 janvier 1814.

DUNESME (Martin-François), colonel du 25e de ligne, baron de l'Empire, 11 juin 1810.

DUPARC DE VERGERON (Vincent-François-Remi), lieutenant-colonel au corps impérial du génie, chevalier de l'Empire, 12 avril 1813.

DUPAS (Pierre-Louis), général de division, comte de l'Empire, 10 février 1809.

DUPERRÉ (Victor-Gui), capitaine de vaisseau, baron de l'Empire, 16 décembre 1810.

DUPEYROUX (René-Joseph), colonel du 115ᵉ de ligne, baron de l'Empire, 2 mars 1811.

DUPIN (Claude-François-Étienne), préfet du département des Deux-Sèvres, chevalier de l'Empire, 5 août 1809; baron de l'Empire, 19 décembre 1809.

DUPIN (Jean-Baptiste), chef de bataillon des chasseurs à pied de la garde impériale, chevalier de l'Empire, 20 août 1808; baron de l'Empire, 26 avril 1810.

DUPONT (Charles), président de la cour criminelle et membre du collège électoral de l'Eure, chevalier de l'Empire, 26 avril 1810.

DUPONT (Jean), sénateur, comte de l'Empire, 26 avril 1808.

DUPONT (Perpette-Florent-Joseph), lieutenant en retraite, chevalier de l'Empire, 10 septembre 1808.

DUPONT (Pierre), général de division, commandant en chef le corps d'observation de la Gironde, comte de l'Empire, juin 1808.

DUPONT-DELPORTE (Henri-Jean-Pierre-Antoine), auditeur au conseil d'État, préfet de l'Ariège, baron de l'Empire, 9 mars 1810.

DUPONT DE POURSAT (Pierre), évêque de Coutances, baron de l'Empire, 24 février 1809.

DUPONT D'ERVAL (Vast-Robert-Constant), adjudant-commandant, chevalier de l'Empire, 19 septembre 1810.

DUPPELIN (Jean-Meinralhe), général de brigade, baron de l'Empire, 19 décembre 1809.

DUPRÉ (Jacques-Romain), capitaine en retraite, commandant la compagnie de réserve à Parme, chevalier de l'Empire, 15 juin 1812.

DUPUCH (Pierre-Morand), général de brigade, commandant d'armes à Genève, chevalier de l'Empire, 10 février 1809.

DUPUY (André), chef de bataillon au 22ᵉ de ligne, chevalier de l'Empire avec dotation, 9 mars 1810.

DUPUY (André-Julien), sénateur, comte de l'Empire, 1808.

DUPUY (Pierre), capitaine du génie, chevalier de l'Empire, 31 janvier 1810.

DUPUY DE SAINT-FLORENT (François), colonel attaché à l'état-major de l'armée d'Allemagne, chevalier de l'Empire, 29 septembre 1809.

DURAND DE PISIEUX (François-Ursin), membre du collège électoral du département d'Eure-et-Loir, baron de l'Empire avec majorat, 19 juin 1813.

DURAND D'HERVILLE (Jean-Baptiste-Michel-René), colonel au corps impérial de l'artillerie, baron d'Herville, 10 septembre 1808.

DURANDE (Claude-Auguste), maire de Dijon, docteur en médecine, chevalier de l'Empire, 2 août 1811.

DURANT (Joseph-Alexandre-Jacques), envoyé extraordinaire et ministre plénipotentiaire de l'empereur Napoléon près le roi de Wurtemberg, baron de l'Empire avec majorat, 24 février 1809.

DURANTEAU (Luc), général de brigade, baron de l'Empire, 20 mars 1812.

DURAZZO (Caietan-Jean-Lucas-François-Raphaël-Dominique), chambellan de l'Empereur, comte de l'Empire, 19 janvier 1812.

DURAZZO (Jérôme-Louis-François-Joseph-Marie), sénateur, comte de l'Empire, avril 1808.

DURIVAL (Jacques-Nicolas), chef d'escadron de gendarmerie, chevalier de l'Empire, 18 août 1810.

DUROC (Géraud-Christophe-Michel), grand-maréchal du palais, duc de Frioul, mai 1808.

DUROC (Hortense-Eugénie-Nièves), duchesse de Frioul, 28 octobre 1813.

DUROSIER DE MAGNIEUX DU VERTPRÉ DE BEAUVOIR (Denis), propriétaire, baron de l'Empire avec majorat, 19 juin 1813.

DUROSNEL (Antoine-Jean-Auguste-Henri), général de brigade, écuyer de l'empereur, comte de l'Empire, 24 avril 1808.

DURRIEU (Antoine-Simon), adjudant-commandant, chevalier de l'Empire, 9 mai 1811.

DURUD (Claude), membre du collège électoral de la Marne, baron de l'Empire avec majorat, 18 mai 1811.

DURUTTE (François), général de division, baron de l'Empire, 14 avril 1810 ; comte de l'Empire, 14 août 1813.

DUSTON-VILLEREGLAN (Jean-Pierre), membre du collège électoral de l'Aude, président du conseil d'arrondissement de Limoux, baron de l'Empire avec majorat, 19 juin 1813.

DUTHOYA (Jean-Baptiste-Honoré), chef de bataillon au 69° de ligne, chevalier de l'Empire, 22 octobre 1810.

DUTHOYA (Jean-Marie), capitaine au 30° de ligne, baron de l'Empire, 4 janvier 1811.

DUTINGER (Charles), capitaine aide de camp, chevalier de l'Empire, 3 août 1810.

DUTOCQ (Nicolas), juge en la Cour de cassation, chevalier de l'Empire, mai 1808.

DUTRAMBLAY DE VITERNE (Jean-Pierre), chef de division au ministère du Trésor public, membre du conseil général de la Seine, chevalier de l'Empire, 14 février 1810.

DUVAL (Joseph-Constant-Fidèle), maire de Mons, membre du collège électoral de Jemmapes, comte de l'Empire avec majorat.

DUVAL-DOGNE (Edouard-Hippolyte), chasseur à cheval de la garde impériale, chevalier de l'Empire, 25 avril 1810.

DUVAL-DUMANOIR (Michel-Archange), chambellan de l'Empereur, comte de l'Empire, 25 mars 1810.

DUVALK DE DAMPIERRE (Charles-Antoine-Henri), évêque de Clermont-Ferrand, baron de l'Empire, 28 janvier 1809.

DUVEAUX (Jean-Mathieu), lieutenant quartier-maître de gendarmerie, chevalier de l'Empire, 3 mai 1809.

DUVEYRIER (Honoré-Nicolas), premier président de la Cour d'appel de Montpellier, baron de l'Empire, 6 octobre 1810.

DUVIDAL (Jean-Jacques-Philippe-Marie), chevalier de l'Empire, 26 avril 1808.

DUVIVIER (Louis), capitaine adjudant-major des chevau-légers polonais de la garde impériale, chevalier de l'Empire, 4 juin 1810.

DUVOISIN (Jean-Baptiste), évêque de Nantes, baron de l'Empire, 22 novembre 1808.

DYZEZ (Jean), sénateur, comte de l'Empire, 26 avril 1808.

EBERLÉ (Gaspard), général de brigade, chevalier de l'Empire, 1er janvier 1813.

EBLÉ (Jean-Baptiste), général de division, inspecteur général d'artillerie, baron de l'Empire, 26 octobre 1808.

EBLÉ (Edeline-Louise-Hélène de Freteau, veuve du général, comtesse de l'Empire, 8 avril 1813.

EDIGHOFFEN (Jean-Georges), général de brigade en retraite, chevalier de l'Empire, 15 juillet 1810.

EICHBORN (Philippe-Frédéric), capitaine adjudant major de l'artillerie de la garde impériale, chevalier de l'Empire, 26 octobre 1808.

EICHMANN (François-Bernard), major au 1er carabiniers, chevalier de l'Empire, 19 juin 1813.

ELEU DE LA SIMONNE (André-Simon L'), avocat général à la cour impériale d'Amiens, membre du collège électoral de la Somme, chevalier de l'Empire, 13 août 1811.

EMÉRIAU (Maurice-Julien), contre-amiral, préfet maritime du 6e arrondissement, comte de l'Empire, 3 mai 1810.

EMERY (Nicolas-Jean-Pierre), fourrier du palais, chevalier de l'Empire, 17 mai 1810.

EMERY (Pierre) chef de bataillon au 75° de ligne, chevalier de l'Empire, 19 septembre 1810.

EMMERY (Jean-Louis-Claude), sénateur, comte de l'Empire, 1808.

EMMERY (Jean-Marie-Joseph), député au Corps législatif, membre du collège électoral du département du Nord, chevalier de l'Empire, 6 septembre 1811.

EMON (Jean-Baptiste), capitaine du génie en retraite, chevalier de l'Empire, 27 février 1812.

ENGELMANN (Antoine-Augustin), conseiller de préfecture du Bas-Rhin, chancelier de la 5e cohorte de la Légion d'honneur, chevalier de l'Empire, 28 mai 1809.

ENOCH (Etienne-Célestin), évêque de Rennes, baron de l'Empire, 16 décembre 1810.

EPERNAY (la ville d'), concession d'armoiries, 25 février 1813.

ESCHASSERIAUX (Joseph), ministre plénipotentiaire près la princesse de Lucques et de Piombino, baron de l'Empire, 14 février 1810.

ESCLEVIN (Joseph-Balthazar-Edmond d'), colonel d'artillerie de la marine, chevalier de l'Empire, 2 février 1809 ; général de brigade, baron de l'Empire, 11 novembre 1813.

ESPAGNE (Jean-Louis-Brigitte), général de division, commandant une division de cuirassiers, comte de l'Empire, avril 1808.

ESPAGNE DE VENNEVELLE (Henri-Louis-Charles-Auguste d'), chef d'escadron, aide de camp, chevalier de l'Empire, 17 mai 1810.

ESPERT (Pierre), colonel du 102° de ligne, baron de l'Empire, 12 novembre 1809.

ESTERNO (Ange-Philippe-Honoré d'), chambellan de l'Impératrice mère, baron de l'Empire, 31 janvier 1810.

ESTÈVE (Etienne), colonel du 82e de ligne, chevalier de l'Empire, 30 octobre 1810 ; colonel du 14e de ligne, baron de l'Empire, 13 juillet 1811.

ESTÈVE (Jean-Baptiste), colonel major commandant le 4e régiment des voltigeurs de la garde impériale, baron de l'Empire, 12 avril 1813.

ESTEVE (Martin-Roch-Xavier), trésorier général de la couronne impériale, comte de l'Empire, 24 février 1809.

ESTOURMEL (Alexandre-César-Louis d'), capitaine attaché à l'état-major général, chevalier de l'Empire, 11 juillet 1810.

ESTOURMEL (Louis-Marie d'), général de division en retraite, chef de légion des gardes nationales de la Somme, député au Corps législatif, chevalier de l'Empire, 20 septembre 1808.

ETCHEGARAY (Michel), lieutenant de vaisseau, commandant l'une des escouades des marins de la garde impériale, chevalier de l'Empire, 23 mai 1810.

EULNER (Guillaume-Joseph), colonel du 7e hussards, baron de l'Empire, 23 février 1811.

EVAIN (Louis-Auguste-Frédéric), général de brigade, chef de la 6e division au ministère de la guerre, baron de l'Empire, 19 juin 1813.

EVEN (François-Ange-Stanislas), chef de l'administration de la marine à Boulogne, chevalier de l'Empire, 19 septembre 1810.

EXELMANS (Remi-Joseph-Victor), général de brigade, baron de l'Empire, 13 mars 1812.

EXPERT DE LA TOUR (Jean-Baptiste), colonel du 42e régiment de ligne, baron de l'Empire, 1er juin 1808.

FABBRONI (Jean-Valentin-Mathias), député au Corps législatif, chevalier de l'Empire, 25 mars 1810.

FABRE (Gabriel-Jean), général de brigade, baron de l'Empire, 9 mars 1810.

FABRE (Jean-Marie-Noël), procureur général à la Cour d'appel de Montpellier, chevalier de l'Empire, 12 novembre 1809 ; baron de l'Empire, 6 octobre 1810.

FABRE DE L'AUDE (Jean-Pierre), sénateur, comte de l'Empire, 26 avril 1808.

FABRE-LA-MARTILLIÈRE (Jean), sénateur, général de division, comte de l'Empire, 11 juillet 1810.

FABRY (Pierre-Marc-Antoine-Bruno de), juge auditeur en la Cour d'appel d'Aix, membre du collège électoral du Var, baron de l'Empire, 2 mai 1811.

FABRY D'AUGÉ (Jean de), major au corps impérial du génie, chevalier d'Augé, 21 novembre 1810.

FAGET DE HÉNOL (Pierre-Abdon), chef de bataillon au 65e de ligne, chevalier de l'Empire, mai 1809.

FAIN (Agathon-Jean-François), secrétaire archiviste de l'Empereur, baron de l'Empire, 31 décembre 1809.

FALCON (Jean-Baptiste), major au 12e léger, chevalier de l'Empire avec dotation, 19 décembre 1809.

FALCON (Jean-Jacques-Antoine), chef d'escadron, aide de camp, baron de l'Empire, 14 février 1810.

FALETTE DE BAROL (Octave-Alexandre), sénateur, comte de l'Empire, 2 juillet 1808.

FALETTE-BAROL (Charles-Hippolyte-Ernest-Tancrède-Louis-

Marie de), chambellan de l'Empereur, comte de l'Empire, 31 janvier 1810.

FALLOT DE BEAUMONT (Etienne-André-François-de-Paule), évêque de Plaisance, baron de l'Empire, 7 juin 1808 ; archevêque de Bourges, comte de l'Empire, 10 janvier 1813.

FARINE (Pierre-Joseph), major du 29° dragons, chevalier de l'Empire, 28 janvier 1809 ; colonel du 4° dragons, baron de l'Empire, 12 février 1812.

FARJON (Louis-Didier), conseiller à la cour impériale de Montpellier, chevalier de l'Empire, 9 octobre 1813.

FAUCHET (Joseph), préfet de la Gironde, chevalier de l'Empire, 20 juillet 1808.

FAUCON (Jacques-Philippe-Appollinaire), capitaine adjudant-major aux grenadiers à pied de la garde impériale, chevalier de l'Empire, 22 novembre 1811.

FAUCONNET (Jean-Louis-François), général de division, commandant d'armes à Anvers, baron de l'Empire, 2 juillet 1808.

FAUCONNET (Joseph-Emmanuel-Auguste), chef d'escadron au 1er carabiniers, chevalier de l'Empire, 2 septembre 1810.

FAUDOAS (Pierre-Paul de), évêque de Meaux, baron de l'Empire, 28 mai 1809.

FAUDOAS (Pierre-Paul de), officier d'ordonnance de l'Empereur, baron de l'Empire, 18 août 1810.

FAULCON (Félix), membre du collège électoral du département de la Vienne, chevalier de la Parisière, 21 décembre 1808.

FAULLAIN (Jean-François), chef de bataillon au 79° de ligne, chevalier de l'Empire, 23 juillet 1810.

FAULTRIER (Simon), général de brigade au corps impérial de l'artillerie, baron de l'Empire, 2 mai 1811.

FAURAX (Jean-Louis), chef d'escadron au 10° dragons, chevalier de l'Empire, 30 octobre 1810.

FAURE (Joseph-Antoine), major au 17° de ligne, chevalier de l'Empire, 18 août 1810.

FAURE (Louis-Joseph), conseiller d'État, chevalier de l'Empire, mai 1808.

FAURE DE GIERS (Chrétien-François-Antoine), colonel commandant le 4° régiment d'artillerie à cheval, chevalier de l'Empire, mai 1808 ; baron de l'Empire, 13 août 1810.

FAURE DE LILATE (Pierre-Antoine-Henri), major en retraite, chevalier de l'Empire, 9 mai 1811.

FAURIS DE SAINT-VINCENS (Alexandre-Jules-Antoine), président en la Cour d'Aix, député au Corps législatif, chevalier de l'Empire, 30 septembre 1811.

FAURY (Pierre), chef de bataillon au 7ᵉ léger, chevalier de l'Empire, 30 août 1811.

FAUSSON-MONTAUD (Joseph-Cosme-Gaëtan-Louis-Annibal), écuyer du prince Borghèse, baron de l'Empire, 14 avril 1810.

FAVARD (Guillaume-Jean), député au Corps législatif, un des officiers du parquet de la haute Cour impériale, chevalier de Langlade, 16 septembre 1808 ; conseiller à la Cour de cassation, baron de Langlade avec majorat, 25 juillet 1811.

FAVARD (Roch-Aimable), procureur général près la Cour d'appel de Riom, chevalier de Dinval, 5 octobre 1808.

FAVEROT (François-Jacques-Gui), major du 25ᵉ chasseurs à cheval, chevalier de l'Empire, 18 mars 1809 ; colonel du 15ᵉ chasseurs à cheval, baron de l'Empire, 14 août 1813.

FAVRE (Benoît-Pierre), major au 11ᵉ dragons, chevalier de l'Empire, 9 septembre 1810.

FAY DE SATHONAY (Nicolas-Marie-Jean-Claude), maire de Lyon, membre du collège électoral du Rhône, baron de l'Empire, 14 avril 1810 ; comte de Sathonay, 22 octobre 1810.

FAYOLLES DE MELLET (Béatrix-Charles-Madelon de), maire et membre du collège électoral de l'arrondissement de Neuvic, département de la Dordogne, baron de l'Empire avec majorat, 26 février 1814.

FAYS (Georges-Vincent), adjudant-commandant, baron de l'Empire, 6 octobre 1810.

FAYSSE (Joseph de), chef de bataillon à la suite du 85ᵉ de ligne, chevalier de l'Empire, 18 août 1810.

FÉLIX (Dominique-Xavier), maître des requêtes au Conseil d'État, général de brigade en retraite, inspecteur aux revues, baron de l'Empire, 9 mars 1810.

FÉLIX DU MUY (Jean-Baptiste-Louis de), général de division, baron de l'Empire, 30 août 1811.

FENZI (François-Marie), archevêque de Corfou en Dalmatie, comte de l'Empire, mai 1808.

FÉRAND (Antoine-André), inspecteur aux revues, chevalier de l'Empire, 10 avril 1811.

FERERI (Luc-Marcel), lieutenant aide de camp du prince, vice-connétable, baron de l'Empire, 14 février 1810.

FÉRÈS (Guillaume-Pierre-François), inspecteur aux revues, chevalier de l'Empire, 1ᵉʳ janvier 1813.

FEREY (Claude-François), général de brigade, baron de Rozengat, 15 janvier 1809.

FERINO (Pierre-Marie-Barthélemi), général de division, sénateur, comte de l'Empire, 1er juin 1808.

FERLIN (Joseph), chef de bataillon au 12e léger, chevalier de l'Empire, 2 mai 1811.

FERRAN (Bernard), chef de bataillon au 43e de ligne, chevalier de l'Empire avec dotation, 9 mars 1810.

FERRAND DE FALIGNY (Armand-François-Gabriel de), officier de cavalerie en retraite, chevalier de l'Empire, 11 décembre 1813.

FERRERO DE LA MARMORA (Thérèse-Marie-Charles-Victor), évêque de Saluces, baron de l'Empire, 28 janvier 1809.

FERRI-PISANI-DE-SAINT-ANASTASE (Paul-Félix), chambellan du roi Joseph, comte de Saint-Anastase, 26 février 1814.

FEUILLADE (Jean), chef d'escadron au 8e cuirassiers, chevalier de l'Empire, 2 septembre 1810.

FICATIER (Florentin), colonel du 72e de ligne, baron de l'Empire, 10 septembre 1808.

FIEFFÉ (Charles-Jacques), adjoint au maire de Bordeaux, chevalier de l'Empire, 21 décembre 1808.

FIERECK (Jean-Henri), colonel directeur d'artillerie, baron de l'Empire, 16 décembre 1810.

FILHIOL DE CAMAS (Jean-Edmond), colonel du 6e régiment d'artillerie à pied, baron de l'Empire, 15 juin 1808.

FILLEY (Victor), chef d'escadron en retraite, chevalier de l'Empire, 11 juillet 1810.

FILLEY DE LA BARRE (Louis-César), capitaine en retraite, membre du collège électoral de Boulogne-sur-Mer, chevalier de l'Empire, 19 janvier 1811.

FINOT (Antoine-Bernard), auditeur au Conseil d'État, préfet du département du Mont-Blanc, baron de l'Empire, 2 août 1811.

FINOT (Claude), capitaine aux voltigeurs de la garde impériale, chevalier de l'Empire, 1er mai 1812.

FITEAU (Edme), général de brigade, comte de Saint-Étienne, 14 avril 1810.

FITREMANN (Nicolas-Thadée-Joseph), chef de légion de la gendarmerie du duché de Berg, chevalier de l'Empire, 9 septembre 1810.

FLAHAUT DE LA BILLARDERIE (Auguste-Charles-Joseph de), colonel-aide de camp du prince vice-connétable, baron de l'Empire, 2 novembre 1810 ; comte de l'Empire, 11 décembre 1813.

FLAMAND (Jean-François), lieutenant-colonel aux grenadiers à pied de la garde impériale, chevalier de l'Empire, 20 août 1808 ; major commandant le 2ᵉ régiment des tirailleurs grenadiers de la garde impériale, baron de l'Empire, 23 octobre 1811.

FLAVIGNY (Alexandre-André de), sous-préfet de Soissons, baron de l'Empire, 27 septembre 1810.

FLAYELLE (Louis-François-Joseph), colonel au corps impérial du génie, directeur des fortifications de la division de Givet, membre du collège électoral du département du Nord et du conseil municipal des villes de Givet et de Charlemont, baron de Bourdon-Champ, 24 juin 1808.

FLEURY (Louis), major au 12ᵉ dragons, chevalier de l'Empire, avec dotation, 9 mars 1810.

FLORENCE (la ville de), concession d'armoiries, 13 juin 1811.

FLORENS (Joseph-Antoine), préfet de la Lozère, baron de l'Empire, 30 août 1811.

FLOSSE (Nicolas-Michel), colonel attaché à l'état-major, baron de l'Empire, 5 août 1813.

FLURY (Jean-Baptiste-Charles), consul à Milan, chevalier de l'Empire, 29 janvier 1811.

FOISON (Charles-Julien-Pierre), commandant le 14ᵉ escadron de gendarmerie, 3 janvier 1813.

FOLLEY (François-Georges), major au 32ᵉ de ligne, chevalier de l'Empire, 3 juillet 1813.

FONCEZ (Charles-François-Joseph), juge à la Cour d'appel de Bruxelles, chevalier de l'Empire, 13 février 1811.

FONTAINE (Louis-Octave-Xavier), adjudant-commandant, baron de l'Empire, 25 mars 1810.

FONTAINE DE CRAMAYEL (Jean-François), maître des cérémonies de l'Empereur, introducteur des Ambassadeurs, baron de l'Empire, 27 décembre 1811.

FONTANE (Jacques), général de brigade, baron de l'Empire, 26 avril 1810.

FONTANELLA DE BALDISSERO (Eugène-Jean-Baptiste-Joseph-Louis-Marie-Gabriel), écuyer du prince Borghèse, baron de l'Empire, 11 juin 1810.

FONTANELLI (Achille), général de division, commandant la garde italienne de l'Empereur, comte de l'Empire, 26 avril 1810.

FONTANES (Jean-Pierre-Louis), grand maître de l'Université impériale, président du Corps législatif, comte de l'Empire, mai 1808.

FORBIN (Louis-Nicolas-Philippe-Auguste), capitaine de cavalerie, chambellan de la princesse Pauline, duchesse de Guastalla, baron de l'Empire, 31 janvier 1810.

FORESTIER (François-Louis), adjudant-commandant, baron de l'Empire, 29 août 1810.

FORESTIER (Gaspard-François), général de brigade, baron de l'Empire, 25 novembre 1813.

FORGEOT (Nicolas), major au 48ᵉ de ligne, chevalier de l'Empire, 2 août 1811.

FORNIER D'ALBE (Gaspard-Hilarion), adjudant-commandant, baron de l'Empire, 2 juillet 1808.

FORTIA D'URBAN (Agricol-Joseph-François-Xavier-Pierre-Esprit-Simon-Paul-Antoine), membre du collège électoral du département du Vaucluse, chevalier de l'Empire, 2 mai 1811.

FOSSOMBRONI (Victor-Marie-Joseph-Louis), sénateur, comte de l'Empire, 20 août 1809.

FOUCHÉ (Joseph), ministre de la police générale, comte de l'Empire, 24 avril 1808 ; sénateur titulaire de la sénatorerie d'Aix, duc d'Otrante, 15 août 1809.

FOUCHER DE CAREIL (Louis-François), général de division, commandant l'artillerie du 5ᵉ corps de la grande armée, baron de Careil, mai 1808.

FOULER (Albert-Emmanuel), général de brigade, écuyer de l'impératrice, comte de Relingue, 16 septembre 1808.

FOULON (Antoine-Joseph), colonel du 8ᵉ de ligne, chevalier de l'Empire, 11 juillet 1810.

FOUQUE (Pierre-François-Placide), chef de bataillon, aide de camp, chevalier de l'Empire avec majorat, 15 octobre 1809.

FOUQUET DE FLAMMARE (Guillaume-Armand), procureur général près la Cour d'appel de Rouen, baron de l'Empire, 6 octobre 1810.

FOURCADE (Pierre-Bernard), chef de bataillon au 58ᵉ de ligne, chevalier de l'Empire avec majorat, 15 octobre 1809.

FOURCROY (Antoine-François), conseiller d'État à vie, membre de l'Institut, comte de l'Empire, 26 avril 1808.

FOURCY-GANDUIN (Ambroise-Louis), capitaine d'artillerie de la garde impériale, chevalier de l'Empire, mai 1808.

FOURIER (Joseph-Jean-Baptiste), préfet de l'Isère, baron de l'Empire, 26 avril 1810.

FOURN (Pierre-Paul), adjudant-commandant, baron de l'Empire, 11 juillet 1810.

Fournier (François), général de brigade, baron de l'Empire, 2 juillet 1808.

Fournier (Jean-Louis), chef de bataillon au 85e d'infanterie, chevalier de l'Empire avec dotation, 12 novembre 1809.

Fournier (Marie-Nicolas), aumônier de l'Empereur, évêque de Montpellier, baron de la Contamine, 18 mars 1809.

Fournier-Daultanne (Joseph-Augustin), général de division, chef de l'état-major du 3e corps de la grande armée, baron de l'Empire, 2 juillet 1808.

Foy (Maximilien-Sébastien), général de brigade, membre du collège électoral de la Somme, baron de l'Empire, 9 septembre 1810.

Frachon (Charles-Louis-André), chef d'escadron aide de camp, chevalier de l'Empire, 1er janvier 1813.

Frain (Joseph), préfet des Ardennes, chevalier de la Touche, 12 novembre 1809 ; baron de l'Empire, 31 décembre 1809.

Français (Antoine), conseiller d'État à vie, directeur général des droits réunis et octrois, comte de l'Empire, 24 avril 1808.

Franceschi (Jean-Baptiste-Marie), général de brigade, aide de camp du roi des Espagnes et des Indes, baron de l'Empire, 23 juin 1810.

Franchot (Antoine-Charles-François), lieutenant-colonel aux tirailleurs grenadiers de la garde impériale, chevalier de l'Empire, 28 mai 1809.

François de Neufchateau (Nicolas), sénateur, membre de l'Institut, comte de l'Empire, mai 1808.

Franconin Sauret (Pierre), général de division, baron de l'Empire, 11 novembre 1813.

Francq (Louis-Bernard), chef d'escadron aux chasseurs à cheval de la garde impériale, chevalier de l'Empire, 20 août 1808 ; colonel du 2e cuirassiers, baron de l'Empire, 26 avril 1810.

Frapart (Fiacre-Joseph), colonel du 50e de ligne, baron de l'Empire, 17 mai 1810.

Frémin-Beaumont (Nicolas), député au Corps législatif, membre du collège électoral de la Manche, chevalier de l'Empire, 25 mars 1810 ; préfet des Bouches-du-Rhin, baron de l'Empire, 17 mai 1810.

Frémin-Dumesnil (Gabriel-François-Charles), président du collège électoral de la Manche, baron de l'Empire, 13 août 1811.

Frère (Georges), général de division, comte de l'Empire, 18 mars 1809.

FRÉSIA (Maurice), général de division, baron de l'Empire, 7 juin 1808.

FRESIA D'OGLIANICO (Joseph-Philippe-Louis-Vincent), chambellan de la princesse Pauline, colonel en retraite, membre du collège électoral du département du Pô, baron de l'Empire, 22 octobre 1810.

FRESLON DE SAINT-AUBIN (Pierre-Emmanuel-Vincent-Marie), membre du collège électoral d'Ille-et-Vilaine, maire de Guichen, baron de l'Empire, 10 avril 1811.

FRESNAIS (Jean-Bonaventure), chevalier de la Briais, 18 juin 1809.

FRESTEL (Jean-Charles-Élie), référendaire de 1re classe à la Cour des Comptes, chevalier de l'Empire, 14 juin 1810.

FRETEAU (Emmanuel-Jean-Baptiste), membre du collège électoral et du Conseil général de Seine-et-Marne, substitut du procureur impérial près le tribunal civil de la Seine, baron de Pény avec majorat, 25 mars 1809.

FRIANT (Louis), général de division, commandant la 2e division du 3e corps de la grande armée, comte de l'Empire, 5 octobre 1808.

FRIEDERICHS (Jean-Parfait), colonel-major du 2e régiment des fusiliers de la garde impériale, baron de l'Empire, 2 février 1809.

FRIN DE CORMÉRÉ (Jérôme), chef d'escadron au 6e hussards, chevalier de l'Empire, 19 janvier 1811.

FRIRION (François-Joseph), colonel du 69e de ligne, baron de l'Empire, 26 octobre 1808.

FRIRION (François-Nicolas), général de division, baron de l'Empire, 31 janvier 1810.

FRIRION (Joseph-Mathias), secrétaire général du ministère de la guerre, inspecteur en chef aux revues, baron de l'Empire, 2 octobre 1813.

FROCHOT (Nicolas-Thérèse-Benoît), conseiller d'État, préfet du département de la Seine, chevalier de l'Empire, mai 1808 ; comte de l'Empire, 27 novembre 1808.

FROIDEVILLE (Louis-Alexandre-Henri-Théodore de), baron de l'Empire, 18 mai 1811.

FROMENT (Jacques), colonel du 13e régiment d'infanterie, baron de l'Empire, 20 juillet 1808.

FROMENT (Jean-Baptiste), adjudant-commandant, chevalier de l'Empire, 29 janvier 1811.

FROMENT (Pierre-Louis), capitaine de gendarmerie, chevalier de l'Empire, 3 mai 1809.

Froment Castille (Gabriel-Joseph de), membre du collège électoral du Gard, président du canton de Remoulins, lieutenant de la louveterie, maire d'Argivilliers, baron de Castille avec majorat, 9 décembre 1809.

Frossard (François-Xavier), colonel du 22e dragons, baron de l'Empire, 20 juillet 1808.

Fruchard (François), colonel d'artillerie, chevalier de l'Empire avec dotation, 31 janvier 1810.

Fulque d'Oraison (Henri), général de brigade, commandant d'armes à Besançon, chevalier d'Oraison, 21 septembre 1808.

Fuzy (Louis), colonel attaché à l'état-major général de la garde impériale, commandant à l'École militaire de Paris, 20 août 1808.

Gabaléon de Salmour (Joseph-Chrétien-Antoine-Pierre-Jean-Kantin), député au Corps législatif, chevalier de l'Empire, 19 juin 1813.

Gabutti Brivio de Bestagno (Charles), ancien capitaine de cavalerie, chevalier de l'Empire, 24 août 1811.

Gaillard Saint-Elme (Joseph-Félix-Innocent), capitaine adjoint à l'état-major, chevalier de l'Empire, 19 janvier 1811.

Galard-Béarn (Alexandre-Louis-René-Toussaint), chef de cohorte de la garde nationale d'élite du département de la Somme, comte de l'Empire avec majorat, 18 juin 1809.

Galard de Brassac de Béarn (Alexandre-Léon-Luce de), chambellan de l'Empereur, comte de l'Empire, 13 février 1811.

Galbois (Nicolas-Marie-Mathurin), capitaine attaché à l'état-major, chevalier de l'Empire, 4 janvier 1811.

Galeazzini (Jean-Baptiste), baron de l'Empire, 3 juin 1811.

Galichet (Pierre), adjudant-commandant, baron de l'Empire, 16 décembre 1810.

Galland (Antoine), capitaine de 1re classe de pontonniers, chevalier de l'Empire, 27 février 1812.

Galli (Pierre-Gaëtan), conseiller d'État, comte de la Loggia, 9 mars 1810 ; avec majorat, 3 juillet 1813.

Galté (Charles-Marie), capitaine aux chasseurs à pied de la garde impériale, chevalier de l'Empire, 2 mai 1811.

Gambin (Jean-Hugues), colonel du 84e de ligne, comte de l'Empire, 26 avril 1810.

Gand (la ville de), concession d'armoiries, 6 juin 1811.

Gandolfo (Ange), préfet de l'Ombrone, baron de l'Empire, 30 septembre 1811.

GANDON (Yves-Nicolas-Marie), juge à la Cour de cassation, chevalier de l'Empire, 26 avril 1808.

GANDON (Yves-Pierre-Aimé), capitaine commandant au 1er régiment d'artillerie, chevalier des Allien, mai 1808.

GANTEAUME (Honoré), conseiller d'État, vice-amiral, inspecteur général des côtes de l'Océan, comte de l'Empire, 11 juillet 1810.

GARAT (Dominique-Joseph), membre de l'Institut de France, sénateur, comte de l'Empire, mai 1808.

GARAT (Martin), directeur de la Banque de France, membre du collège du 1er arrondissement communal de Paris, baron de l'Empire, 19 septembre 1810.

GARAVAQUE (Antoine-Laurent-Marie), major au 10e dragons, chevalier de l'Empire, 2 septembre 1810.

GARBÉ (Charles-Antoine-Lambert), lieutenant en premier dans la gendarmerie impériale d'élite, chevalier de l'Empire, 3 janvier 1813.

GARBÉ (Théodore-Urbain), général de brigade au corps du génie, baron de l'Empire, 5 août 1812.

GARDANE (Claude-Mathieu), général de brigade, aide de camp de l'Empereur, ministre plénipotentiaire en Perse, comte de l'Empire, mai 1808.

GAREMPEL DE BRESSIEUX (Pierre-Ignace de), président du collège électoral de l'Isère, baron de l'Empire, 14 février 1810.

GARNIER (Germain), membre du conseil du sceau des titres, correspondant de l'Institut, sénateur, comte de l'Empire, 26 avril 1808.

GARNIER (Jacques), président de la Cour de justice criminelle de la Charente-Inférieure, chevalier de l'Empire, 12 novembre 1809.

GARNIER (Jacques), chef de bataillon au corps impérial du génie, chevalier de l'Empire, 24 février 1809.

GARNIER (Jean-Baptiste-Étienne), procureur général près la Cour des comptes, greffier en chef près la haute Cour impériale, chevalier de l'Empire, 21 novembre 1810 ; baron de l'Empire, 28 avril 1813.

GARNIER-DALONZIER (Jean-François), capitaine au 2e régiment des voltigeurs de la garde impériale, chevalier de l'Empire, 27 décembre 1811.

GARNIER DE LA BOISSIÈRE (Pierre), chambellan de l'Empereur, sénateur, comte de l'Empire, 26 avril 1808.

GARRAN DE COULON (Jean-Philippe), sénateur, membre de l'Institut, comte de l'Empire, 26 avril 1808 ; institution de majorat pour Guillaume Garran, capitaine de dragons, 20 février 1812.

GARREAU (Louis), général de brigade, baron de l'Empire, 6 octobre 1810.

GARREAU (Paul), maire de la Rochelle, baron de l'Empire, 26 février 1814.

GARREAU (Pierre), premier président de la Cour impériale de Trêves, baron de l'Empire, 9 mai 1811.

GARY (Alexandre-Gaspard), préfet du département du Tarn, chevalier de l'Empire, 2 juillet 1808 ; préfet de la Gironde, baron de l'Empire, 31 décembre 1809.

GARZONI-VENTURI (Paul-Louis), gouverneur du palais impérial de Florence, baron de l'Empire, 11 juin 1810.

GASPARD (André-Joseph), adjudant-commandant, sous-inspecteur aux revues, membre du collège électoral de Niort, chevalier de l'Empire, 3 juillet 1813.

GASQUET (Joseph), adjudant-commandant, chef de l état-major du 5ᵉ corps d'armée d'Allemagne, chevalier de l'Empire avec dotation, 12 novembre 1809 ; baron de l'Empire, 2 octobre 1813.

GASSENDI (Jean-Jacques-Basilien), conseiller d'Etat, général de division au corps du génie, comte de l'Empire, 9 décembre 1809.

GAU DES VIVES (Jean-François), conseiller d'Etat, chevalier de l'Empire, mai 1808.

GAU DES VIVES (Joseph-François), conseiller d'Etat, chevalier de l'Empire, 31 janvier 1810.

GAUD (Dominique-Marie-Marcel), chef de bataillon au 100ᵉ de ligne, chevalier de l'Empire avec dotation, 19 décembre 1809.

GAUDIN (Martin-Michel-Charles), ministre des finances, comte de l'Empire, 26 avril 1808 ; duc de Gaëte, 15 août 1809.

GAUDIN (Pierre-Étienne-Simon), colonel du 5ᵉ régiment provisoire, chevalier de l'Empire, 13 mars 1813.

GAULT (Benjamin), adjudant-commandant, attaché à l'état-major du 1ᵉʳ corps de la grande armée, baron de Benneval, 20 juillet 1808.

GAULTIER DE RIGNY (Henri), lieutenant de vaisseau, commandant l'une des escouades des marins de la garde impériale, chevalier de l'Empire, 4 janvier 1811.

GAULTIER-LAFERRIÈRE (Anne-Jean-Louis), inspecteur de la marine, chevalier de l'Empire, 22 octobre 1810.

GAUSSART (Louis-Marie), colonel du 18ᵉ léger, chevalier de l'Empire, 16 décembre 1810 ; général de brigade, baron de l'Empire, 9 octobre 1813.

GAUTHIER (Étienne), général de brigade, baron de l'Empire, 11 novembre 1813.

GAUTHIER (Jean-Joseph), colonel du 37e d'infanterie, baron de l'Empire, 19 décembre 1809.

GAUTHIER dit LECLERC (Jean-Pierre), colonel en second au 9e dragons, baron de l'Empire, 25 mars 1810.

GAUTHRIN (Pierre-Edme), colonel du 9e hussards, baron de l'Empire, 2 août 1808.

GAUTIER (Camille-Frédéric), chef d'escadron en retraite, chevalier de Guerrimon, 5 août 1813.

GAUTIER (Hyacinthe-Nicolas), général de brigade, baron de l'Empire, mai 1808.

GAUTIER DE CHARNACÉ (Bonaventure-François), juge suppléant au tribunal de la Seine, baron de l'Empire avec majorat, 27 septembre 1810.

GAUTIER DE SAINT-PAULET (Pierre-Antoine-Blaise), membre du collège électoral de Vaucluse, baron de l'Empire, 12 novembre 1811.

GAUTREAU (Louis-Marie-François), capitaine quartier-maître au 46e de ligne, chevalier de l'Empire, 1er janvier 1813.

GAVOTY (Célestin-André-Vincent), colonel en retraite, chevalier de l'Empire, 13 mars 1812.

GAY (Jacques-François), colonel du 111e de ligne, inspecteur aux revues, baron de l'Empire, 16 septembre 1808.

GAY (Louis), colonel du 79e de ligne, chevalier de l'Empire, 1er janvier 1813.

GAY DE VERNON (Simon-François de), colonel du génie, directeur des études de l'École polytechnique, chevalier de l'Empire, mai 1808 ; colonel du génie commandant en second l'École polytechnique, baron de l'Empire, avec majorat, 18 mai 1811.

GAYANT (Antoine-Nicolas), inspecteur divisionnaire au corps des ponts et chaussées, directeur du canal de Saint-Quentin, membre du collège électoral de l'Aisne, chevalier de l'Empire, 25 mars 1810.

GAZAN (Honoré-Théodore-Maxime), général de division, comte de la Peyrière, 27 novembre 1808.

GAZEAUX (Charles-René), procureur général de la Cour de justice criminelle de Maine-et-Loire, chevalier de l'Empire, 5 août 1809.

GÉLOES (Constantin-César-François-Maur-Guillaume de), membre du collège électoral du département de la Meuse-Inférieure, baron de l'Empire, 15 juin 1812.

GENCY (Claude-Ursule), général de brigade, baron de l'Empire, 29 août 1809.

GÊNES (la ville de), concession d'armoiries, 6 juin 1811.

GENET (Alexandre-Antoine-Gérard), membre du collège électoral du département des Deux-Sèvres, chevalier de l'Empire, 16 mai 1813.

GÉNEVAL (Charles-François-Toussaint), colonel de gendarmerie, baron de l'Empire, 25 février 1813.

GENEVAY (Antoine-François), chef de bataillon au 76e de ligne, chevalier de l'Empire, 21 novembre 1810.

GENÈVE (la ville de), concession d'armoiries, 13 juin 1811.

GÉNEVOIS (Louis-Benoît), juge à la Cour de cassation, chevalier de l'Empire, 26 avril 1808.

GENGOULT (Louis-Thomas), colonel du 56e de ligne, baron de l'Empire, 9 mars 1810.

GENTIL (Nicolas), chef de bataillon au 63e de ligne, chevalier de l'Empire, 4 juillet 1811.

GENTILE (Luc-Louis-Albert), chevalier de l'Empire, 24 février 1809 ; baron de l'Empire, 11 juin 1810.

GENTILS (Henri), chef d'escadron aide de camp, chevalier de l'Empire, 19 janvier 1811.

GEOFFROY-SAINT-HILAIRE (Étienne), membre de l'Institut, professeur administrateur du Muséum d'histoire naturelle, chevalier de l'Empire, 26 octobre 1808.

GEOFFROY D'ANTRECHAUX (Jean-Joseph de), maire de Saint-Tropez, membre du collège électoral du Var, baron de l'Empire, 26 avril 1811.

GEORGE (Antoine-Joseph-Marie), chef de bataillon au 45e de ligne, chevalier de l'Empire avec dotation, 14 février 1810.

GEORGES dit DELEMAD (François-Joseph), capitaine adjudant-major de l'artillerie à cheval de la garde impériale, chevalier de l'Empire, 3 août 1810.

GÉRANDO (Joseph-Marie de), conseiller d'Etat, baron de Rath-samhausen, 17 mars 1811.

GÉRARD (Etienne-Maurice), général de brigade, baron de l'Empire, 3 mai 1809.

GÉRARD (François-Joseph), colonel du 2e hussards, baron de l'Empire, 27 novembre 1808.

GÉRARD (Philippe-Joseph), capitaine au 27° chasseurs à cheval, chevalier de l'Empire, 22 mars 1814.

GERBAIX-SONNAZ (Joseph-Marie de), écuyer de la princesse Pauline, duchesse de Guastalla, baron de l'Empire, 9 mars 1810.

GERDY (Pierre-Joseph-Philibert), colonel du 1er d'artillerie à pied, baron de l'Empire, 11 juin 1810.

GERMAIN (Auguste-Jean), chambellan de l'Empereur, comte de Monforton avec majorat, 19 décembre 1809.

GERRAIN (Simon), chef de bataillon au 28e léger, chevalier de l'Empire, 30 juillet 1810.

GESLIN (Jean-Baptiste-Charles-Bertrand), maire de Nantes, président du collège électoral de la Loire-Inférieure, baron de l'Empire, 11 juillet 1810.

GHILINI DE CASTEL-CERIOLO (Marie), lieutenant-colonel en retraite, colonel commandant de la garde d'honneur du département de Marengo, chevalier de l'Empire, 20 août 1809.

GHILINI DE VILLENEUVE (Ambroise-Marie), chambellan de l'Empereur, comte de l'Empire, 9 septembre 1810.

GIANI (Laurent-Marie-Ferdinand-Félix), chevalier de l'Empire, 1er janvier 1813.

GIFFLENGUE (Alexandre-Derège), colonel de cavalerie, chevalier de l'Empire, 15 janvier 1809.

GILLET (Jacques-Marie), capitaine au régiment des fusiliers de la garde impériale, chevalier de l'Empire, 21 novembre 1810.

GILLET (Jean-Pierre), lieutenant au 1er de la gendarmerie d'élite, chevalier de Brouelle, 28 mai 1809.

GILLET DE LA JACQUEMINIÈRE (Louis-Charles), chevalier de l'Empire, mai 1808.

GILLET (de Seine-et-Oise) (Jean-Claude), maître des comptes, chevalier de l'Empire, mai 1808.

GILLY (Jacques-Laurent), général de brigade, baron de l'Empire, 27 novembre 1808.

GIORGI (Favino de), ancien podestat de Raguse, comte de l'Empire, 23 décembre 1810.

GIRARD (Jean-Baptiste), général de brigade, baron de l'Empire, 26 octobre 1808.

GIRARD (Jean-Pierre), général de brigade, baron de l'Empire, 31 décembre 1809.

GIRARD (Marie-Augustin), chef de bataillon en retraite, chevalier de l'Empire, 19 septembre 1810.

GIRARD (Pierre-Simon), ingénieur en chef des Ponts et Chaussées, chevalier de l'Empire, 3 juillet 1813.

GIRARDIN (Alexandre-Louis-Robert), colonel au 8° régiment de dragons, premier aide de camp du prince vice-connétable de l'Empire, lieutenant des chasses de l'Empereur, baron de l'Empire, 1er juin 1808; comte de l'Empire, 3 mai 1810.

GIRARDIN (Stanislas-Cécile-Xavier de), général de brigade, député et président de la commission d'administration intérieure au Corps législatif, comte de l'Empire, 29 janvier 1811.

GIRAUD-DUPLESSIS (Pierre-Guillaume-Henri), substitut du procureur impérial près la Cour de cassation, chevalier de l'Empire, 10 septembre 1808.

GIRAUDET (Philibert-Hippolyte), procureur général près la Cour criminelle de Seine-et-Oise, chevalier de l'Empire, 1er avril 1809.

GIRAULD (Jean-Jacques), adjudant commandant, chevalier de l'Empire, 11 juillet 1810.

GIRAULT (Louis-François-Félix), colonel au 12° dragons, baron de l'Empire, 20 juillet 1808.

GIROD (de l'Ain) (Jean-Louis), maitre des comptes, membre du collège électoral du département du Léman, chevalier de l'Empire, 26 avril 1808; baron de l'Empire, 28 mai 1309.

GIROD (Victor-Bonaventure), général de brigade, chevalier de l'Empire, mai 1808.

GIROD-CHANTRANS (Justin), député au Corps législatif, chevalier de l'Empire, 21 décembre 1808.

GIROD DE VIENNEY (Louis-Philippe-Joseph), auditeur au Conseil d'État, baron de l'Empire, avec majorat, 16 décembre 1810.

GIROD-NOVILARS (Claude-Pierre-Ferdinand), lieutenant-colonel du génie, chevalier de l'Empire, 13 mars 1813.

GIROD-NOVILARS (Charles-Casimir), chef d'escadron au 21° chasseurs à cheval, chevalier de l'Empire, avec dotation, 9 mars 1810.

GIULIO (Charles-Etienne-Jean-Nicolas), préfet de la Sèsia, membre de l'Académie de Turin, baron de l'Empire, 23 mai 1810.

GOBERT (Armand-Louis), sous-lieutenant au 7° hussards, chevalier de l'Empire, 24 février 1809.

GOBERT (Napoléon-Jacques), baron de l'Empire, 18 mai 1811.

GOBRECHT (Martin-Charles), colonel du 9° régiment de chevau-légers lanciers, baron de l'Empire, 3 juillet 1813.

GODARD D'AUCOUR DE PLANCY (Adrien), préfet de la Nièvre, comte de l'Empire avec majorat, 28 mai 1809.

GODART (Roch), général de brigade, baron de l'Empire, 31 décembre 1809.

GODET (Louis-Gabriel), membre du collège électoral de la Vendée, président du tribunal de 1re instance de Fontenay, baron de l'Empire, 12 avril 1813.

GODINOT (Deo Gratias-Nicolas), général de brigade, baron de l'Empire, 27 juillet 1808.

GODLEWSKI (Albert), chef de bataillon au 3e régiment de la Vistule, chevalier de l'Empire, 9 octobre 1813.

GOLZART (Nicolas-Constant), député au Corps législatif, 2 août 1811.

GOMBAUD DE FÉRÉDILLE (Mathieu-Jean-Baptiste), commissaire des guerres de 1re classe, chevalier de l'Empire, 30 juillet 1810.

GOMER (Alexandre-Louis-Gabriel), membre du collège électoral du département de la Somme, baron de l'Empire, avec majorat, 3 juillet 1813.

GORNEAU (Philippe-Joseph), membre de la Cour d'appel du département de la Seine, chevalier de l'Empire, 10 septembre 1808.

GORSE (Pierre), chirurgien major des dragons de la garde impériale, chevalier de l'Empire, 27 novembre 1808.

GOUGET (Jean), adjudant commandant supérieur de la ville de Navarrins, chevalier de l'Empire, 11 novembre 1813.

GOULLUS (François), général de brigade, baron de l'Empire, 13 août 1811.

GOUNIOU DE SAINT-LÉGER (Paul), chef d'escadron aux dragons de la garde impériale, baron de l'Empire, 28 avril 1813.

GOUPIL DE PREFELN (Louis-François-Alexandre), député au Corps législatif, chevalier de l'Empire, 28 janvier 1809.

GOURÉ (Louis-Eugène-Edouard-Gonzalze), baron de l'Empire, avec dotation, 11 novembre 1813.

GOURLAY (Joseph-Marie), président de la Cour criminelle des Côtes-du-Nord, député au Corps législatif, chevalier de l'Empire, 3 mai 1810.

GOURLEZ DE LA MOTTE (Auguste-Étienne-Marie), colonel au 4e dragons, baron de la Motte, 26 octobre 1808.

GOURRÉ (Louis-Anne), colonel, premier aide de camp du duc de Trévise, chevalier de l'Empire, 3 août 1810.

GOUVION (Jean-Louis-Baptiste), général de division, sénateur, comte de l'Empire, 26 avril 1808.

GOUVION SAINT-CYR (Laurent), grand officier de l'Empire, colonel général des cuirassiers, conseiller d'État, commandant en chef le 1er corps de l'armée de réserve, comte de l'Empire, mai 1808.

Goux (Robert-Sébastien), capitaine au 33e de ligne, chevalier de l'Empire, 19 janvier 1811.

Goyon (Michel-Augustin de), auditeur au Conseil d'État, préfet de l'Aveyron, baron de l'Empire, 25 mars 1810.

Graillet de Beine (Nicolas), maire de Chaumont, baron de l'Empire avec majorat, 22 octobre 1810.

Graindorge (Jean-François), général de brigade, baron de l'Empire, 29 octobre 1809.

Gramont (Emmanuel-Marie-Pierre-Félix-Isidore de), chambellan de l'Empereur, sous-lieutenant au 5e cuirassiers, comte de l'Empire, 9 octobre 1810.

Grand (Georges de), membre du collège électoral du département de l'Aude, sous-préfet de Castelnaudary, baron de Beauvoir, 12 avril 1813.

Grandeau (Louis-Joseph), général de brigade, baron de l'Empire, 27 novembre 1808.

Grandidier (Pierre-Alexandre-Valentin), chef de bataillon au 3e de ligne, chevalier de l'Empire, 4 janvier 1811.

Grandjean (Balthazar), général de brigade, chevalier des Grands-Chenets, 23 juin 1810.

Grandjean (Charles-Louis-Dieudonné), général de division, baron de l'Empire, 31 janvier 1810.

Grandjean (Louis-Stanislas-François), chef d'escadron des dragons de la garde impériale, chevalier de l'Empire, 28 mai 1809; colonel du 8e cuirassiers, baron de l'Empire, 25 mars 1810.

Grandsaigne (Gilles-Louis-Antoine de), député au Corps législatif, chevalier de l'Empire, 25 mars 1810.

Grandsaigne (Hippolyte-Louis-Jean-Baptiste de), chevalier de l'Empire, 14 août 1813.

Grandsaigne (Étienne-Hippolyte-Gilles de), adjudant-commandant, chevalier de l'Empire, 11 juillet 1810.

Granier (Pierre-Louis), maire de Montpellier, baron de l'Empire, 13 juin 1811.

Granville (la ville de), concession d'armoiries, 12 novembre 1811.

Grasse (la ville de), concession d'armoiries, 30 septembre 1811.

Gratien (Pierre-Guillaume), général de brigade, baron de l'Empire, 6 septembre 1811.

Grégori (Henri), sénateur, membre de l'Institut impérial, comte de l'Empire, 2 juillet 1808.

GRÉGORI (Gaspar de), procureur impérial près le tribunal d'Asti, membre du collège électoral de Sésia, député au Corps législatif, chevalier de l'Empire, 25 mars 1810.

GRÉGORI MARCORENGO (Laurent de), sénateur, comte de l'Empire, 26 avril 1808.

GRELLET (Jean-Baptiste), député au Corps législatif, chevalier de Rouzière, 13 mars 1813.

GREINER (Joseph-Louis-Victor), colonel-directeur d'artillerie, baron de l'Empire, 25 mars 1810.

GRENIER (François-Jean), chef d'escadron de gendarmerie, chevalier de l'Empire, 28 janvier 1809.

GRENIER (Jean), député au Corps législatif, chevalier de l'Empire, mai 1808; procureur général à Riom, baron de l'Empire, 9 mai 1811.

GRENIER (Jean-Georges), colonel au 52e de ligne, baron de l'Empire, 11 juin 1810.

GRENIER (Paul), général de division, comte de l'Empire, 3 mai 1810.

GRENIER (Pierre), membre du collège électoral de l'Hérault, chevalier de l'Empire, 11 juillet 1810.

GRENOBLE (la ville de), concession d'armoiries, 6 juin 1811.

GRESSIN (Silvain-Joseph), major du 27e de ligne, chevalier de l'Empire avec dotation, 9 mars 1810.

GRESSOT (François-Joseph-Fidèle), adjudant-commandant, baron de l'Empire, 1er avril 1809.

GRÉZARD (Claude-Joseph), colonel du 3e dragons, baron de l'Empire, 11 juin 1810.

GRILLOT (Rénie), général de brigade, baron de l'Empire, 29 août 1810.

GRIMALDI (Joseph), évêque d'Ivrée, baron de l'Empire, 23 mai 1810.

GRIOIS (Charles-Pierre-Lubin), colonel-major, commandant l'artillerie à pied de la vieille garde, baron de l'Empire, 11 novembre 1813.

GRIOLET DE SAINT-HENRY (Pierre-Élisabeth-Henri), major au 51e de ligne, chevalier de l'Empire, 11 juillet 1810.

GROBON (Pierre-André-Godefroi de), colonel commandant le 53e de ligne, baron de l'Empire, 6 octobre 1810.

GROGNET (Jacques), colonel d'infanterie, chevalier de l'Empire, 15 juillet 1810.

GROISNE (Joseph), colonel du 48e de ligne, baron de l'Empire, 4 juin 1810.

GROS (Claude-Joseph), procureur général près la Cour d'appel de Besançon, chevalier de l'Empire, 3 mai 1809; baron de l'Empire, 26 avril 1810.

GROS (Louis), général de brigade, colonel-major des chasseurs à pied de la garde impériale, baron de l'Empire, 24 juin 1808.

GROUCHY (Emmanuel), général de division, inspecteur de cavalerie, comte de l'Empire, 28 janvier 1809.

GROUVELLE (François), colonel en second au 9ᵉ dragons provisoire, chevalier de l'Empire, 14 juin 1810.

GRUNDLER (Louis-Sébastien), général de brigade, baron de l'Empire, 9 octobre 1813.

GUASCO BISIO DE FRASCARO (Thomas-Angélique-Antoine-Louis-Claude-Marie-Gaspard-Joseph-Félix), membre du collège électoral du département de Montenotte, chevalier de l'Empire, 21 février 1814.

GUDIN (César-Charles-Étienne), général de division, gouverneur du palais impérial de Fontainebleau, comte de l'Empire, 7 juin 1808.

GUDIN (Jules-Pierre-César), baron de l'Empire, 25 février 1813.

GUDIN (Pierre-César), colonel du 16ᵉ de ligne, baron de l'Empire, 14 février 1810.

GUÉHÉNEUC (Charles-Louis-Olivier-Joseph), colonel aide de camp de l'Empereur, baron de l'Empire, 13 août 1810.

GUÉHÉNEUC (François-Scholastique), sénateur, comte de l'Empire, 14 avril 1810.

GUÉRARD (Edmond-Joachim), membre du collège électoral de l'Aube, baron de l'Empire avec majorat, 14 avril 1810.

GUÉRET (Gilles-François), major d'infanterie, chevalier de l'Empire, 11 juillet 1810; colonel commandant d'armes à Sarrelouis, baron de l'Empire, 25 mars 1813.

GUÉRIN (Jacques-Julien), général de brigade, baron de Waldersboch, 21 décembre 1808.

GUEUREL (Nicolas-Noël), chef de bataillon au 13ᵉ de ligne, chevalier de l'Empire, 6 octobre 1810.

GUGON DE LA COUR (Nicolas-Bernard), général de brigade, baron de l'Empire, 29 juin 1808.

GUICHARD (Laurent), chef de bataillon en retraite du 8ᵉ de ligne, chevalier de l'Empire, 15 octobre 1809.

GUILLAUMIN (Jacques-Auguste), major au corps impérial du génie, commandant le parc du génie à Metz, chevalier de l'Empire, 14 juin 1810.

GUILLEMARDET (Ferdinand-Pierre-Dorothée), chevalier de l'Empire, 5 octobre 1808.

GUILLEMET (Jean-Pierre), adjudant-commandant, chevalier de l'Empire, 3 janvier 1813.

GUILLEMINOT (Amand-Charles), général de brigade, baron de l'Empire, 26 octobre 1808.

GUILLEMOT (Jean), président par intérim de la Cour d'appel de Dijon, chevalier de l'Empire avec dotation, 31 décembre 1809.

GUILLOT (François-Gilles), général de brigade, baron de l'Empire, 16 décembre 1810.

GUINAND (Antoine-Benoît), colonel en second, attaché à l'état-major, chevalier de l'Empire, 13 février 1811.

GUITON (Adrien-François-Marie), général de brigade, commandant la 2e division de cuirassiers, baron de l'Empire, 2 juillet 1808.

GUITON (Claude), chef d'escadron au 5e dragons, chevalier de l'Empire avec dotation, 19 décembre 1809.

GUYARDET (Pierre-Jules-César), colonel du 13e de ligne, chevalier de l'Empire, 15 juillet 1810; baron de l'Empire, 2 novembre 1810.

GUYARDIN (Louis), 1er président de la Cour criminelle de la Haute-Marne, juge à la Cour d'appel de Dijon, chevalier de Mémartin, 29 septembre 1809.

GUYON (Claude-Raymond), colonel du 12e chasseurs à cheval, baron de l'Empire, 28 janvier 1809.

GUYOT (Claude-Étienne), colonel-major des chasseurs à cheval de la garde impériale, baron de l'Empire, mai 1808.

GUYOT (Nicolas), capitaine au 26e de ligne, baron de l'Empire, 16 décembre 1810.

GUYOT DE CHENIZOT (François-Vincent), membre du collège électoral de la Marne, baron de l'Empire avec majorat, 18 mai 1811.

GUYTON-MORVEAU (Louis-Bernard), membre de l'Institut, l'un des admistrateur des monnoies, instituteur à l'École impériale polytechnique, membre du collège électoral de la Côte-d'Or, chevalier de l'Empire, 20 août 1809; baron de l'Empire, 23 octobre 1811.

HABERT (Pierre-Joseph), général de brigade, baron de l'Empire, 18 juillet 1811.

HACHIN DE COURBEVILLE (Etienne-Pierre), chef d'escadron de la gendarmerie, chevalier de l'Empire, 26 avril 1810.

HAGUENAU (la ville d'), concession d'armoiries, 3 février 1813.

HALLEZ (Philippe-Christophe), propriétaire, baron de l'Empire avec majorat, 21 février 1814.

HAMBOURG (la ville de), concession d'armoiries, 13 juin 1811.

HAMELIN (Jacques-Félix-Emmanuel), capitaine de vaisseau, baron de l'Empire, 13 août 1811.

HANICQUE (Antoine-Alexandre), général de division, inspecteur général d'artillerie, membre du collège électoral du département de la Seine, baron de l'Empire, 2 juillet 1808.

HARCHIES (Louis-François-Gabriel-Joseph de), chambellan de l'Empereur, comte de l'Empire, 16 décembre 1810.

HARDOIN (Claude), conseiller à la cour impériale de Paris, chevalier de l'Empire, 9 octobre 1813.

HARDY (Pierre-François-Joseph), chef d'escadron aux grenadiers à cheval de la garde impériale, chevalier de l'Empire, 10 septembre 1808 ; baron de l'Empire, 21 février 1814.

HARF (François-Louis de), président du conseil général et membre du collège électoral de la Roer, baron de l'Empire avec majorat, 16 décembre 1810.

HARGENVILLIER (Joseph-Etienne-Timoléon d'), président du canton et maire de Cucq-Toulza, membre du conseil général et du collège électoral du Tarn, baron de l'Empire avec majorat, 16 décembre 1810.

HARISPE (Jean), général de brigade, chef de l'État-major de l'armée d'observation des côtes de l'Océan, baron de l'Empire, 26 octobre 1808.

HARLET (Louis), chef de bataillon aux grenadiers à pied de la garde impériale, baron de l'Empire, 4 juin 1810.

HARMAND (Nicolas-François), préfet de la Mayenne, baron d'Abancourt, 14 avril 1810.

HARTY (Olivier), général de brigade, baron de Pierrebourg alias Fleckenstein, 17 avril 1812.

HARVILLE (Louis-Auguste-Juvénal d'), général de division, chevalier d'honneur de l'Impératrice et Reine, sénateur, comte de l'Empire, mai 1808.

HATRY (Alexandre-Jacques-Christophe), chef d'escadron au 7e cuirassiers, chevalier de l'Empire, 26 avril 1810.

HATRY (Auguste-Charles-Joseph), lieutenant au 1er chasseurs à cheval, chevalier de l'Empire, 26 avril 1810.

HATRY (Charles-Joseph-Jean-Baptiste-Georges), chef d'escadron aide de camp, chevalier de l'Empire, 26 avril 1810.

HAUBERSAERT (Alexandre-Claude-Joseph-Séraphin d'), premier

président de la Cour d'appel de Douai, député au Corps législatif, chevalier de l'Empire, 28 janvier 1809 ; baron de l'Empire, 17 mai 1810 ; baron avec majorat, 25 mars 1813 ; sénateur, comte de l'Empire, 19 juin 1813.

Haussonville (Charles-Louis-Bernard Cleron d'), chambellan de l'Empereur, comte de l'Empire, 27 septembre 1810.

Hautpoul (Alphonse-Joseph-Napoléon d'), baron de l'Empire avec majorat, 6 octobre 1810.

Hautpoul (Marie-Constant-Fidèle-Henri-Amand d'), capi - taine, officier d'ordonnance de l'Empereur, baron de l'Empire, 25 mars 1813.

Havre (la ville du), concession d'armoiries, 19 juin 1813.

Haxo (François), général de brigade, baron de l'Empire, 13 mars 1811.

Hébert (Louis-Constant-François-Jean), juge en la Cour d'appel de Rouen, membre du collège électoral du département de la Seine-Inférieure, député au Corps législatif, chevalier de l'Empire, 22 octobre 1810.

Heckmann (Jean-Martin), capitaine de pontonniers de 1re classe, chevalier de l'Empire, 6 septembre 1811.

Hédouville (Gabriel-Marie-Joseph-Théodore d'), chambellan de l'Empereur, général de division, sénateur, comte de l'Empire, mai 1808.

Heiden de Belderbusch (Charles-Léopold de), sénateur, comte de l'Empire, 23 mai 1810.

Heimrod (Frédéric de), colonel au service de Bade, baron de l'Empire, 3 février 1813.

Hély d'Oissel (Abdon-Patrocle-Frédéric), auditeur au Conseil d'Etat, baron de l'Empire, 31 janvier 1810.

Hémart (Claude-Nicolas-Louis), président de la cour de justice criminelle de la Seine, chevalier de l'Empire, 28 janvier 1809.

Hénin (Charles d'), général de brigade, baron de l'Empire, 16 mai 1813.

Hénin de Cuvilek (Etienne-Félix d'), adjudant- commandant, chevalier de l'Empire, 10 septembre 1808 ; baron de l'Empire, 3 août 1810.

Hennequin (Jean-François), chef de bataillon aux grenadiers à pied de la garde impériale, baron de l'Empire, 11 juin 1810.

Hennet (Albert-Joseph-Ulpien), commissaire impérial pour la confection du cadastre, chevalier de l'Empire, 1er juin 1808.

Hennezel (Charles-Nicolas d'), général de brigade en retraite, chevalier de l'Empire, 15 juillet 1810.

HENRIET (Nicolas), major au 10ᵉ dragons, chevalier de l'Empire avec dotation, 9 décembre 1809.

HENRIOD (Louis-François), colonel du 14ᵉ de ligne, baron de l'Empire, 18 mars 1809.

HENRION (Christophe), général de brigade, baron de l'Empire, 24 janvier 1814.

HENRION (Pierre-Paul-Nicolas), juge à la Cour de cassation, chevalier de l'Empire, mai 1808; président de la Cour de cassation, baron de Pansey, 27 octobre 1810.

HENRY (Jean-Pierre), major colonel de la gendarmerie d'élite, baron de l'Empire, 3 mai 1809.

HENRY (Joseph-Arnould), président de la Cour d'appel de Nancy, baron de l'Empire, 27 septembre 1810.

HENRY (Nicolas-Édouard), baron de l'Empire, 23 avril 1812.

HENRY (Pierre-Philippe), chef de bataillon en retraite, chevalier de l'Empire avec dotation, 9 mars 1810.

HENRY-DUROSNEL (Jean-Baptiste-Simon), membre du conseil des prises, chevalier de l'Empire, mai 1808.

HÉRICY (Alfred-Jacques-Robert d'), écuyer de l'Empereur, baron de l'Empire, 13 mars 1812.

HERMAND (Louis-Joseph d'), chef de division au ministère des relations extérieures, chevalier de l'Empire, 22 novembre 1808.

HERSANT-DESTOUCHES (Alexandre-Étienne-Guillaume), préfet du Jura, membre du collège électoral de la Sarthe, baron de l'Empire, 9 mars 1810.

HERVÉ (Christophe), chef de bataillon au 108ᵉ de ligne, chevalier de l'Empire avec dotation, 9 décembre 1809.

HERVIEU (Philippe-Laurent), capitaine au 61ᵉ de ligne, baron de l'Empire, 14 avril 1810.

HERVILLY (Claude-Joseph d'), capitaine au 4ᵉ régiment des voltigeurs de la garde impériale, chevalier de l'Empire, 20 juin 1811.

HERVO (Claude-Marie d'), général de brigade, baron de l'Empire, 10 septembre 1808.

HERWYN (Philippe-Jacques), membre du collège électoral du département de la Lys, baron de l'Empire, 5 août 1812.

HERWYN (Pierre-Antoine), sénateur, comte d'Arène, 26 avril 1808.

HEUDELET (Etienne), général de division, commandant la 13ᵉ division militaire et le camp de réserve de Rennes, comte de l'Empire, 2 juillet 1808.

HEURTELOUP (Nicolas), premier chirurgien des armées impériales, inspecteur général du service de santé, baron de l'Empire, 16 décembre 1810.

HIÈRES (la ville d'), concession d'armoiries, 2 novembre 1810.

HILAIRE (Jean-François), préfet de la Haute-Saône, baron de l'Empire, 31 janvier 1810.

HIMBERT DE FLEGNY (Louis-Alexandre), préfet du département des Vosges, chevalier de l'Empire, 5 octobre 1808 ; baron de l'Empire, 14 février 1810 ; avec majorat, 12 avril 1813.

HIRN (François-Joseph), évêque de Tournay, baron de l'Empire, 29 juin 1808.

HOCQUART (Gilles-Toussaint), baron de l'Empire avec majorat, 21 novembre 1810.

HOFFMANN (François-Joseph), chef de bataillon au 116e de ligne, chevalier de l'Empire, 29 août 1810.

HOGENDORP (Dirck de), aide de camp de l'Empereur, général de division, comte de l'Empire, 24 août 1811.

HOIN (François-Jacques-Jean-Henri), chirurgien aide-major des grenadiers de la garde impériale, chevalier de l'Empire, 14 août 1813.

HOLOSSY (Jean-Baptiste-Michel), chef d'escadron au 3e hussards, chevalier de l'Empire, 11 juillet 1810.

HORBOURG dit JOSEPH MARSANGE (Frédéric-Amédée d'), chef d'escadron au 15e dragons, chevalier de l'Empire avec dotation, 14 février 1810.

HORN (Philippe de), membre du collège électoral du département du Mont-Tonnerre, baron de l'Empire, 3 janvier 1813.

HORTAL (Louis-Gaspard), procureur général près la Cour criminelle de la Drôme, chevalier de l'Empire, 26 avril 1810.

HOSTALIER SAINT-JEAN (Daniel-François), sous-préfet de Varbonne, baron de l'Empire, 28 octobre 1810.

HOTTINGUER (Jean-Conrad), régent de la Banque de France, baron de l'Empire, 19 septembre 1810.

HOUDETOT (Frédéric-Christophe d'), conseiller d'État, préfet de l'Escaut, baron de l'Empire avec majorat, 18 juin 1809.

HOUDON (Jean-Antoine), membre de l'Institut, professeur à l'Ecole de peinture et sculpture, chevalier de l'Empire, 28 janvier 1809.

HOUSSIN DE SAINT-LAURENT (Benjamin-Léonor-Auguste), colonel en second du 13e chasseurs à cheval, chevalier de l'Empire, 29 août 1810.

HUARD SAINT-AUBIN (Antoine-Aristide), baron de l'Empire avec dotation, 14 août 1813.

Huard Saint-Aubin (Léonard), général de brigade, baron de l'Empire, 21 novembre 1810.

Hubert (Louis), chef de bataillon au 33ᵉ de ligne, chevalier de l'Empire, 29 août 1810.

Hubinet de Soubise (Alexandre-Charles-Henri), colonel en retraite, chevalier de l'Empire, 23 avril 1812.

Huchet de la Bédoyère (Charles-Angélique-François), capitaine aide de camp, chevalier de l'Empire, 12 novembre 1809.

Hue de la Blanche (Claude-Marie), sous-préfet de Roanne, chevalier de l'Empire, 2 octobre 1813.

Hue de la Blanche (Xavier-Olympe), premier secrétaire d'ambassade près la Cour de Vienne, chevalier de l'Empire, 2 octobre 1813.

Hug (Gaspard), chef d'escadron au 8ᵉ chasseurs à cheval, chevalier de l'Empire, 27 septembre 1810.

Hugo (Joseph), président de la Cour de justice criminelle des Vosges, chevalier de l'Empire, 10 février 1809.

Huguet-Chataux (Louis), colonel, premier aide de camp du duc de Bellune, chevalier de l'Empire, 19 juin 1813.

Huguet de Sémonville (Charles-Louis), sénateur, comte de l'Empire, mai 1808; permission de transmettre son titre à Louis-Désiré de Montholon, 28 mai 1809.

Hulin (Pierre-Augustin), général de division, commandant d'armes à Paris et de la 1ʳᵉ division militaire, comte de l'Empire, 26 avril 1808.

Hulot (Etienne), colonel aide de camp, chevalier de l'Empire avec dotation, 31 janvier 1810.

Hulot (Etienne-Hélène-Constant), chef d'escadron au 7ᵉ chasseurs à cheval, baron de l'Empire, 31 décembre 1809.

Hultman (Carl-Gérard), préfet du département de Vaucluse, baron de l'Empire, 27 février 1812.

Humbert (Jean-Baptiste-Nicolas), colonel, directeur d'artillerie, baron de l'Empire, 22 novembre 1808.

Humbert de Molard (Jean-Claude-François), adjudant commandant, baron de l'Empire, 18 mars 1809.

Huveau de Sénarmont (Alexandre-Antoine), général de brigade d'artillerie, président du collège électoral d'Eure-et-Loir, baron de l'Empire, 2 juillet 1808.

Hurel (Alexandre), capitaine aux chasseurs à pied de la garde impériale, chevalier de l'Empire, 29 janvier 1811.

Husson (Pierre-Antoine), colonel du 111ᵉ de ligne, baron de l'Empire, 28 janvier 1809.

Husson de Prailly (Nicolas), membre du collège électoral de la Meurthe, baron de l'Empire, 25 février 1813.

Imbert La Boisselle (Jean-Baptiste), chef d'escadron au 20e chasseurs, chevalier de l'Empire, 18 août 1810.

Imbertis (Fabien-Sébastien), évêque d'Autun, baron de l'Empire, mai 1808.

Ismert (Pierre), colonel au 2e dragons, baron de l'Empire, 26 octobre 1808.

Isnard (Henri-Maximin), membre du collège électoral du Var, baron de l'Empire, 2 octobre 1813.

Isoard (Sébastien-Raphaël-Théodore), chef du bataillon au corps impérial du génie, chevalier de l'Empire, 19 septembre 1810,

Ithier de Champos (Louis-Joseph), membre du collège électoral de l'arrondissement de Valence, baron de l'Empire avec majorat, 19 juin 1813.

Ivendorff (Jean-Frédéric), général de brigade, baron de l'Empire, 29 juin 1808.

Jacquemet (Antoine), capitaine de pontonnier de 1re classe, chevalier de l'Empire, 24 août 1811.

Jacqueminot (Jean-Ignace), sénateur, comte de l'Empire, 26 avril 1808; comte de l'Empire avec majorat, 13 mars 1813.

Jacquin (Jean-Baptiste), général de brigade, baron de l'Empire, 22 novembre 1808.

Jacquinot (Charles-Claude), colonel du 11e chasseurs à cheval, baron de l'Empire, 26 octobre 1808.

Jacquinot (François), chef de bataillon au 50e de ligne, chevalier de l'Empire, 14 juin 1810.

Jacquinot (Jean-Baptiste-Nicolas), chef d'escadron au 11e chasseurs, chevalier de l'Empire avec dotation, 9 mars 1810.

Jacquot (Claude), capitaine aux grenadiers à pied de la garde impériale, chevalier de l'Empire, 23 mai 1810.

Jalras (François), général de brigade, baron de l'Empire, 27 décembre 1811.

Jame (Jean-Baptiste), receveur général des droits réunis, régent de la Banque de France, chevalier de l'Empire, 26 avril 1810.

Jamin (Jean-Baptiste), colonel du 24e d'infanterie de ligne, baron de l'Empire, 26 avril 1811.

Janet (Laurent-Marie), maître des requêtes au Conseil d'État, baron de l'Empire, 14 février 1810.

Janin (Antoine), chef d'escadron de la gendarmerie de la garde impériale, baron de l'Empire, 19 juin 1813.

JANNOT DE MONCEY [1] (Claude-François), chef du 41e escadron de la gendarmerie impériale à Chaumont, chevalier de l'Empire, 18 janvier 1809.

JANOD (Jean-Joachim), vice-président du tribunal de première instance de la Seine, député du Corps législatif, chevalier de l'Empire, 3 juillet 1813.

JANZÉ (Louis-Henri), baron de l'Empire avec majorat, 29 septembre 1809.

JAQUET (Joseph-Pierre), colonel des dragons de la reine d'Italie, baron de l'Empire, 17 mai 1810.

JARD-PANVILLIER (Louis-Alexandre), président en la Cour des comptes, chevalier de l'Empire, 2 juillet 1808; baron de l'Empire, 28 avril 1813.

JARLAUD (Claude-Bernard), capitaine attaché à l'état-major, chevalier de l'Empire, 1er janvier 1813.

JARRY (Alexandre-Julien), capitaine en retraite, chevalier de l'Empire, 28 janvier 1809.

JARRY (Étienne-Gédéon), général de brigade, baron de l'Empire, 23 mai 1810.

JAUBERT (François), conseiller d'État, gouverneur de la Banque de France, membre du comité de consultation de la Légion d'honneur et de celui du contentieux de la maison de l'Empereur, chevalier de l'Empire, 24 avril 1808; comte de l'Empire, 22 novembre 1808.

JAUBERT (Guillaume-Auguste), évêque de Saint-Flour, baron de l'Empire, 28 mai 1809.

JAUBERT (Pierre-Amédée-Emilien), premier secrétaire interprète pour les langues orientales, auditeur au Conseil d'État, chevalier de l'Empire, mai 1808.

JAUCOURT (François), sénateur, comte de l'Empire, mai 1808.

JAUFFRET (Gaspard-Jean-André-Joseph), évêque de Metz, aumônier de l'Empereur, baron de l'Empire, 10 septembre 1808; archevêque d'Aix, comte de l'Empire, 23 février 1811.

JAYMEBON (André), président de la Cour de justice criminelle de l'Indre, chevalier de l'Empire, 28 octobre 1808.

JEANBON-SAINT-ANDRÉ (André), préfet du Mont-Tonnerre, baron de l'Empire, 9 janvier 1810.

JEANNIN (Jean-Baptiste), colonel du 12e régiment d'infanterie légère, baron de l'Empire, 2 juillet 1808.

JEANTI-BOUDET (Jean), général de division, comte de l'Empire, 10 septembre 1808.

JERPHANION (Gabriel-Joseph), préfet de la Haute-Marne, chevalier de l'Empire, 16 septembre 1808 ; baron de l'Empire, 9 mars 1810.

JOANNÈS (Louis), capitaine au 9ᵉ cuirassiers, baron de l'Empire, 3 juin 1811.

JOBARD-DUMESNIL (Eugène), sous-préfet d'Autun, baron de l'Empire avec majorat, 20 août 1809.

JODON DE VILLEROCHÉ (Pierre-Charles), major du 30ᵉ de ligne, chevalier d'Hézenoy, 15 juillet 1810.

JOINVILLE (Louis), commissaire ordonnateur en chef, baron de l'Empire, 25 mars 1813.

JOLIAT (Joseph-Louis), sous-préfet à Altkirch, chevalier de l'Empire, 30 septembre 1811.

JOLIVET (Edme-Antoine), chef d'escadron aux dragons de la garde impériale, chevalier de l'Empire, 10 septembre 1808.

JOLLIVET (Jean-Baptiste-Moïse), conseiller d'État à vie, comte de l'Empire, 2 août 1808.

JOLY DE FLEURY (Armand-Guillaume-Marie), président du canton de Lonjumeau, membre du collège électoral de Seine-et-Oise, comte de l'Empire, 9 mars 1810.

JOMINI (Antoine-Henri), adjudant-commandant, chef de l'état-major général du 6ᵉ corps de la grande armée, baron de l'Empire, 27 juillet 1808.

JORDANS (Gaspard-François-Antoine-Joseph), sous-préfet à Crevelt, département de la Roër, chevalier de l'Empire, 5 octobre 1808.

JORDY (Nicolas-Louis), général de brigade, membre du collège électoral du Bas-Rhin, chevalier de l'Empire, 12 novembre 1811.

JOSÉPHINE BEAUHARNAIS, impératrice des Français, donation du duché de Navarre, 9 avril 1810.

JOUAN (Jacques-Casimir), chef de bataillon au 96ᵉ de ligne, chevalier de l'Empire, 18 août 1810.

JOUANNÈS (Jean-Silvestre), capitaine aux chasseurs à cheval de la garde impériale, chevalier de l'Empire, 19 janvier 1811.

JOUBERT (Joseph-Antoine-Rénié), colonel du 30ᵉ de ligne, baron de l'Empire, 9 décembre 1809.

JOUBERT-BONNAIRE (Joseph-François), député au Corps législatif, chevalier de l'Empire, 28 janvier 1809.

JOUFFROY (Pierre), colonel directeur d'artillerie, baron de l'Empire, 25 mars 1809.

JOURDAN (André-Joseph), préfet du département des Forêts, baron de l'Empire, 11 juin 1810.

JOURDE (Gilbert-Amable), substitut du procureur général impérial près la Cour de cassation, chevalier de l'Empire, mai 1808.

JOURNU-AUBER (Bernard), sénateur, comte de Tustal, mai 1808.

JOUY (Louis-André), major au 46e de ligne, chevalier de l'Empire, 21 novembre 1810.

JOYEUX (Jacques), chef de bataillon au 17e de ligne, chevalier de l'Empire, 4 janvier 1811.

JUBÉ (Auguste), préfet de la Doire, baron de la Pévelle, 14 avril 1810.

JUGE (Claude), chef de bataillon au 42e de ligne, chevalier de l'Empire, 27 septembre 1810.

JULHIEN (Joseph-François-Bénigne), général de brigade, baron de l'Empire, 2 mars 1811.

JULIEN DE MONTOLIEU (Joseph-Paul-Maurice de), capitaine au 8e cuirassiers, chevalier de l'Empire, 11 juillet 1810.

JULIENNE DE BELAIR (Antoine-Charles-Alexandre), colonel en retraite, chevalier de l'Empire, 22 octobre 1810.

JULLIEN (Louis-Joseph-Victor), conseiller d'État, général de brigade, comte de l'Empire, 14 février 1810.

JUNOT (Jean-Andoche), colonel général des hussards, gouverneur de Paris, duc d'Abrantès, 15 janvier 1809.

JURIEN (Charles-Marie), chef de division au ministère de la marine et des colonies, chevalier de l'Empire, 20 juillet 1808.

JUTEAU (Nicolas-Louis), procureur général près la Cour criminelle de la Sarthe, chevalier de l'Empire, 1er avril 1809.

KELLERMANN (François-Christophe), maréchal d'empire, commandant de l'armée de réserve sur le Rhin, gouverneur général de la principauté de Hanau, sénateur, membre du grand conseil de la légion d'honneur, duc de Valmy, mai 1808.

KENNY (Jean-Louis-Bonaventure), maire de Dunkerque, membre du collège électoral du département du Nord, baron de l'Empire avec majorat, 13 juin 1811.

KEPPLER (Maximilien), préfet de la Sarre, chevalier de l'Empire, 16 septembre 1808; baron de l'Empire, 14 février 1810.

KERGARIOU (Joseph-François-René-Marie-Pierre), chambellan, de l'Empereur, membre du collège électoral des Côtes-du-Nord, comte de l'Empire, 14 février 1810.

KERHORRE (Jacques-François-Anne-Michel de), maire et président du collège de Saint-Pol de Léon, membre du collège électoral du Finistère, baron de l'Empire avec majorat, 13 mars 1811.

KESSEL (Jean-Jacques), chef de bataillon aux chasseurs à pied de la garde impériale, chevalier de l'Empire, 2 avril 1812.

KGINOUSKI (Nicolas-Alexandre), du 1er régiment de la Vistule, baron de l'Empire, 3 juin 1811.

KIRGENER DE PLANTA (François-Joseph), général de brigade, inspecteur du génie, baron de Planta, 5 octobre 1808.

KISLER (Georges), général de brigade, gouverneur général du pays de Fulde, baron de l'Empire, 29 juin 1808.

KITZ (Georges-Frédéric), chirurgien-major au 1er régiment de la Vistule, chevalier de l'Empire, 9 octobre 1813.

KLEIN (Louis), général de division, sénateur, comte de l'Empire, mai 1808.

KLISKI (Stanislas), colonel du 1er régiment des lanciers de la Vistule, baron de l'Empire, 20 mars 1812.

KOSIETULSKI (Jean-Léon-Hippolyte), chef d'escadron au régiment des chevau-légers polonais de la garde impériale, baron de l'Empire, 26 avril 1811.

KOSINSKI (Michel), major au 3e régiment de la Vistule, baron de l'Empire, 11 novembre 1813.

KRASINSKI (Vincent-Corvin), chambellan de l'Empereur, colonel commandant les chevau-légers polonais de la garde impériale, comte de l'Empire, 3 juin 1811.

KROKOWSKI (Louis), capitaine dans la légion de la Vistule, chevalier de l'Empire, 3 janvier 1813.

KUHMANN (Jean-Christian), colonel attaché à l'école militaire de Saint-Cyr, baron de l'Empire, 22 novembre 1810.

LAAGE (Henri-Pierre de), adjudant-commandant, baron de Saint-Cyr, 10 septembre 1808.

LABADIE-COULAC (Jean), chef d'escadron en retraite, chevalier de l'Empire avec dotation, 12 novembre 1809.

LA BASSÉE (Frédéric-Jean), chef d'escadron en retraite, chevalier de l'Empire, 20 août 1809.

LA BASSÉE (Mathieu), général de brigade, baron de l'Empire, 20 août 1809.

LABEL (Alexandre-Jean-Maximin), colonel au corps impérial du génie, baron de Lambel, 17 mai 1810.

LABICHE (Pierre-Jean-Joseph de), ancien lieutenant adjudant-major au 2e régiment des voltigeurs de la garde impériale en réforme, chevalier de Lavaut, 14 août 1813.

LA BONINIÈRE DE BEAUMONT (André de), chambellan de l'impératrice Joséphine, baron de l'Empire, 26 avril 1811.

LA BONNINIÈRE DE BEAUMONT (Anne-Claude de), comte de l'Empire avec majorat, 25 novembre 1813.

LABORDE (Louis-Joseph-Alexandre de), maître des requêtes au Conseil d'État, comte de l'Empire, 9 janvier 1810.

LA BOURDONNAYE (Arthur-Charles-Esprit de), officier d'ordonnance de l'Empereur, baron de l'Empire, 19 décembre 1809.

LA BOURDONNAYE (Charles-Esprit-Clair de), maire de Rennes, baron de l'Empire, 30 octobre 1810.

LA BRIFFE (Pierre-Armand de), chambellan de l'Empereur, comte de l'Empire, 6 octobre 1810.

LA BROUSSE DE VEIRAZET (Jean), membre du collège électoral de l'Allier, baron de l'Empire, 5 mai 1812.

LABROUSTE (François-Marie-Alexandre), l'un des administrateurs de la caisse d'amortissement, chevalier de l'Empire, 29 septembre 1809.

LA BRUE DE SAINT-BAUZILLE (Jacques-Louis de), évêque de Gand, baron de l'Empire, 14 août 1813.

LABUSQUETTE (Joseph), capitaine aux fusiliers chasseurs de la garde impériale, chevalier de l'Empire, 5 août 1812.

LACÉPÈDE (Bernard-Germain-Etienne La Ville-sur-Illon de), grand chancelier de la Légion d'honneur, sénateur, membre de l'Institut impérial, comte de Lacépède, 26 avril 1808.

LACGER-CAMPLONG (Honoré-Joseph de), membre du collège électoral du Tarn, baron de l'Empire, 25 février 1813.

LACHADENÈDE (Paul-Joseph-Jean-Baptiste-Charles-Sabbatier), préfet du Cantal, baron de l'Empire, 22 octobre 1810.

LACUAISE (Jacques-François de), général de brigade en retraite, préfet du Pas-de-Calais, chevalier de l'Empire, 28 janvier 1809 ; baron de l'Empire, 31 décembre 1809.

LACHAU (Alexandre-Joseph-Hippolyte de), chef d'escadron attaché à l'état-major général, chevalier de l'Empire avec dotation, 14 février 1810.

LACOSTE (André-Bruno), aide de camp de l'Empereur, colonel du génie, comte de l'Empire, 29 juin 1808.

LACOSTE (Étienne-Clément), colonel du 27e léger, baron de l'Empire, 20 août 1809.

LACOSTE (Jean-Aimé de), membre de la Cour de cassation, chevalier de l'Empire, 10 septembre 1808.

La Coste (Jean-Laurent-Julien de), général de division, baron de l'Empire, 6 septembre 1811.

La Couldre de la Bretonnière (Louis-Bon de), chef militaire des ports de Boulogne et de Dunkerque, chevalier de la Bretonnière, 26 octobre 1808.

La Cour (Jacques-Nicolas), colonel de la 11ᵉ légion de gendarmerie, baron de l'Empire, mai 1808.

Lacroix (François-Joseph-Pamphile), général de brigade commandant une brigade de la 2ᵉ division du 2ᵉ corps de la grande armée, baron de l'Empire, 2 juillet 1808.

Lacroix (Mathieu), général de brigade, baron de l'Empire, 30 août 1811.

Lacroix (Pierre), adjudant-commandant, chef de l'état-major de la 3ᵉ division de cuirassiers, baron de l'Empire, 10 septembre 1808.

La Croix de Saint-Vallier (Jean-Denis-René), sénateur, comte de l'Empire, 26 avril 1808.

Lacuée (Jean-Gérard), ministre d'État, général de division, président à la section de la guerre du Conseil d'État, directeur général des revues, de la conscription militaire, gouverneur de l'Ecole polytechnique, membre de la seconde classe de l'Institut, comte de Cessac, 26 avril 1808.

Ladoucette (Jean-Charles-François), préfet de la Roër, chevalier de l'Empire, mai 1809; baron de l'Empire, 31 décembre 1807.

Ladouepe du Fougerais (Benjamin-François), député au Corps législatif, membre du conseil du ministre des manufactures et du commerce, chevalier de l'Empire, 3 juillet 1813.

La Droitte (Christophe), capitaine au 1ᵉʳ régiment des chevau-légers de la garde impériale, chevalier de l'Empire, 22 mars 1814.

Lafaurie-Monbadon (Laurent), maire de Bordeaux, gouverneur du palais impérial de cette ville, chevalier de l'Empire, 22 novembre 1808; comte de l'Empire, 25 mars 1809; comte de l'Empire avec majorat, 23 octobre 1811.

Laferrière Levesque (Louis de), colonel du 3ᵉ régiment de hussards, baron de l'Empire, 2 juillet 1808.

Laffithe (Jean-Baptiste), chef de bataillon au 3ᵉ de ligne, chevalier de l'Empire, 23 mai 1810.

Laffitte (Justin), colonel du 18ᵉ dragons, baron de l'Empire, 9 mars 1810.

Lafitte (Michel-Pascal), chef de bataillon du 10ᵉ d'infanterie légère, chevalier de l'Empire, 24 février 1809; colonel du 72ᵉ de ligne, baron de l'Empire, 17 mai 1810.

LAFOREST (Antoine-René-Charles-Mathurin), ambassadeur près le roi d'Espagne et des Indes, conseiller d'État, comte de l'Empire avec institution de majorat, 28 janvier 1809.

LAFORGUE DE BELLEGARDE (François-Calixte), membre du collège électoral du département du Gers, baron de l'Empire, 3 janvier 1813.

LAFOSSE (Jacques-Mathurin), colonel du 44e régiment, baron de l'Empire, 24 juin 1808.

LAGARDE (François), maire de Cahors, chevalier de l'Empire, 26 octobre 1808.

LAGARDE (Joseph-Jean), préfet de Seine-et-Marne, baron de l'Empire, 9 janvier 1810.

LAGARDE (Marie-Jacques-Martin), colonel du 21e régiment d'infanterie légère, 26 octobre 1808.

LAGÉ (Jean-Aspaïs), chef d'escadron aide de camp, chevalier de l'Empire, 30 juillet 1810.

LA GRANGE (Joseph-Louis), sénateur, membre de l'Institut, comte de l'Empire, 24 avril 1808.

LAGRANGE (Joseph), général de division inspecteur général de la gendarmerie, comte de l'Empire, 26 avril 1810.

LAGUETTE-MORNAY (Jules-Frédéric-Eugène-Amédée), capitaine d'artillerie en retraite, président de la députation du collège électoral de l'Ain, baron de l'Empire, 5 août 1813.

LA HAMELINAYE (Jacques-Félix-Jean de), général de brigade, chevalier de l'Empire, 15 juillet 1810; baron de l'Empire, 4 janvier 1811.

LA HAYE (la ville de), concession d'armoiries, 19 juin 1813.

LAHUBERDIÈRE (Pierre), colonel du 10e cuirassiers, baron de l'Empire, 26 février 1814.

LAHURE (Louis-Joseph), général de brigade, chevalier de l'Empire, 10 avril 1811 ; commandant le département du Nord, baron de l'Empire, 26 février 1814.

LAITRE (Antoine-Charles-Bernard de), major des chevau-légers polonais de la garde impériale, baron de l'Empire, 29 juin 1808.

LALAING D'AUDENARDE (Charles-Eugène de), colonel de cuirassiers, écuyer de Sa Majesté l'impératrice et Reine, baron de l'Empire, 15 octobre 1809.

LA LEYEN (Erwin-Charles-Damien-Eugène de), comte de l'Empire avec dotation de 100,000 livres, 13 août 1810.

LALLEMAND (Charles-François-Antoine), colonel du 27e régiment de dragons, baron de l'Empire, 29 juin 1808.

LALLEMAND (François-Antoine), maire de Nancy, baron de l'Empire, 19 juin 1813.

LALLEMAND (Henri-Dominique), chef de bataillon de l'artillerie de la garde impériale, baron de l'Empire, 13 août 1810.

LALYRE (Pierre), major au 7ᵉ cuirassiers, chevalier de l'Empire, 2 septembre 1810.

LAMAIRE (Charles-Guillaume), colonel au 17ᵉ de ligne, baron de l'Empire, 22 novembre 1808.

LA MAGDELAINE (Jean-Victor-Alexandre), préfet de l'Orne, chevalier de l'Empire, 2 février 1809 ; baron de l'Empire, 9 janvier 1810.

LAMANDÉ (François-Laurent), inspecteur général des ponts et chaussées, chevalier de Vaubernier, 28 mai 1809.

LAMARQUE (François), juge en la Cour de cassation, chevalier de l'Empire, 27 juillet 1808.

LAMARQUE (Jean-Baptiste-Isidore), colonel du 3ᵉ léger, baron de l'Empire, 25 mars 1810.

LAMARQUE (Jean-Maximilien), général de brigade, baron de l'Empire, 4 juin 1810.

LAMBALLE (la ville de), concession d'armoiries, 3 février 1813.

LAMBERT (Pierre-Augustin-Joseph), préfet d'Indre-et-Loire, baron de l'Empire, 26 avril 1810.

LAMBERT (Urbain), colonel du 23ᵉ chasseurs à cheval, baron de l'Empire, 20 juillet 1808.

LAMBERTYE TORNIEL GERBÉVILLER (Marie-Antoine-Camille-Ernest de), écuyer de l'Empereur, baron de l'Empire, 27 décembre 1811.

LAMBINET (Nicolas), capitaine aux chasseurs à cheval de la garde impériale, chevalier de l'Empire, 27 septembre 1810.

LAMBRECHTS (Charles-Joseph-Mathieu), sénateur, comte de Empire, 1808.

LA MER (Pierre-Charles de), général de division, inspecteur aux revues, député au Corps législatif, chevalier de l'Empire, 13 août 1811.

LAMETH (Alexandre-Théodore-Victor), préfet du Pô, général de brigade en retraite, baron de l'Empire, 14 février 1810.

LAMOLÈRE (Christophe-Pierre-Silvain), chevalier de l'Empire, 23 juillet 1810.

LAMORENDIÈRE (Étienne-François), colonel du 75ᵉ de ligne, baron de l'Empire, 13 avril 1811.

LAMOUR (François-Marie), major au 88e léger, baron de l'Empire, 21 novembre 1810.

LAMY (Armand-François), major au corps impérial du génie, chevalier de l'Empire, 12 février 1812.

LANABÈRE (Pierre), colonel commandant le 1er bataillon de chasseurs à pied de la garde impériale, chevalier de l'Empire, 10 septembre 1808; major des fusiliers de la garde impériale, baron de l'Empire, 4 juin 1810.

LANCHANTIN (Louis-François de), général de brigade, baron de l'Empire, 22 novembre 1811.

LANEFRANQUE (Jean-Baptiste-Pascal), médecin attaché à la maison de l'Empereur, médecin en chef de Bicêtre, chevalier de l'Empire, 16 décembre 1810.

LANES (Jean), capitaine au 4e de ligne, baron de l'Empire, 6 octobre 1810.

LANGERON (Louis-Gaspard), colonel du 2e léger, chevalier de l'Empire, 21 novembre 1810.

LANGLAIS (Guillaume-Pierre), chef de bataillon commandant d'armes de 4e classe, chevalier de l'Empire avec dotation, 19 décembre 1809.

LANGLET (Jean-Louis-Jacques), chef de bataillon en retraite, chevalier de l'Empire, 23 juillet 1810.

LANGLOIS DE SEPTENVILLE (Léon), député au Corps législatif, chevalier de l'Empire, baron de l'Empire, 19 juin 1813.

LANIER (Quentin-Laurent), major au 6e provisoire de réserve, chevalier de l'Empire, 15 juillet 1810.

LANJUINAIS (Jean-Denis), sénateur, comte de l'Empire, 1808.

LANNES (Alfred), comte de l'Empire avec dotation, 9 mars 1810.

LANNES (Ernest), baron de l'Empire avec dotation, 9 mars 1810.

LANNES (Jean), maréchal d'Empire, colonel général des Suisses, chef de la 9e cohorte de la Légion d'honneur, duc de Montebello, 15 juin 1808.

LANNES (Olivier-Gustave), baron de l'Empire avec donation, 9 mars 1810.

LANNOY (Chrétien-Joseph-Ernest-Grégoire de), sénateur, comte de l'Empire, 1808.

LA NOURRY (Amédée-Charles-Louis), chef d'escadron au 16e dragons, chevalier de l'Empire avec dotation, 19 décembre 1809.

LANUSSE (Pierre-Robert), général de brigade, grand maréchal du palais du roi des Deux-Siciles, baron de l'Empire, 26 avril 1810.

LANXADE (Godefroy), procureur général impérial en la Cour de justice criminelle de la Dordogne, chevalier de l'Empire.

LAPEYRE (Jean), lieutenant en premier aux chasseurs à pied de la garde impériale, chevalier de la Papégie, 28 février 1809.

LA PEYRIÈRE (Fabien-Sébastien), chef d'escadron, aide de camp, chevalier de l'Empire, 12 novembre 1821.

LA PLACE (Pierre-Simon), sénateur, membre de l'Institut, comte de l'Empire, 24 avril 1808.

LAPLANCHE (Jean-Baptiste-Antoine), général de brigade, baron de l'Empire, 21 septembre 1808.

LAPLANE (Jean-Grégoire-Barthelemi-Rouge), général de brigade, baron de l'Empire, 13 août 1810.

LA PLESSE (Paul-Alexis-Thomas de), sous-préfet à Vitré, membre du collège électoral d'Ille-et-Vilaine, baron de l'Empire, 6 juin 1181.

LAPOINTE (Joseph-Gabriel), colonel du 101e de ligne, chevalier de l'Empire, 2 mars 1811.

LA POYPE (Jean-François de), général de division, baron de l'Empire, 29 janvier 1812.

LARAMÉE DE PERTINCHAMPS (Claude-Joseph-Yves), ingénieur en chef des ponts et chaussées, baron de l'Empire, 11 juillet 1810.

LARCUÉ (Claude-Michel), 1er président de la Cour d'appel de Dijon, député au Corps législatif, président du collège électoral de l'arrondissement de Dijon, président du 1er canton de ladite ville, chevalier de l'Empire, 21 décembre 1808 ; baron de l'Empire, 9 septembre 1810.

LARCHER-CHAUMONT (François), chef de bataillon au corps impérial du génie, chevalier de l'Empire, 21 décembre 1808.

LARCILLY (Claude), colonel du 13e de ligne, baron de l'Empire, 11 juin 1810.

LA RIVOIRE LA TOURETTE (Marie Just-Antoine), préfet du département de Gênes, chevalier de l'Empire, 22 novembre 1808, baron de l'Empire, 6 janvier 1810.

LAROCHE (François), colonel du 1er carabiniers, baron de l'Empire, 11 juin 1810.

LA ROCHE (Pierre-Victor), colonel du 13e régiment de dragons, baron de l'Empire, 20 juillet 1808.

LAROCHE (Pierre-Victor), major au 28e chasseurs à cheval, chevalier de l'Empire avec majorat, 28 novembre 1809.

LA ROCHE-FONTENILLE (Auguste-Pierre-Fulbert de), chevalier de l'Empire, 13 août 1810.

LA ROCHEFOUCAULD (Alexandre-François de), ambassadeur près du roi de Hollande, comté de l'Empire, 28 janvier 1809.

LA ROCHELLE (la ville de), concession d'armoiries, 16 décembre 1810.

LA ROQUE-DUBUISSON (Jean-Salomon), membre du collège électoral du Tarn, baron de l'Empire, 13 mars 1813.

LARREY (Dominique-Jean), inspecteur général du service militaire de santé, premier chirurgien de la garde impériale, baron de l'Empire, 31 janvier 1810.

LARROUY (Jean-Baptiste), capitaine aux chasseurs à pied de la garde impériale, chevalier de l'Empire, 23 mai 1810.

LARUE (Georges-François de), capitaine de 1re classe du 1er bataillon de pontonniers, chevalier de l'Empire, 16 décembre 1810.

LA SALCETTE (Jean-Jacques-Bernardin-Colaud), général de brigade, baron de l'Empire, 18 mai 1811.

LASALLE (Antoine-Charles-Louis de), général de division, commandant la cavalerie légère, comte de l'Empire, juin 1808.

LASCARIS DE VINTIMIGLIA CASTELLAR (Jean-Augustin-Joseph), membre du collège électoral du département du Pô, comte de l'Empire, 26 avril 1810.

LAS-CASES (Marie-Joseph-Auguste-Emmanuel-Dieudonné), baron de l'Empire avec majorat, 28 janvier 1809 ; chambellan de l'Empereur, maître des requêtes au Conseil d'Etat, comte de l'Empire, 16 décembre 1810.

LASCOURS (Jérôme-Annibal-Joseph-Reinaud Boulogne), député au Corps législatif, chevalier de l'Empire, 15 janvier 1809 ; questeur au Corps législatif, membre du collège électoral du Gard, baron de l'Empire, 17 mai 1810.

LASTEYRIE DU SAILLANT (Jean-Charles-Annet-Victorin de), chambellan de l'Empereur, chef de légion de la garde nationale du Pas-de-Calais, maire de Boubers, membre du collège électoral du Pas-de-Calais, comte de l'Empire, 27 septembre 1810.

LATAYE (Pierre-François), général de brigade, baron de l'Empire, 10 février 1809.

LATIER-BAYANE (Alphonse-Hubert de), cardinal, sénateur, comte de l'Empire, 11 septembre 1813.

LA TOUR (Hiacinte de), archevêque de Turin, sénateur, comte de l'Empire, 20 juillet 1808.

LATOUR (Joseph), général de brigade, baron de l'Empire, 24 janvier 1814.

La Tour d'Auvergne Lauraguais (Hugues-Robert-Jean de), évêque d'Arras, baron de l'Empire, 24 juin 1808.

La Tour du Pin (Frédéric-Séraphin de), préfet de la Dyle, baron de l'Empire, 14 février 1810.

La Tour-Maubourg (Just-Pons-Florimond de Fay), ministre plénipotentiaire à Stuttgard, baron de l'Empire, 16 mai 1813.

La Tour-Maubourg (Marie-Charles- César de Fay de), général de brigade, sénateur, comte de l'Empire, mai 1808.

La Tour-Maubourg (Marie-Victor-Nicolas de Fay), général de division, baron de l'Empire, mai 1808 ; comte de l'Empire, 22 mars, 1814.

La Tour Mauriac (Charles-Louis de), membre du collège électoral de la Haute-Garonne, conseiller à la Cour de Toulouse, baron de l'Empire, 13 mars 1813.

Latrille (Guillaume), général de brigade, baron de Lorencez, 29 juin 1808 ; général de division, comte de l'Empire, 11 septembre 1813.

Lattre (Pascal de), membre du collège électoral de la Somme, chevalier de l'Empire, 3 août 1810.

La Turbie (Jeanne-Victoire Selton, épouse du sieur de), dame de la princesse Pauline, duchesse de Guastalla, baronne de l'Empire, 26 avril 1810.

Lauer (Jean-Baptiste), général de brigade, inspecteur général de la gendarmerie, grand prévôt des armées impériales, comte de l'Empire, 25 mars 1810.

Laugier (Guillaume-Michel-Jérôme-Meiffren), membre du collège électoral de Seine-et-Marne, maire de Chartrettes, baron de l'Empire avec majorat, 13 juin 1811.

Laugier (Ignace), trésorier de la 16e cohorte de la légion d'honneur, président du conseil général du département du Pô, chevalier de l'Empire, 18 juin 1809.

Laumond (Jean-Charles-Joseph), conseiller d'Etat, préfet du département de Seine-et-Oise, chevalier de l'Empire, 29 juin 1808 ; comte de l'Empire, 31 décembre 1809.

Laurain (Frédéric-Alexandre), chef de bataillon au 24e léger, chevalier de Mirellis avec donation, 19 décembre 1809.

Laurède de Lagrace (Jean), lieutenant-colonel des grenadiers à pied de la garde impériale, baron de l'Empire, 13 août 1810.

Laurent (Claude-Ignace), évêque de Metz, baron de l'Empire, 2 mars 1811.

LAUTOUR (Antoine-Michel-Alexandre), adjudant commandant, baron de l'Empire, 22 octobre 1810.

LAURISTON, Voy. LAW.

LAUWEREYNS (Joseph-Bernard), colonel du génie en retraite, chevalier de l'Empire, 2 août 1808.

LAVAL (François-Marie de), colonel du 10e hussards, chevalier de l'Empire, 22 octobre 1810.

LAVAL (Mathias-Camille), baron de l'Empire avec dotation, 3 juin 1811.

LAVAL-MONTMORENCY (Mathieu-Paul-Louis de), général de brigade, gouverneur du Palais de Compiègne, comte de l'Empire, 24 décembre 1808.

LA VALETTE (Marie-Chamans), conseiller d'Etat, directeur général des postes, chevalier de l'Empire, mai 1808 ; comte de l'Empire, 27 novembre 1808.

LAVENANT (Louis-Ambroise), lieutenant-colonel de cavalerie, chevalier de Fonherb, 28 janvier 1809 ; colonel en retraite, baron de l'Empire avec majorat, 6 octobre 1810.

LA VILLE DE VILLA STELLONE (César de), colonel, écuyer de S. M. la reine de Hollande, aide de camp du maréchal duc d'Istrie, baron de l'Empire, 9 mars 1810.

LA VILLE DE VILLA STELLONE (Hercule-Ferdinand de), chambellan de Madame Mère, chevalier de l'Empire, mai 1808 ; sénateur, comte de l'Empire, 9 mars 1810.

LAVOLLÉE (Jean-Olivier), secrétaire des commandements du prince archichancelier de l'Empire, chevalier de l'Empire, 11 septembre 1813.

LAVOY (Joseph), major au 4e d'artillerie à pied, chevalier de l'Empire, 15 juillet 1810.

LAW DE LAURISTON (Jacques-Alexandre-Bernard), aide de camp de l'Empereur, général de division, gouverneur de Venise, comte de l'Empire, 29 juin 1808.

LAZOWSKI (Joseph-Félix), général de division au corps impérial du génie, baron de l'Empire, 14 avril 1810.

LE BAILLY DE TILLEGHEM (Renou-Jean-Désiré), membre de la députation du collège électoral du département de la Lys, baron de l'Empire, 1er janvier 1813.

LE BAS DE COURMONT (Marie-Louis-Armand), sous-lieutenant au 7e hussards, chevalier de Courmont, 11 juillet 1810.

LEBEL (Jean-Baptiste), chef d'escadron sous-directeur d'artillerie, baron de l'Empire, 2 novembre 1810.

LEBERTON (Jacques-Denis-Louis), adjudant-commandant, chevalier de l'Empire, 16 décembre 1810.

LE BESQUE (Jean-Marie), capitaine des vaisseaux de la marine impériale, chevalier de Lomarière, 14 août 1813.

LE BLANC (Jean-Claude), évêque de Soissons, baron de l'Empire, 22 novembre 1808.

LEBLOIS (Michel-Joseph), procureur général près la cour de justice criminelle des Deux-Sèvres, chevalier de l'Empire, 14 février 1810.

LE BLOND DE SAINT-HILAIRE (Alcide), page de l'Empereur, comte de l'Empire avec majorat, 14 avril 1810.

LEBLOND DE SAINT-HILAIRE (Louis-Vincent-Joseph), général de division, comte de Saint-Hilaire, 27 novembre 1808.

LEBŒUF (Nicolas Joseph), président de la cour de justice criminelle du Loiret, chevalier des Auvergnes, 20 août 1809.

LE BOURSIER (Jean-Baptiste-Jacques-Alexandre), capitaine aux chasseurs à pied de la garde impériale, chevalier de l'Empire, 23 mai 1810.

LE BOYS DES GUAYS (Jacques-François), procureur général près la cour criminelle du département de l'Yonne, chevalier de l'Empire, 18 juin 1809.

LEBRUN (Alexandre-Louis-Jules), chef d'escadron, aide de camp du prince, vice-connétable, baron de l'Empire, 3 mai 1810.

LE BRUN (Charles-François, prince), architrésorier de l'Empire, duc de Plaisance, 24 avril 1808.

LEBRUN (Louis), chef d'escadron au 9e dragons, chevalier de l'Empire avec donation, 31 janvier 1810.

LEBRUN DE CHATEAUVIEUX (Jean-Pierre), capitaine adjoint à l'état-major général, chevalier de l'Empire, 6 octobre 1810.

LEBRUN DE LA HOUSSAIE (Amand), général de division, baron de la Houssaie, 22 novembre 1808.

LE BRUN DE ROCHEMONT (Jean-Baptiste), sénateur, comte de l'Empire, 26 avril 1808.

LE CAMUS (Jean), général de brigade, aide-major général de la grande armée, baron de Moulignon, 2 juillet 1808.

LE CAMUS (Jean-Denis-François), évêque d'Aix-la-Chapelle, baron de l'Empire, 16 décembre 1810.

LE CAMUS DE FURSTENSTEIN (Pierre-Alexandre), ministre secrétaire d'État et des relations extérieures de Westphalie, comte de l'Empire, 17 avril 1812.

LECAT-BAZANCOURT (Jean-Baptiste-Joseph-Antoine), général de brigade, baron de l'Empire, 10 février 1809.

LECCHI (Théodore), général de brigade, colonel du régiment d'infanterie de ligne de la garde italienne de l'Empereur, baron de l'Empire, 14 avril 1810.

LECLERC (Jean-Louis), préfet de la Meuse, comte de l'Empire, 31 décembre 1809.

LECLERC (Michel-Auguste), capitaine de cavalerie, aide de camp, chevalier de l'Empire, 16 mai 1810.

LECLERC (Nicolas-Marin), adjudant-commandant, baron de l'Empire, 27 septembre 1808.

LE CLERC DE JUIGNÉ (Antoine-Éléonor-Léon), ancien archevêque de Paris, membre du chapitre impérial de Saint-Denis, comte de l'Empire, 7 juin 1808.

LECLER DES ESSARTS (Nicolas-Marin), général de brigade, comte de l'Empire, 9 décembre 1809.

LECLÈRE (Charles), membre du collège électoral du département de la Corrèze, chevalier de l'Empire, 3 juillet 1813.

LE CORDIER (Frédéric-Pierre), maire du 1er arrondissement de Paris, chevalier de l'Empire, 19 janvier 1811.

LE CORDIER (Jean), capitaine au 2e cuirassiers, chevalier de l'Empire, 11 septembre 1813.

LE COUTEULX (Jacques-Félix), auditeur au Conseil d'État, préfet de la Côte-d'Or, baron de l'Empire, 11 juin 1810.

LE COUTEULX CANTELEU (Jean-Barthélemy), sénateur, comte de Fresnelles, 26 avril 1808.

LE COZ (Claude), Archevêque de Besançon, comte de l'Empire, 1er avril 1809.

LÉCUREL (Alexandre-Étienne-René), chef de bataillon au 36e de ligne, chevalier de l'Empire avec dotation, 9 mars 1810.

LÉDARD (François), colonel du 6e chasseurs à cheval, baron de l'Empire, 19 septembre 1810.

LE DÉAN (François-Jérôme), membre du collège électoral du Finistère, baron de l'Empire avec majorat, 11 juin 1810.

LEDRU DES ESSARTS (François-Roch), général de brigade, baron de l'Empire, 24 février 1809.

LEDUC (Prosper), pensionnaire de l'Empereur au lycée de Metz, chevalier de l'Empire, 8 mai 1812.

LEDUC DE LILLERS (Claude-Louis-Michel), chambellan de l'Empereur, comte de Lillers, 14 février 1810.

LEFÈBVRE (François-Joseph), maréchal de l'Empire, sénateur,

préteur du Sénat, chef de la 5ᵉ cohorte de la Légion d'honneur, duc de Dantzig, 10 septembre 1808.

LEFEBVRE (Jean-Baptiste-Damas), chef d'escadron au 9ᵉ dragons, chevalier de l'Empire avec dotation, 12 novembre 1809.

LEFÈBVRE (Laurent-Étienne-Henri), administrateur des hospices civils et militaires de Blois, receveur général du département du Loir-et-Cher, chevalier de l'Empire, 19 juin 1813.

LEFEBVRE (Simon), général de brigade, baron de l'Empire, 23 octobre 1811.

LEFEBVRE-DESNOETTES (Charles), général de brigade, comte de l'Empire, 10 septembre 1808.

LEFÈVRE-GINEAU (Louis), député au Corps législatif, inspecteur général des études, professeur et directeur du collège impérial de France, membre de l'Institut, chevalier de l'Empire, 2 juillet 1808.

LE FOL (Étienne-Nicolas), adjudant-commandant, baron de l'Empire, 22 novembre 1808.

LE FORESTIER DE VANDEUVRE (Jacques-Alexandre), président du collège électoral du département du Calvados pendant la session de 1811, comte de l'Empire, 30 août 1811.

LEFORT (Jacques), président de la Cour de justice criminelle du Léman, député au Corps législatif, chevalier de l'Empire, 21 décembre 1808.

LEFRANC (Louis), major en retraite, chevalier de l'Empire, 2 avril 1812.

LEGENDRE (Adrien-Marie), membre de l'Institut, conseiller titulaire de l'Université impériale, chevalier de l'Empire, 25 juillet 1811.

LEGENDRE (François-Marie-Guillaume), général de brigade, baron de l'Empire, 27 novembre 1808.

LEGENDRE DE LUÇAY (Jean-Baptiste-Charles), premier préfet du Palais, comte de l'Empire, 14 février 1810.

LÉGLISE (Bernard), chef de bataillon au 27ᵉ léger, chevalier de l'Empire avec dotation, 19 décembre 1809.

LÉGLISE (Pierre), capitaine aux grenadiers à pied de la garde impériale, chevalier de l'Empire, 22 novembre 1811.

LEGOUX (Bernard), procureur général près la Cour de justice criminelle de la Seine, chevalier de l'Empire, 5 octobre 1808; baron de l'Empire, 12 avril 1813.

LEGRAND (Antoine-Thadée-Louis), colonel directeur du génie, chevalier de l'Empire, 29 septembre 1809.

LEGRAND (Claude-Just-Alexandre), général de division, comte de l'Empire, 2 juillet 1808.

Le Grand (Etienne), général de brigade, gouverneur de la ville et province de Bayreuth, baron de Marcey, 15 juin 1808.

Le Grand (Jean-Baptiste-Henri), colonel en retraite, baron de l'Empire, 19 juin 1813.

Legrand de Laleu (Louis-Auguste), président de la cour de justice criminelle de l'Aisne, chevalier de l'Empire, 25 mars 1809.

Le Gras (Philippe), avocat au Conseil d'État, chevalier de l'Empire, mai 1808.

Legros (Charles-André), chef de bataillon au 27ᵉ de ligne, chevalier de l'Empire, 6 octobre 1810.

Legros (Nicolas-Roland-Antoine), major attaché à l'état-major général, chevalier de l'Empire, 15 juillet 1810.

Leguay (François-Joseph), général de brigade, baron de l'Empire, 26 avril 1810.

Leguay (Nicolas-Elisabeth), chef d'escadron en retraite, chevalier de l'Empire, 29 août 1810.

Léguillon-Kérineuf (Jean-Joseph), président de la Cour de justice criminelle du Finistère, chevalier de l'Empire, 24 janvier 1809.

Lehaut (Jean-Baptiste), chef de bataillon au 3ᵉ d'artillerie, chevalier de l'Empire, 2 septembre 1810.

Leisten-Schneider (Sébastien), chef d'escadron, aide de camp attaché à l'état-major de la garde impériale, chevalier de l'Empire, 28 mai 1809.

Lejéas (François-Antoine), prêtre, vicaire général et officier métropolitain du diocèse de Paris, chevalier de l'Empire, mai 1808; évêque de Liège, baron de l'Empire, 3 mai 1809.

Lejéas (Martin), sénateur, comte de l'Empire, 24 avril 1808.

Lejeune (Louis-François), colonel au corps impérial du génie, aide de camp du prince vice-connétable, baron de l'Empire, 6 octobre 1810.

Le Lièvre de la Grange (Adélaïde-Blaise-François), général de division, baron de l'Empire, 13 février 1811; comte de l'Empire avec majorat, 19 juin 1813.

Le Lièvre de la Grange (Amand-Charles-Louis), écuyer de l'Empereur, adjudant commandant, aide de camp du vice-connétable, comte de l'Empire, 26 avril 1810.

Le Maire-Darion (Antoine), député au Corps législatif, chevalier de l'Empire, 2 juillet 1808; conseiller à la Cour impériale d'Amiens, baron de l'Empire avec majorat, 26 avril 1811.

Le Marchant de Gomicourt (Antoine-Joseph), député au Corps

législatif, maire d'Albert et membre du collège électoral et du Conseil général de la Somme, chevalier de l'Empire, 21 février 1814.

LEMAROIS (Jean-Léonor-François), aide de camp de l'Empereur, général de division, gouverneur général des provinces d'Ancône-Urbin et député au Corps législatif, comte de l'Empire, 15 juin 1808.

LE MAROIS (René-Marie), capitaine aux grenadiers à pied de la garde impériale, chevalier de l'Empire, 16 décembre 1810.

LE MASSON DU CHÉNOY (Martin-François), colonel directeur d'artillerie, baron de l'Empire, 28 janvier 1809.

LE MAYEUR DE SIMENCOURT (Charles-Jean-Baptiste), membre du collège électoral du département du Nord, baron de l'Empire, 25 février 1813.

LE MENUET DE LA JUGANNIÈRE (Pierre), président de la Cour d'appel de Caen, baron de l'Empire, 6 octobre 1810.

LEMERCIER (Jacques), chef de bataillon, chevalier de l'Empire, 2 septembre 1810.

LEMERCIER (Jean-Baptiste-Nicolas), V. ROLLET (Louis-Simon).

LE MERCIER (Louis-Nicolas), sénateur, comte de l'Empire, 26 avril 1808; érection de majorat, 28 mai 1809.

LEMERLE DE BEAUFOND (Jean-Charles-Victoire), lieutenant aide de camp, chevalier de l'Empire, 11 juin 1810.

LEMIÈRE (Jean-Frédéric-Auguste), chef de bataillon au 46e d'infanterie, chevalier de l'Empire avec dotation, 12 novembre 1809,

LEMPÉRIÈRE (Alexandre), chef d'escadron au 4e hussards, chevalier de l'Empire avec dotation, 19 décembre 1809.

LEMOINE (Hilaire), colonel au 14e chasseurs à cheval, chevalier de l'Empire, 19 septembre 1810.

LEMONNIER (Jean-Baptiste), commissaire des guerres, chevalier de l'Empire, 28 octobre 1808.

LENDY (Jérôme-Louis), colonel commandant le département de la Somme, chevalier de l'Empire, 11 décembre 1813.

LENOIR (Auguste-Nicolas), chef de bataillon au 4e tirailleurs de la garde impériale, chevalier de l'Empire, 22 novembre 1811.

LENOIR (Louis-Augustin), chef d'escadron de gendarmerie, chevalier de l'Empire, 14 février 1810.

LENOIR-LAROCHE (Jean-Jacques), sénateur, comte de l'Empire, 7 juin 1808.

LENORMANT-FLAGHAC (Jean-Jacques), président du canton de Saint-Amant-Tallende, baron de l'Empire avec majorat, 2 mai 1811.

LÉOPOLD (Charles-Philippe), chef d'escadron au 17e dragons, chevalier de l'Empire, 29 août 1810.

Le Paige-Dorsenne (Edme-Charles-Louis), chef de bataillon au 2e régiment des tirailleurs de la garde impériale, baron de l'Empire, 3 juin 1811.

Le Painturier de Guillerville (Alexandre-Dominique), président du canton de Bolbec, membre du collège électoral de la Seine-Inférieure, baron de l'Empire, avec majorat, 30 octobre 1810.

Le Peletier d'Aunay (Louis-Honoré-Félix), auditeur au Conseil d'Etat, préfet du Tarn-et-Garonne, baron de l'Empire, 9 janvier 1810.

Le Peletier d'Aunay (Charles-Louis-David), membre du collège électoral de la Nièvre, comte de l'Empire avec majorat, 4 juin 1810.

Lepic (Joachim-Hippolyte), major au 13e chasseurs à cheval, chevalier de l'Empire, 15 juillet 1810.

Lepic (Joseph-Louis), major-colonel des grenadiers à cheval de la garde impériale, général de brigade, baron de l'Empire, 3 mai 1809.

Lepin (Pierre-Henri), colonel directeur d'artillerie, baron de l'Empire, 5 août 1809.

Lépine (Marie-Philippe-Ferdinand-Joseph de), membre du collège électoral du département du Nord, capitaine des gardes nationales du département, chevalier de l'Empire, 13 mars 1813.

Lépineau (Charles-Étienne), chef d'escadron de la gendarmerie d'élite, chevalier de l'Empire, 19 septembre 1810.

Lequeux (Louis-Joseph), propriétaire, chevalier de Proyate, 20 février 1812.

Lérivint (Charles-Jacques), chef d'escadron des dragons de la garde impériale, chevalier de l'Empire, 2 novembre 1810.

Leroy (Jean-Baptiste), lieutenant de vaisseau, commandant l'une des escouades des marins de la garde impériale, chevalier de l'Empire, 4 janvier 1811.

Leroy (Marie-Joseph-Jérôme-Laurent), chef de bataillon adjoint à l'état-major général, chevalier de l'Empire, 16 décembre 1810.

Leroy de Boiseaumarié (Pierre-Thomas), capitaine d'infanterie, membre du Corps législatif, chevalier de l'Empire, 10 septembre 1808.

Leroy de Livet (Jean-Louis), membre du collège électoral de l'Eure, baron de l'Empire avec majorat, 18 mai 1811.

Léry (François-Joseph de), général de division, inspecteur général du génie, baron de l'Empire, 4 janvier 1811.

Lesaché (Jean-Pierre), chef de bataillon au 41e de ligne, chevalier de l'Empire, 15 juillet 1810.

LESACHÉ (Pierre), chevalier de l'Empire, 23 octobre 1811.

LESCALLIER (Daniel), préfet du 2e arrondissement maritime, baron de l'Empire, 14 avril 1810.

LESCAUDEY-MANNEVAL (Casimir-Honoré-Louis), major au 105e de ligne, chevalier de Manneval, 11 juillet 1810.

LESCOUVÉ (Louis-Alexandre-Augustin), chef de bataillon en retraite, chevalier de l'Empire, 29 septembre 1809.

LE SECQ (Jacques-François-Louis), chef de bataillon au corps impérial du génie, chevalier de l'Empire, 13 août 1810.

LE SÉNÉCAL (Georges-Hippolyte), général de brigade baron de l'Empire, 3 février 1813.

LE SENS DE FOLLEVILLE (Robert-Armand), baron de l'Empire, 13 mars 1811.

LE SERGEANT DE MONNECOVE (Antoine-Alexis-Joseph), membre du collège électoral du Pas-de-Calais, baron de l'Empire avec majorat, 19 juin 1813.

LESPARDA (Jean), membre du Conseil général de Seine-et-Marne et président du canton de Montereau, baron de l'Empire avec majorat, 16 décembre 1810.

LESPÉRUT (François-Victor-Jean), gouverneur de la principauté de Neuchâtel, baron de l'Empire avec majorat, 25 mai 1811.

LESPINASSE (Augustin de), général de division, sénateur, comte de l'Empire, mai 1808.

LESPINASSE (Silvestre), major au 1er dragons, chevalier de l'Empire avec majorat, 12 novembre 1809.

LESPINAY (Alexis-Louis-Marie de), député au Corps législatif, chevalier de l'Empire, 21 février 1814.

LESPINAY (Armand de), officier d'ordonnance de l'Empereur, baron de l'Empire, 31 janvier 1810.

LESPINAY (Armand de), baron de l'Empire, 26 février 1814.

LESTRE (Jacques de), chef de bataillon, attaché à l'état-major, commandant le département de la Vienne, chevalier de l'Empire, 11 novembre 1813.

LESUEUR (Étienne), procureur général près la cour criminelle de la Mayenne, chevalier de l'Empire, 20 août 1809.

LE SUIRE (Joseph-Fidèle), général de brigade, baron de Bizi, 12 novembre 1811.

LE TELLIER (Jacques-François-Joseph), adjoint au maire de Bordeaux, chevalier de l'Empire, 9 mars 1810.

LE TONNELIER DE BRETEUIL (Achille-Charles-Stanislas-Emile),

auditeur au Conseil d'État, baron de l'Empire avec majorat, 9 mars 1810.

LE TORT (Louis-Michel), colonel major des dragons de la garde impériale, baron de l'Empire, 9 septembre 1810.

LEVAILLANT (Adrien-Louis-Mathieu), capitaine d'artillerie de la garde impériale, chevalier de Bovent, 22 novembre 1808.

LEVAL (Jean-François), général de division, baron de l'Empire, 1er mai 1808.

LE VASSEUR (Victor), général de brigade, baron de l'Empire, 28 mai 1809.

LEVASSEUR (Benjamin-Pierre-Claude), colonel directeur d'artillerie, baron de l'Empire, 14 avril 1810.

LEVAVASSEUR (Charles-Amable), major au 65e de ligne, chevalier de l'Empire, 16 décembre 1810.

LE VENEUR (Alexis-Paul-Michel-Tannegui), général de division en retraite, membre du Corps législatif, comte de l'Empire avec majorat, 4 juin 1810.

LÉVÊQUE (Pierre), membre de l'Institut de France, examinateur de la marine et des aspirants à l'École polytechnique, chevalier de Saint-Cyr, 3 mai 1809.

LEVESQUE (Pierre-Charles), membre de l'Institut, professeur au collège de France, chevalier de l'Empire, 21 décembre 1808.

LEVICONTE DE BLANGY (Augustin-Pierre-Henri), membre du collège électoral de la Manche, baron de l'Empire, 30 août 1811.

LEYDE (la ville de), concession d'armoiries, 28 octobre 1813.

LEZURIER (Louis-Geneviève), trésorier de la 14e cohorte de la légion d'honneur, chevalier de la Martel, 10 septembre 1808 ; baron de l'Empire, 14 avril 1810.

LHERITIER (Samuel-François), colonel du 10e régiment de cuirassiers, baron de l'Empire, mai 1808.

LHERMITTE (Jean-Marthe-Adrien), contre-amiral, baron de l'Empire, 6 octobre 1810.

LHUILLIER (François), général de brigade, baron de l'Empire, 26 octobre 1808.

LHUILLIER DE LA SERRE (Jean-Baptiste), major du 12e chasseurs à cheval, chevalier de l'Empire, 9 septembre 1810.

LIBOREL (Guillaume-François-Joseph), membre de la Cour de cassation, chevalier de l'Empire, 26 avril 1808.

LIÉBERT (Jean-Jacques), général de division, baron de Nitray, 2 mai 1808.

LIÈGE (le maire de), chevalier de l'Empire, 6 juin 1810.

Liégeard (François de), général de brigade, membre du collège électoral des Bouches-du-Rhône, chevalier de l'Empire, 3 juin 1811.

Liégeard (Jean-Baptiste), major au 7e hussards, chevalier de l'Empire, 3 août 1810.

Lierre (la ville de), département des Deux-Nèthes, concessions d'armoiries, 16 décembre 1810.

Lieude de Sepmanville (François-Cyprien-Antoine), membre du conseil général de l'Eure, président du canton à Evreux, baron de l'Empire, 26 avril 1810.

Liger-Bélair (Louis), général de brigade, baron de l'Empire, 10 février 1809.

Liger de Verdigny (Pierre-Paul-Marie), membre de la Cour de cassation, chevalier de l'Empire, 20 juillet 1808.

Lignim (Henri-Antoine-Bon de), chef de bataillon d'artillerie, chevalier de l'Empire, 30 octobre 1810.

Ligniville (Pierre-Joseph), lieutenant-colonel de cavalerie, aide de camp du prince d'Essling, chevalier de l'Empire, 11 juin 1810.

Ligniville (René-Charles-Élisabeth de), général de division en retraite, baron de l'Empire, 28 janvier 1809.

Lille (la ville de), concession d'armoiries, 6 juin 1811.

Linas (André), capitaine de la gendarmerie impériale, chevalier de l'Empire, 20 août 1809.

Lion (César), lieutenant aux grenadiers à pied de la garde impériale, chevalier de l'Empire, 30 juillet 1810.

Lion (Dieudonné), major des chasseurs à cheval de la garde impériale, baron de l'Empire, 9 janvier 1810.

Lipowski (Albert), capitaine de 1re classe au 1er régiment de la Vistule, chevalier de l'Empire, 3 janvier 1813.

Lisle (Jean-Baptiste-Charles de), major au 2e cuirassiers, chevalier de l'Empire, 9 septembre 1810.

Littardi (Nicolas), député au corps législatif, chevalier de l'Empire, 3 janvier 1813.

Livourne (la ville de), concessions d'armoiries, 13 juin 1811.

Lodin du Mauvoir (Joseph-Antoine), capitaine au 2e cuirassiers. chevalier de l'Empire, 2 octobre 1813.

Loe (Edmond de), sénateur, comte d'Imstenroed, mai 1808.

Loison (Louis-Henri), général de division, gouverneur des palais impériaux de Saint-Cloud et de Meudon, comte de l'Empire, 14 avril 1810.

Lombard-Quincieux (Jean), juge en la Cour de cassation, chevalier de l'Empire, 10 septembre 1808.

LOMELLINI DE TABARCA (Marc), chambellan de l'Empereur, membre du conseil général de Gênes, comte de l'Empire, 30 juillet 1810.

LOMET (Antoine-François), adjudant-commandant, baron des Foucauts, 3 mai 1809.

LONCHAMP (Louis), colonel-major des grenadiers à pied de la garde impériale, chevalier de l'Empire, 20 août 1808 ; baron de l'Empire, 27 décembre 1811.

LONGO (Antonin de), évêque de Spoleto, ancien archiprêtre de la cathédrale de Florence et vicaire-aumônier de la grande duchesse de Toscane, baron de l'Empire, 14 août 1813.

LONS-LE-SAULNIER (la ville de), concession d'armoiries, 23 avril 1812.

LORCET (Jean-Baptiste de), général de brigade, baron de l'Empire, 1ᵉʳ janvier 1813.

LORENCEZ. Voir LATRILLE.

LORGE (Jean-Thomas-Guillaume), général de division, baron de l'Empire, 13 février 1811.

LORIN (Louis), docteur en médecine, chevalier de l'Empire, 11 septembre 1813.

LORINÉ (Jean-Chrisostôme), chef de bataillon aide de camp, chevalier de l'Empire, 2 avril 1812.

LORT (Marie-Joseph-Raymond de), adjudant-commandant, baron de l'Empire, 14 février 1810.

LOSTANGES-BEDUER (Bernard-Charles-Louis-Victor de), l'un des chambellans de l'empereur, officier d'état-major, baron de l'Empire avec majorat, 28 mai 1809 ; comte de l'Empire, 9 septembre 1810.

LOTHE (Michel), chef d'escadron au 25ᵉ dragons, chevalier de l'Empire avec dotation, 9 décembre 1809.

LOUDUN (la ville de), concession d'armoiries, 19 janvier 1811.

LOUIS (Joseph-Dominique), maître des requêtes, administrateur près le ministre du Trésor public, baron de l'Empire, 9 décembre 1809.

LOUIS DE VILLIERS (Claude-Germain), général de brigade, baron de l'Empire, 12 novembre 1811.

LOUVAIN (la ville de), concession d'armoiries, 25 février 1813.

LOUVERVAL (Maximilien-Guislain de), chef de cohorte de la garde nationale du Pas-de-Calais, membre du collège électoral de ce département, maire de Villers-aux-Flos, baron de l'Empire avec majorat, 9 mars 1810.

LOUVET (Pierre-Florent), député au Corps législatif, chevalier de l'Empire, 6 octobre 1810.

Louvois (Auguste-Michel-Félicité Le Tellier de Souvré de), chambellan de l'Empereur, comte de l'Empire, 10 avril 1811.

Louvot (Joseph), premier président de la Cour impériale de Besançon, baron de l'Empire, 19 juin 1813.

Lovera de Maria (Philippe-Louis-Edmond-Sébastien), membre du collège électoral de la Stura, maire de Coni, baron de l'Empire avec majorat, 11 juin 1810.

Loverdo (Nicolas), adjudant-commandant, chevalier de l'Empire, 23 février 1811.

Loyarbre (Charles-Augustin), capitaine de 1re classe au corps du génie, chevalier de Chénòve, 26 avril 1810.

Loyard (Menou), chef de bataillon au 96e de ligne, chevalier de l'Empire, 11 juillet 1810.

Loysel (Pierre), membre du collège électoral du département de la Manche, correspondant de l'Institut, chevalier de l'Empire, 26 mai 1808.

Lubeck (la ville de), concession d'armoiries, 13 juin 1811.

Lubersac (Jean-Baptiste-Joseph de), ancien évêque de Chartres, membre du chapitre impérial de Saint-Denis, baron de l'Empire, 1er juin 1808.

Lubienski (Thomas de), chef d'escadron aux chevau-légers de la garde impériale, baron de l'Empire, 13 février 1811.

Luchaire (Sébastien), colonel au 7e léger, chevalier de l'Empire, 4 janvier 1811.

Lucy (Adrien-Jean-Alexandre), conseiller à la Cour impériale de Paris, chevalier de l'Empire, 20 juin 1811.

Ludot (Denis-Éloi), colonel en second du 8e dragons, commandant provisoire du 2e, chevalier de l'Empire, 11 juin 1810.

Lugnez (Claude), major au 22e chasseurs à cheval, chevalier de l'Empire, 6 octobre 1810.

Luneau (Eurixème-Joseph), major au 75e de ligne, chevalier de l'Empire, 2 août 1811.

Lustrac (Clément de), membre du collège électoral du département des Landes, baron de l'Empire avec majorat, 17 mars 1811.

Lynch (Jean-Baptiste), maire de Bordeaux, membre du conseil général de la Gironde, comte de l'Empire, 22 octobre 1810.

Lyon (la ville de), concession d'armoiries, 19 janvier 1810.

Mabru (Claude), capitaine d'artillerie de la garde impériale, chevalier de l'Empire, 5 octobre 1808.

Macdonald (Jacques-Etienne-Alexandre), maréchal d'Empire, duc de Tarente, 9 décembre 1809.

MADIÈRES (Pierre-Prosper de), maire de Rouen, baron de l'Empire, 16 décembre 1810.

MAGALLON-LAMORLIÈRE (François-Louis), général de division, chevalier de l'Empire, 14 février 1810.

MAGGIALI (Vincent-Augustin), évêque de Favone, baron de l'Empire, 12 février 1812.

MAGLIONE (Augustin), chevalier de l'Empire, 15 juillet 1810.

MAGNE (Joseph), major au 111e de ligne, chevalier de l'Empire, 13 février 1811.

MAILLARD (Pierre-Nicolas), chef de bataillon aux chasseurs à pied de la garde impériale, chevalier de l'Empire, 12 novembre 1811.

MAILLET-MARIN (Marin-Michel), fourrier au 3e de ligne, chevalier de l'Empire, 21 février 1814.

MAIRE (Claude-Augustin), colonel du 33e de ligne, baron de l'Empire, 14 août 1813.

MAISON (Nicolas-Joseph), général de brigade, baron de l'Empire, 2 juillet 1808; comte de l'Empire, 14 août 1813.

MALARTIE (Amable-Pierre-Hippolyte-Joseph de Maures de), maire de Totes, département de la Seine-Inférieure, membre du conseil général de ce département et chef de cohorte de la garde nationale, baron de l'Empire avec majorat, 14 août 1813.

MALARTIE (Pierre), adjudant major au 24e régiment de chasseurs à cheval, chevalier de l'Empire, 12 février 1812.

MALET (Jean), membre du collège électoral de la Dordogne, baron de l'Empire, avec majorat, 29 septembre 1809.

MALEVILLE (Jacques de), sénateur, comte de l'Empire, 26 avril 1808; majorat avec titre de baron, 31 janvier 1810.

MALINES (la ville de), concession d'armoiries, 16 décembre 1810.

MALLARMÉ (Claude-Joseph), préfet du département de la Vienne, chevalier de l'Empire, 22 novembre 1808; préfet de la Meurthe, baron de l'Empire, 31 janvier 1810.

MALLES (Louis), capitaine de vaisseau en retraite, chevalier de l'Empire, 26 avril 1810.

MALLET (Guillaume), régent de la Banque de France, baron de l'Empire, 9 septembre 1810; baron de l'Empire avec majorat, 25 mars 1813.

MALLET (Jean-Antoine-Laurent), chef de bataillon aux tirailleurs de la garde impériale, baron de l'Empire, 11 juin 1810.

MALOUET (Louis-Antoine-Victor), préfet de l'Aisne, baron de l'Empire, 18 mai 1811.

MALOUET (Pierre-Victor), maître des requêtes au conseil d'État, préfet maritime à Anvers, baron de l'Empire, 31 janvier 1810.

MALUS (François), inspecteur aux revues, chevalier de l'Empire, 16 septembre 1808; baron de l'Empire, 25 mars 1813.

MALVAL (Louis), major au 85° de ligne, chevalier de l'Empire, 6 octobre 1810.

MANGIN-DOUENCE (Jean-Baptiste), colonel, directeur d'artillerie, baron de l'Empire, 29 septembre 1809.

MANHÈS (Antoine), chef d'escadron aide de camp du roi des Deux-Siciles, chevalier de l'Empire, 9 septembre 1810.

MANIGAULT GAULOIS (Jules), baron de l'Empire, avec dotation, 14 août 1813.

MANNAY (Charles), évêque de Trêves, baron de l'Empire, 22 novembre 1808.

MAPPES (Jean-Henri-Louis), membre du collège électoral du département du Mont-Tonnerre, président de la chambre de commerce de Mayence, baron de l'Empire, 3 janvier 1813.

MARAN (Pierre), major au 15° léger, chevalier de l'Empire, 27 décembre 1811.

MAVANSIN (Jean-Pierre), général de brigade, baron de l'Empire, 23 juin 1810.

MARBEUF (Catherine Falinguerra Antoinette de Gayardon de Fénoye, veuve de Charles-Réné de), baronne de l'Empire avec dotation, 19 juin 1813.

MARBEUF (François), chef de bataillon en retraite, chevalier de l'Empire, 11 juillet 1810.

MARBEUF (Laurent-François-Marie de), capitaine, officier d'ordonnance de l'Empereur, baron de l'Empire, 9 décembre 1809.

MARBOT (Marcelin), chef d'escadron aide de camp, chevalier de l'Empire, 12 novembre 1811.

MARBOTIN DE CONTENEUIL (Jean-François-Laurent-Amédée), membre du collège électoral et du conseil général de la Gironde, baron de l'Empire, avec majorat, 16 décembre 1810.

MARCHAND (Jean-Gabriel), général de division, commandant le 6° corps de la grande armée, comte de l'Empire, 26 octobre 1808.

MARCHAND-PLAUZONNE (Louis-Auguste), général de brigade au corps de l'artillerie, baron de l'Empire, 14 avril 1810.

MARCHANT (Nicolas-Damas), maire de Metz, baron de l'Empire, 6 octobre 1810.

MARCHANT DE BANAUD (Charles-Philippe-Joseph), lieutenant au 3° cuirassiers, chevalier de l'Empire, 18 mars 1809.

MARCONI (Louis), membre du collège électoral et du conseil général du département de Rome, président de la députation dudit collège, adjoint à la mairie de Rome, comte de l'Empire, 3 février 1813.

MARCORELLE (Jean-François-Joseph de), député au Corps législatif, chevalier de l'Empire, mai 1808; baron de l'Empire, 30 août 1811.

MARCOUX (Nicolas), chef de bataillon en retraite, chevalier de l'Empire, 19 janvier 1811.

MARÉCHAL (André), major au 102e de ligne, chevalier de l'Empire, avec dotation, 19 décembre 1809.

MARENTINI (Pierre-Bernardin), évêque de Plaisance, baron de l'Empire, 14 août 1813.

MARESCHAL DE FAUVAGNEY (Pierre-Marie-Jérôme), chef de bataillon, adjoint à l'état-major général, chevalier de l'Empire, 16 décembre 1810.

MARET (Hugues-Bernard), ministre secrétaire d'État, comte de l'Empire, 3 mai 1809; duc de Bassano, 15 août 1809.

MARET (Jean-Philibert), conseiller d'Etat, directeur général des vivres de la guerre, chevalier de l'Empire, 26 avril 1808; comte de l'Empire, 9 décembre 1809.

MARGARON (Pierre), général de brigade, baron de l'Empire, 28 janvier 1809.

MARGNOLAS (Marie-Caroline de Perron de Saint-Martin, veuve de Etienne-Vincent de), comtesse de l'Empire, avec majorat, transmissible, ainsi que le titre, à son fils Etienne-Aimé-Vincent de Margnolas, 16 décembre 1810.

MARIN (Barthélemi), général de brigade, sous-gouverneur des pages de l'Empereur, comte de l'Empire, 15 juillet 1810.

MARIN (Emeric), chef de bataillon, adjoint à l'état-major général, chevalier de l'Empire, 18 août 1810.

MARIN (Michel-Maillet), lieutenant au 3e de ligne, chevalier de l'Empire, 8 mai 1812.

MARION (Charles-Stanislas), général de brigade, membre du collège électoral des Vosges, baron de l'Empire, 9 septembre 1810.

MARION (François-Louis), adjudant commandant, baron de l'Empire, 21 février 1814.

MARIZY (Frédéric), général de brigade, baron de l'Empire, 22 novembre 1808.

MARMIER (Philippe-Gabriel de), chambellan de l'Empereur, maire de Ray (Haute-Saóne), comte de l'Empire, 22 octobre 1810.

Marmont (Auguste-Frédéric-Louis Viesse de), conseiller d'État, colonel général des chasseurs à cheval, général en chef de l'armée de Dalmatie, duc de Raguse, 28 juin 1808.

Marquet de Montbreton (Louis), écuyer de la princesse Pauline, duchesse de Guastalla, baron de l'Empire, 14 février 1810.

Marquet de Norvins (Jacques), chevalier de l'Empire, 28 octobre 1808.

Marseille (la ville de), concession d'armoiries, 21 novembre 1810.

Martenot-Chadelas de Cordoux (François), major aux grenadiers à pied de la garde impériale, chevalier de l'Empire, 3 août 1810 ; chef de bataillon au 3ᵉ voltigeurs de la garde impériale, baron de l'Empire, 14 août 1813.

Marthe (Joseph), capitaine aide de camp, chevalier de l'Empire, 23 juillet 1810.

Marthod (Louis-Ignace), chef d'escadron des dragons de la garde impériale, chevalier de l'Empire, 10 septembre 1808 ; major des dragons de la garde impériale, baron de l'Empire, 6 octobre 1810.

Martigue (Charles), major du 30ᵉ dragons, chevalier de l'Empire, 1ᵉʳ janvier 1813.

Martin (Charles), chef de bataillon en retraite, chevalier de l'Empire, 8 mai 1812.

Martin (Claude-Etienne), l'un des censeurs de la Banque de France, membre du Conseil général près le ministre des manufactures et du commerce, chevalier de l'Empire, 2 janvier 1814.

Martin (François), maire de Gray, président du collège électoral de l'arrondissement de la dite ville, baron de l'Empire avec majorat, 16 décembre 1810.

Martin (Jean-Baptiste-Isidore), chef d'escadron aux chasseurs à cheval de la garde impériale, chevalier de l'Empire, 10 septembre 1808.

Martin (Pierre), vice-amiral, préfet du 5ᵉ arrondissement, comte de l'Empire, 4 juin 1810.

Martin de la Bastide (Jean-Baptiste), baron de l'Empire avec majorat, 25 mars 1810.

Martin-Despallières (Bernard-Charles-Elisabeth), député au Corps législatif, chevalier de l'Empire, 14 juin 1810.

Martineau (Louis-René), major au 25ᵉ de ligne, chevalier de l'Empire, 6 octobre 1810.

Martinière (Étienne), chef de bataillon du 32ᵉ de ligne, chevalier de l'Empire avec donation, 31 janvier 1810.

MARULAZ (François), général de brigade, baron de l'Empire, juin 1808.

MARX (Daniel), général de brigade, baron de l'Empire, 2 juillet 1808.

MASCLARY (Thomas-Marie-Catherine de), membre du collège électoral du département de l'Hérault, baron de l'Empire avec majorat, 19 juin 1813.

MASSE (Louis-Joseph), capitaine au 2ᵉ régiment des tirailleurs à pied de la garde impériale, chevalier de l'Empire, 12 septembre 1811.

MASSÉNA (André), maréchal d'Empire, duc de Rivoli, 24 avril 1808, prince d'Essling avec majorat, 31 janvier 1810.

MASSON DE SAINT-AMAND (Amand-Claude), chevalier de l'Empire, 5 octobre 1808.

MASSY (Bertrand), major au 44ᵉ de ligne, chevalier de l'Empire, 10 avril 1811.

MASSY (Pardoux-Charles-Oscar), chevalier de l'Empire, 14 août 1813.

MASTIANI (Jean-François), propriétaire, comte de l'Empire, 2 avril 1812.

MATHEVON DE CURNIEU (Jean-Louis), colonel du 12ᵉ cuirassiers aide de camp du prince vice-connétable, baron de l'Empire, 11 juin 1810.

MATHIEU (David-Maurice-Joseph), général de division, comte de l'Empire, 26 avril 1810.

MATHIEU DE MAUVIÈRES (Joseph-Ignace), maire de Saint-Forget, canton de Chevreuse, baron de l'Empire avec majorat, 2 novembre 1810.

MATHIS (Jean-Nicolas), colonel du 2ᵉ chasseurs à cheval, baron de l'Empire, 15 octobre 1809.

MAUBLANC DE CHISEUIL (François), maire de Digoin, Saône-et-Loire, membre du collège électoral dudit département, baron de l'Empire avec majorat, 19 juin 1813.

MAUCOMBLE (Jean-François-Nicolas-Joseph), colonel du 1ᵉʳ chasseurs provisoire, baron de l'Empire, 15 juillet 1810.

MAUDUIT DE SÉMERVILLE (Nicolas-David-Amand-Constant), membre du collège électoral de l'Eure, baron de l'Empire avec majorat, 26 avril 1810.

MAUFRAY (Pierre), chef d'escadron aux grenadiers à cheval de la garde impériale, chevalier de l'Empire, 20 août 1808.

MAULNOIR (Étienne-Louis), colonel du 19ᵉ chasseurs à cheval, baron de l'Empire, 9 mars 1810.

MAUPERCHÉ (Auguste-Jean), maréchal des logis au 3ᵉ régiment de cuirassiers, chevalier de l'Empire, avril 1808.

MAUPETIT (Christophe), baron de l'Empire avec dotation, 16 mai 1813.

MAUPETIT (Pierre-Honoré-Anne), général de brigade, baron de l'Empire, 2 juillet 1808.

MAUPOINT (Louis-Joseph), colonel du 16ᵉ chasseurs à cheval, baron de Vandeul, 24 février 1809.

MAURICE (Frédéric-Guillaume), maire de Genève, chevalier de l'Empire, 28 janvier 1809.

MAURICE (Nicolas), colonel de cavalerie commandant l'École des troupes à cheval à Versailles, chevalier de Saint-Chauvaud, 2 juillet 1808.

MAURICE (Jean-Frédéric-Théodore), auditeur au Conseil d'État, préfet de la Dordogne, baron de l'Empire, 25 mars 1810.

MAURICE DE SAINT-GERMAIN (Frédéric-Guillaume), maire de Genève, chevalier de l'Empire, 25 février 1813.

MAURIN (Antoine), général de brigade, baron de l'Empire, 23 juin 1810.

MAURY (Henri), major du 48ᵉ de ligne, chevalier de l'Empire, 19 janvier 1811.

MAUSSION (Jean-Thomas), capitaine d'infanterie, aide de camp, chevalier de l'Empire, 29 septembre 1809.

MAYDIEU (Pierre-François), membre du collège électoral de la Gironde, baron de l'Empire, 26 février 1814.

MAYENCE (la ville de), concession d'armoiries, 13 juin 1811.

MAYNEAUD-PANCEMONT (Jean-Baptiste), maître des requêtes au Conseil d'Etat, premier président de la cour d'appel de Nismes, baron de l'Empire, 31 décembre 1809.

MAZUCHELLI (Louis), général de brigade, baron de l'Empire, 4 juin 1810.

MAZURIÉ (Jean), chef de bataillon au 93ᵉ de ligne, chevalier de l'Empire, 2 avril 1812.

MEAULLE (Jean-Nicolas), procureur général près la cour de justice criminelle de l'Escaut, chevalier de l'Empire, 20 août 1809.

MÉCHIN (Alexandre-Edme), préfet du département de l'Aisne, chevalier de l'Empire, 28 janvier 1809 ; baron de l'Empire, 31 décembre 1809.

MECKENEM (Charles-Maurice), chef d'escadron de la gendarmerie d'élite, baron de l'Empire, 11 juin 1810.

Meckenem d'Artaize (Charles-Maurice), lieutenant-colonel de la gendarmerie d'élite de la garde impériale, chevalier d'Artaize, 20 août 1808.

Meerman (Jean de), sénateur, comte de l'Empire, 17 avril 1812

Meifred (Louis-François), juge en la cour d'appel d'Aix, chevalier de Suriane, 11 juillet 1810.

Meinadier (Henri-Louis-René), lieutenant-colonel aide de camp, chevalier de l'Empire, 21 novembre 1810.

Méjean (Louis-Joseph), colonel du 31° d'infanterie légère, baron de l'Empire, 28 novembre 1808.

Méjan (Pierre-Etienne), conseiller d'État du royaume d'Italie, secrétaire des commandements du vice-roi d'Italie, comte de l'Empire, 31 janvier 1810.

Meller (Germain-Joseph), président de la cour de justice criminelle de la Roër, chevalier de l'Empire, 19 septembre 1810.

Mellet de Bonas (Antoine), commandant en chef la garde d'honneur du Gers, membre du collège électoral du département, baron de l'Empire avec majorat, 14 avril 1810.

Melun (Anne-Joachim-François de), auditeur au conseil d'Etat, maire de Brunetz (Aisne), baron de l'Empire avec majorat, 20 juin 1811.

Membrède (André-Charles), président de la cour de justice criminelle de la Meuse-Inférieure, député au Corps législatif, chevalier de l'Empire, 28 mai 1809.

Ménager (Jean-Antoine-François), maire de Germigny-sur-Marne, membre du collège électoral dudit département, chevalier de l'Empire, 27 février 1812.

Ménard de la Groye (François-René-Pierre), 1er président de la Cour d'appel d'Angers, chevalier de l'Empire, 5 août 1809 ; baron de l'Empire, 25 février 1813.

Meneval (Claude-François), secrétaire du portefeuille de l'Empereur, baron de l'Empire, 13 août 1810.

Mengaud (Antoine-Xavier), général de division, baron de l'Empire, 2 mai 1811.

Mengin (François-Louis), colonel directeur d'artillerie, chevalier de l'Empire, 30 septembre 1811.

Mengin (Nicolas-Antoine-Michel), grand prévôt de la cour impériale des douanes séant à Nancy, membre du collège électoral de la Meurthe, chevalier de l'Empire, 10 avril 1811.

Menne (Jean-Baptiste-Pierre), colonel du 27° de ligne, baron de l'Empire, 21 septembre 1808.

MENOU-BOUSSAY (Jacques-Mourad-Solinan de), comte de l'Empire avec donation, 23 février 1811.

MENOU-DUJON (Michel), chef d'escadron des grenadiers à cheval de la garde impériale, chevalier de l'Empire, 18 mars 1809 ; baron de l'Empire, 3 mai 1810.

MENU DE MÉNIL (Paul-Alexis-Joseph), major commandant les premier et deuxième bataillons de la 2ᵉ demi-brigade, chevalier de l'Empire avec dotation, 19 décembre 1809 ; colonel du 132ᵉ de ligne, baron de l'Empire, 11 septembre 1813.

MERCIER (Charles-Nicolas), capitaine aux tirailleurs grenadiers de la garde impériale, chevalier de l'Empire, 9 mai 1811.

MERCIER (Jacques), maire d'Alençon, membre du collège électoral de l'Orne, baron de l'Empire, 15 septembre 1811.

MERCY-ARGENTEAU (François-Joseph-Charles-Marie de), chambellan de l'Empereur, comte de l'Empire avec majorat, 25 mars 1810.

MERGEZ (Georges-Nicolas), adjudant commandant, baron de l'Empire, 19 septembre 1810.

MERLE (Jean-Joseph), colonel du 2ᵉ léger, baron de l'Empire, 2 août 1811.

MERLE (Pierre-Hugues-Victor), général de division, baron de l'Empire, 15 octobre 1809.

MERLET (Jean-François-Honoré), maître des requêtes au conseil d'État, président de la commission du magistrat du Rhin, baron de l'Empire, 9 septembre 1810.

MERLHES (Jean-Marie), colonel du 12ᵉ dragons, chevalier de l'Empire, 5 août 1812.

MERLIN (Antoine-François-Eugène), major du 4ᵉ régiment de hussards, chevalier de l'Empire, 20 juillet 1808.

MERLIN (Jean-Baptiste-Gabriel), colonel au 8ᵉ cuirassiers, baron de l'Empire, 28 janvier 1809.

MERLIN (Philippe-Antoine), conseiller d'État, procureur général près la Cour de cassation, membre de l'Institut impérial de France, chevalier de l'Empire, mai 1808 ; comte de l'Empire, 14 avril 1810 ; majorat et titre de comte transmissible à Antoine-François-Eugène Merlin, colonel de hussards, 20 mars 1812.

MERLIN D'ESTREUX (Louis-François), chef de la 14ᵉ légion des gardes nationales du département du Nord, baron de l'Empire avec majorat, 14 avril 1810.

MERMET (Julien-Auguste-Joseph), général de division, baron de l'Empire, 2 août 1811.

MÉRODE-WESTERLOO (Guillaume-Charles-Ghislain de), sénateur, comte de l'Empire, 28 mai 1809.

MESGRIGNY (Adrien-Charles-Marie de), écuyer de l'Empereur, baron de l'Empire, 19 septembre 1810.

MESGRIGNY (Louis-Marie de), membre du conseil d'arrondissement de Troyes, comte de l'Empire avec majorat, 14 août 1813.

MESLIER (Jean-Baptiste), sous-inspecteur aux revues, chevalier de Rocan, 18 juin 1809.

MESMER (François), chef d'escadron aux grenadiers à cheval de la garde impériale, chevalier de l'Empire, 10 septembre 1808.

METZ (la ville de), concession d'armoiries, 21 novembre 1810.

MEULENAÈRE (Pierre-Georges de), député au Corps législatif, chevalier de l'Empire, 9 mars 1810; baron de l'Empire avec majorat, 3 août 1810.

MEUNIER (Claude-Marie), colonel du 9e d'infanterie, baron de l'Empire, 26 octobre 1808.

MEUNIER (Jean-Baptiste), capitaine au 46e de ligne, baron de l'Empire, 29 janvier 1811.

MEUNIER (Joseph), général de brigade, chevalier de l'Empire avec majorat, 15 octobre 1809.

MEUNIER (Joseph), chef de bataillon au 64e de ligne, chevalier de l'Empire, 18 juin 1809.

MEUZIAU (Claude), major au 11e chasseur, à cheval, chevalier de l'Empire avec dotation, 9 décembre 1809; colonel du 5e hussards, baron de l'Empire, 23 juin 1810.

MÉVOLHON (Jean-Antoine-Pierre), membre du collège électoral des Basses-Alpes, chef de légion des gardes nationales du département, baron de l'Empire avec majorat, 25 mars 1810.

MEYER (Frédéric), colonel aide de camp, chevalier de l'Empire, 20 février 1812; baron de l'Empire, 1er janvier 1813.

MEYRONNET (Paul-Alphonse-Jean-Baptiste de), membre du collège électoral de la Haute-Marne, maire de Puelmontier, baron de l'Empire, 1er mai 1812.

MEYRONNET DE VELLINGÉRODE (Pierre-Junon), général de brigade, capitaine des gardes du roi de Westphalie, comte de l'Empire, 23 avril 1812.

MICHAL DE LA BRETONNIÈRE (François-Alexandre-Gaëtan), adjudant commandant, chevalier de l'Empire, 27 février 1812.

MICHATOWSKI (Joseph-Nicodème), major au 2o régiment de la Vistulle, baron de l'Empire, 14 août 1813.

MICHAU DE MONTARAN (Edme-Hippolyte-Jacques), écuyer de l'Empereur, baron de l'Empire, 12 novembre 1811.

MICHAUX (Claude-Ignace-François), général de division, gouverneur de Magdebourg, baron de l'Empire, 20 juillet 1808.

MICHAUX (Étienne), commissaire ordonnateur, chevalier de l'Empire, 5 octobre 1808.

MICHEL (Claude-Étienne), major colonel des grenadiers à pied de la garde impériale, baron de l'Empire, mai 1808.

MICHEL (Claude-Louis-Samson), procureur général à la Cour d'appel du Nord et du Pas-de-Calais, chevalier de l'Empire, 9 mars 1810.

MICHEL (Victor), lieutenant en premier, retiré aux corps des tirailleurs grenadiers de la garde impériale, chevalier de l'Empire, 30 août 1811.

MICHELET-ROCHEMONT (François-Laurent), député au Corps législatif, membre du collège électoral de la Loire, chevalier de l'Empire, 11 juillet 1810.

MICHIELS DE KESSENICH (Henri-Joseph), maire de Ruremonde, chevalier de l'Empire, 3 février 1813.

MICHON (François-Pierre-Bénigne), capitaine au 1er d'artillerie, chevalier de l'Empire, 28 janvier 1809.

MICOUD-DUMONS (Charles-Emmanuel), préfet de l'Ourthe, baron de l'Empire avec majorat, 12 novembre 1809.

MIEROSLAWSKI (Adam-Gaspard), chef de bataillon au 1er régiment de la Vistule, chevalier de l'Empire, 14 août 1813.

MIGNOT DE LA MARTINIÈRE (Thomas), général de brigade, baron de l'Empire, 24 juin 1808.

MILBERG (Henri-Otto), capitaine aide de camp, chevalier de l'Empire, 3 février 1813.

MILET (Jacques-Louis-François), général de brigade, baron de l'Empire, 26 octobre 1808.

MILHAUD (Jean-Baptiste), général de division, comte de l'Empire, 10 septembre 1808.

MILLER (Jacques), chef d'escadron au 21e chasseurs à pied, chevalier de l'Empire avec donation, 12 novembre 1809.

MILLET (Théodore), colonel d'infanterie, chevalier de l'Empire, 9 septembre 1810 ; colonel du 121e de ligne, baron de l'Empire, 1er janvier 1813.

MILLIET (Joseph-Jérôme), sous-préfet de Thonon, département du Leinan, chevalier de l'Empire, 10 janvier 1814.

MILLO DE CASALGRATE (Charles-Emmanuel-Ferdinand), chevalier de l'Empire, 10 janvier 1814.

MILOSSERWITZ (André), général de brigade, baron de l'Empire, 14 avril 1810.

MINAL (Jean-Frédéric), colonel du 23e de ligne, baron de l'Empire, 9 septembre 1810.

MINGRAT (Joseph), chef d'escadron, aide de camp, chevalier de l'Empire, 21 septembre 1808.

MINIER (Charles), juge en la Cour de cassation, chevalier de l'Empire, mai 1808.

MINIER (Jean-Baptiste), chef de bataillon en retraite, chevalier de l'Empire avec donation, 31 janvier 1810.

MINIER (Victor-Gaspard), major au 8e dragons, chevalier de l'Empire, 29 août 1810.

MIOLLIS (Sextius-Alexandre-François), général de division, commandant les forces militaires impériales dans l'État romain, comte de l'Empire, 16 septembre 1808.

MIOT DE MÉLITO (André-François), conseiller d'État, chambellan du roi Joseph, comte de l'Empire, 21 février 1814.

MIQUEL (Pierre-André), général de brigade, baron de l'Empire, 6 septembre 1811.

MIRECOURT (la ville de), concession d'armoiries, 2 août 1811.

MISSY (Samuel-Pierre-David-Joseph de), député au Corps légis-atif, chevalier de l'Empire, 26 avril 1810.

MOISSAC (la ville de), département du Tarn-et-Garonne, concession d'armoiries, 16 décembre 1810.

MOISSY-DESROZIERS (Claude-Didier), chef d'escadron au 20e chasseurs, chevalier de l'Empire, 18 août 1810.

MOLARD (Michel), adjudant-commandant, chevalier du Mollard, 22 octobre 1810.

MOLÉ (Mathieu-Louis), conseiller d'État, comte de l'Empire avec majorat, 29 septembre 1809.

MOLINE DE SAINT-YON (Alexandre-Pierre), capitaine aide de camp, chevalier de l'Empire, 11 juin 1810.

MOLINI (Jean-François-Baptiste), grand prévôt, président de la cour prévôtale des douanes, chevalier de l'Empire, 10 janvier 1814.

MOLINIER DE MONTPLANQUA (Emmanuel-Théodore-Guillaume), maire du XIIe arrondissement de Paris, membre du collège électoral du département de la Seine, chevalier de l'Empire, 14 août 1813.

MOLITOR (Gabriel-Jean-Joseph), général de division, comte de l'Empire, 29 juin 1808.

MOLLIEN (Nicolas-François), ministre du Trésor public, comte de l'Empire, 26 avril 1808.

MONCEY (Bon-Adrien), maréchal d'Empire, premier inspecteur de la gendarmerie impériale, commandant en chef le corps d'observation des côtes de l'Océan, duc de Conegliano, 2 juillet 1808.

MONCEY (Claude-Marie-Joseph-Jannot de), colonel, 1er aide de camp du premier inspecteur général de la gendarmerie, baron de l'Empire, 25 février 1813. — Voir aussi JANNOT DE MONCEY.

MONCUIT (Pierre), membre du collège électoral d'Ille-et-Villaine, membre du Conseil municipal de Rennes, baron de l'Empire, 13 mars 1813.

MONGE (Gaspard), sénateur, comte de Péluse, 26 avril 1808.

MONGE (Louis), examinateur des aspirants de la marine, chevalier de l'Empire, 20 juillet 1808.

MONGINOT (Marie-Frédéric), lieutenant au 3e régiment de chasseurs à cheval, chevalier de l'Empire, mai 1808.

MONLUC DE LA RIVIÈRE (Jean-Baptiste-Hippolyte-Étienne), procureur général près la Cour criminelle de la Haute-Vienne, chevalier de l'Empire, 28 janvier 1809.

MONNAY (Étienne), commissaire-ordonnateur en chef des guerres, chevalier de l'Empire, 28 janvier 1809.

MONNIER (François), colonel du 10e hussards, baron de l'Empire, 9 octobre 1813.

MONNIER (François-Marie), chef de division à la secrétairerie d'État, chevalier de l'Empire, 21 février 1814.

MONNIER (Joseph-Gabriel), colonel du génie en retraite, chevalier de l'Empire, 28 janvier 1809.

MONNOT (Claude-François-Cosme), chef de bataillon au 88e de ligne, chevalier de l'Empire avec dotation, 9 mars 1810.

MONSEIGNAT (Félix-Hippolyte), député au Corps législatif, chevalier de l'Empire, 26 avril 1810.

MONTAIGU (Auguste-Louis-Gabriel-Sophie de), chambellan de l'Empereur, comte de l'Empire, 27 septembre 1810.

MONTALIVET (Jean-Pierre Bachasson), conseiller d'État, directeur des ponts et chaussées, chevalier de l'Empire, mai 1808; comte de l'Empire, 27 novembre 1808.

MONTAUBAN (la ville de), concession d'armoiries, 6 juin 1811.

MONTAULIEU (Jules-Joseph-Julien de), enseigne de vaisseau, chevalier de l'Empire, 22 novembre 1811.

MONTAULT (Armand-Charles-Henri de), chambellan de l'Empereur, maire de Mointot, membre du conseil général de la Seine-Inférieure, chef de légion de la garde nationale du même département, comte de l'Empire, 9 septembre 1810.

MONTAUT-DÉSILLES (Charles), évêque d'Angers, baron de l'Empire, 5 octobre 1808.

MONTBRUN (Alexandre de), colonel du 7e chasseurs à cheval, chevalier de l'Empire, 13 février 1811.

MONTBRUN (Louis-Pierre de), général de brigade, baron de l'Empire, 27 novembre 1808 ; général de division, comte de l'Empire, 15 octobre 1809.

MONTBRUN-POMARÈDE (Hugues de), colonel, commandant d'armes de la ville de Bordeaux, chevalier de l'Empire, 19 septembre 1810.

MONTCHOISY (Louis-Antoine), général de division, baron de l'Empire, 3 février 1813.

MONTEIL (Joseph de), major au 1er cuirassiers, chevalier de l'Empire, 6 octobre 1810.

MONTESQUIOU-FÉZENSAC (Ambroise-Anatole-Augustin de), officier d'ordonnance de l'Empereur, baron de l'Empire, 26 avril 1810.

MONTESQUIOU-FÉZENSAC (Charles-Eugène de), chambellan de l'Empereur, colonel du 13e chasseurs à cheval, baron de l'Empire, 29 août 1810.

MONTESQUIOU-FÉZENSAC (Élisabeth-Pierre), grand chambellan de l'Empereur, député au Corps législatif, comte de l'Empire, 10 février 1809.

MONTESQUIOU-FÉZENSAC (Henri de), chambellan de l'Empereur, comte de l'Empire, 14 février 1810.

MONTESQUIOU-FÉZENSAC (Raimond-Aimeri-Philippe-Joseph), chevalier de l'Empire, capitaine au 28e de ligne, baron de l'Empire avec majorat, 29 septembre 1809.

MONTFALCON (Jean), adjudant-commandant, chevalier de l'Empire, 29 janvier 1811.

MONTFORT (Jacques), général de brigade, baron de l'Empire, 14 août 1813.

MONTGARDÉ (Marie-Mathurin-Henri de), chef d'escadron, aide de camp du prince vice-connétable, baron de l'Empire, 31 décembre 1809.

MONTGUYON-HARDOUIN (Charles-Gustave), chambellan de l'Empereur, président du collège électoral de l'Oise, baron de l'Empire avec majorat, 28 mai 1809.

MONTHOLON (Charles-Tristan de), V. Huguet de Sémonville.

MONTHOLON (Louis-Désiré de), V. Huguet de Sémonville.

MONTHYON (François-Gédéon Bailly de), général de brigade, aide de camp du prince vice-connétable, baron de l'Empire, comte de l'Empire, 31 décembre 1809.

MONTIGNY (Augustin), major au 16ᵉ dragons, chevalier de l'Empire, 27 février 1812.

MONTIGNY (Louis-Adrien-Brice), commandant d'armes et gouverneur du palais impérial de Strasbourg, baron de l'Empire, 25 mars 1810.

MONTIGLIO DE VILLENEUVE (Louis-Amédée), premier président de la Cour d'appel de Florence, membre du collège électoral du département de Marengo, baron de l'Empire, 16 décembre 1810.

MONTIGLIO D'OTTIGLIO (Joseph-Marie), sous-préfet de l'arrondissement de Bobbio, membre du collège électoral du département de Gênes, baron de l'Empire, 2 mai 1811.

MONTLUC DE LA RIVIÈRE (Jean-Baptiste-Hippolyte-Étienne), président de la Cour d'appel de Limoges, chevalier de l'Empire, baron de l'Empire, 22 octobre 1810.

MONTMORENCY (Anne-Charles-François de), comte de l'Empire avec majorat, 17 mai 1810.

MONTMORENCY (Anne-Charles-Louis de), comte de l'Empire avec majorat, 17 mai 1810.

MONTMORT (Auguste-Rémond de), aide de camp, chevalier de l'Empire, 10 avril 1811.

MONTPELLIER (la ville de), concession d'armoiries, 6 juin 1811.

MORAND (Alexis-Bernardin), colonel en retraite, baron de l'Empire, 9 mars 1810.

MORAND (Joseph), général de division, baron de l'Empire, 30 août 1811.

MORAND (Louis-Charles-Alexis), général de division, comte de l'Empire, 24 juin 1808.

MORAND DE JOUFFREY (Antoine), juge en la cour d'appel de Lyon, membre du collège électoral et du conseil général du Rhône, chevalier de l'Empire, 6 octobre 1810.

MORANDINI (Antoine-François), chef de bataillon des tirailleurs Corses, chevalier de l'Empire, chevalier d'Eccataye, 2 septembre 1810.

MORANGIÈS (Jean-Baptiste), général de brigade, baron de l'Empire, 1ᵉʳ janvier 1813.

MORARD DE GALLE (Justin-Bonaventure), sénateur, comte de l'Empire, 26 avril 1808.

MORAT (Michel-Joseph-Raimond), adjudant commandant, chevalier de l'Empire, 30 octobre 1810.

MOREAU (Jacques-Antoine), capitaine adjudant-major des chevau-légers polonais de la garde impériale, chevalier de l'Empire, 17 mai 1810.

MOREAU (Jean-Claude), général de brigade, baron de l'Empire, 3 mai 1810.

MOREAU (Louis-Victor), maire du 5ᵉ arrondissement de Paris, membre du collège électoral de la Seine, régent de la banque de France, chevalier de l'Empire, 28 mai 1809.

MOREAU D'OLIBON (Jean-Baptiste-François), membre du collège électoral de Seine-et-Marne, président du canton sud de Melun, maire de La Rochelle, baron de l'Empire avec majorat, 9 mars 1810.

MOREL (Joseph-Pierre-Dominique-Guillaume), ex-colonel du 25ᵉ d'infanterie légère, membre du collège électoral du département de l'Hérault, baron de l'Empire, 2 août 1808.

MOREY DE MONS (Balthazar-Parfait-André-Martin), évêque de Mende, baron de l'Empire, mai 1808.

MORELL (Robert-François de), membre du collège électoral du département du Calvados, baron de l'Empire avec majorat, 14 avril 1813.

MORETON-CHABRILLAN (Aimé-Jacques-Marie-Constant de), chambellan de l'Empereur, comte de l'Empire, 19 janvier 1811.

MORGAN (Adrien-Marie-Jean-Baptiste-Joseph-Rose), maire d'Amiens, baron de l'Empire, 21 février 1814.

MORIAL (Louis-Nicolas), major au 1ᵉʳ d'artillerie à pied, chevalier de l'Empire, 3 août 1810.

MORIN (Pierre-Nicolas), général de brigade, baron de l'Empire, 12 février 1812.

MORIS (Laurent), colonel de la garde d'honneur de Strasbourg, chef de la légion de la garde nationale, chevalier de l'Empire, 20 juin 1811.

MORISOT (Nicolas), président de la cour criminelle et du collège électoral de la Côte-d'Or, chevalier de l'Empire, 20 août 1809; baron de l'Empire, 17 mars 1811.

MORLANT (Louis-Élie-Hippolyte), lieutenant au 11ᵉ chasseurs à cheval, baron de l'Empire, 24 août 1811.

MORLET (Michel-François), colonel, directeur du génie à Strasbourg, collège électoral de la Meuse, chevalier de l'Empire, 15 janvier 1809.

MORNAY DE MONTÇHEVREUIL (Claude-Henri-Gabriel de), ancien officier général, comte de l'Empire avec majorat, 1er janvier 1813.

MORTEMART DE BOISSE (Léonard), adjudant-major de place, chevalier de l'Empire, 5 décembre 1811,

MORTEMART DE BOISSE (Marc-Marie de), lieutenant-colonel commandant d'armes, chevalier de l'Empire, 22 mars 1814.

MORTIER (Édouard), maréchal de l'Empire, un des colonels généraux de la garde impériale, duc de Trévise, 2 juillet 1808.

MORTVEUX (Laurent-Thomas de), député au Corps législatif, baron de l'Empire, 28 avril 1813.

MOSNIER (Prançois-Israël), major commandant le 12e tirailleurs de la garde impériale, baron de l'Empire, 19 juin 1813.

MOSSEL (Louis-Olivier), général de brigade au corps impérial de l'artillerie, baron de l'Empire, 26 octobre 1808.

MOSSY (Antoine-Auguste-Cécile), adjoint du maire de Marseille, chevalier de l'Empire, 2 avril 1812.

MOTARD (Léonard-Bernard), capitaine de vaisseau, baron de l'Empire, 21 novembre 1810.

MOTTE (Robert), général de brigade, baron de l'Empire, 20 février 1812.

MOUCHARD-CHABAN (François-Louis-René), membre du conseil d'État, chevalier de l'Empire, 3 mai 1809; comte de l'Empire, 9 décembre 1809,

MOUCHON (Joseph), chef de bataillon en retraite, actuellement commandant de l'île de Texel, département du Zuiderzée, chevalier de l'Empire, 25 novembre 1813.

MOULIN (Jean-Baptiste-Martin), chef de bataillon en retraite, chevalier de l'Empire, avec dotation, 9 mars 1810.

MOULIN (Jean-François), baron de l'Empire, avec majorat, 18 août 1810.

MOULLIN (Zacharie-Thomas), président de la cour de justice criminelle de la Mayenne, chevalier de Forbéchet, 1er avril 1809.

MOULUT (Antoine), colonel du génie, chevalier de l'Empire, 23 février 1811.

MOUNIER (Édouard-Philippe), secrétaire du cabinet de l'Empereur, auditeur au conseil d'État, baron de l'Empire, 31 décembre 1809.

MOURICAULT (Thomas-Laurent), maître des comptes, chevalier de l'Empire, 26 avril 1808.

MOURIEZ (Pierre), colonel du 15e chasseurs à cheval, baron de l'Empire, 9 janvier 1810.

MOURRE (Joseph-Louis-Henri-Grégoire), procureur général près la cour d'appel de Paris, baron de l'Empire, 9 septembre 1810.

MOURRET (Joseph), lieutenant au 2e régiment des chevau-légers, chevalier de l'Empire, 19 janvier 1812.

MOUTON (Georges), aide de camp de l'Empereur, général de division, comte de l'Empire, 28 mai 1809; comte de Lobau, avec majorat, 19 septembre 1810.

MOUTON-DUVERNET (Regis-Barthelemi), colonel du 63e régiment d'infanterie, baron de l'Empire, 29 juin 1808.

MOUYSSET (Guillaume), procureur général près la cour d'appel d'Agen, chevalier de l'Empire, 20 novembre 1808; procureur général près la cour d'appel de Dijon, baron de l'Empire, 6 octobre 1810.

MOYSSEN (Louis-Xavier de), capitaine aide de camp, chevalier de l'Empire, 19 décembre 1809.

MOZZI (Pierre), chambellan de l'Empereur, comte de l'Empire, 20 février 1812.

MROZINSKI (Joseph-Gabriel), capitaine au 1er régiment de la Vistule, chevalier de l'Empire, 21 février 1814.

MUGUET DE VARANGE (Pierre-Marie), régent de la banque de France, maire de Limeil-Brévannes, baron de l'Empire, avec majorat, 2 septembre 1810.

MUIRON (Eustache-Nicolas), président du canton de Sceaux, comte de l'Empire, avec majorat, 4 juin 1810.

MULLER (Jacques-Léonard), général de division, inspecteur général d'infanterie, baron de l'Empire, 16 décembre 1810.

MULLER (Joseph-Antoine-Charles), colonel du 12e de ligne, baron de l'Empire, 10 septembre 1808.

MURAIRE (Honoré), conseiller d'État à vie, premier président de la cour de cassation, comte de l'Empire, 26 avril 1808.

MUSNIER (Louis-François-Félix), général de division, baron de l'Empire, 29 janvier 1811.

MUSNIER (Louis-Marie-Florent), chef de bataillon au 84e de ligne, chevalier de l'Empire, 22 octobre 1810.

MUSQUINET DE BEAUPRÉ (Jean-Charles), général de brigade, 28 janvier 1809.

MUSSEBOEUF (François), lieutenant, porte-aigle au 10ᵉ léger, baron de l'Empire, 6 octobre 1810.

MUTEAU (Jean-François), chef d'escadron au 27ᵉ chasseurs à cheval, chevalier de l'Empire, 6 octobre 1810.

MUTEL (Louis-Robert-Bertrand), colonel au corps impérial du génie, chevalier de Boucheville, 4 juin 1810.

MUTRÉCY (Jean-Constant de), capitaine aide de camp, chevalier de l'Empire, 5 août 1812.

MUVRYNOWSKI (Macaire-Jean-Népomucène), capitaine au 1ᵉʳ régiment de la Vistule, chevalier de l'Empire, 9 octobre 1813.

MUY. Voir FÉLIX DU MUY.

NAGLE (Thomas-Patris), colonel du 92ᵉ de ligne, baron de l'Empire, 22 octobre 1810.

NAJAC (Benoît-Georges), conseiller d'État à vie, comte de l'Empire, 26 avril 1808.

NANCY (la ville de), concession d'armoiries, 13 juin 1811.

NANTES (la ville de), concession d'armoiries, 21 novembre 1810.

NARBONNE (Louis-Marie-Jacques-Amalric de), ministre plénipotentiaire près la cour de Munich, comte de l'Empire, 23 décembre 1810.

NARDON (Hugues), préfet du Taro, baron de l'Empire, 31 janvier 1810.

NAVELET (Alexandre-Pierre), général de brigade, baron de l'Empire, 26 octobre 1808.

NÉGRO (Jean), maire de Turin, baron de l'Empire, 23 décembre 1810.

NEIGRE (Gabriel), colonel directeur d'artillerie, baron de l'Empire, 29 septembre 1809.

NENCINI (Henri-François-Thomas-Romulus), conseiller de préfecture de l'Arno, baron de l'Empire, 14 avril 1810.

NÉRIN (Claude), colonel, baron de l'Empire, mai 1808.

NERVO (Christophe-Olympe), membre du collège électoral de la Somme, président du canton de Nesle, baron de l'Empire avec majorat, 9 janvier 1810.

NEUFCHATEAU (la ville de), concession d'armoiries, 2 août 1811.

NEUHAUS MAISONNEUVE (Emmanuel-Michel-Bertrand-Gaspard), général de division, commandant d'armes de Bitche, membre du collège électoral du Bas-Rhin, chevalier de l'Empire, 23 juillet 1810.

NEY (Michel), maréchal d'Empire, chef de la 7ᵉ cohorte de la Légion d'honneur, duc d'Elchingen, mai 1808; prince de la Moskowa, 25 mars 1813.

Niboyet (Jean), colonel attaché à l'état-major général, chevalier de l'Empire, 11 juillet 1810.

Nice (la ville de), concession d'armoiries, 6 juin 1811.

Nicolai (Aimar-François-Marie-Chrétien de), chambellan de l'Empereur, maire de Goussainville, membre du collège électoral de Seine-et-Oise, comte de l'Empire, 4 février 1811.

Nicolai (Aimar-Jean-Tannegui-Raimond de), membre du collège électoral de l'Aisne, baron de l'Empire, 15 juin 1812.

Nicolas (Jean), général de brigade, baron de l'Empire, 2 mars 1811.

Nicolas (Jean-Baptiste), major du 6ᵉ hussards, chevalier de l'Empire, 29 septembre 1809.

Niort (la ville de), concession d'armoiries, 2 octobre 1813.

Nivet (François), adjudant commandant, baron de l'Empire, 9 septembre 1810.

Noaille (Jean-Barthélemi), député au Corps législatif, juge à la Cour d'appel de Nismes, chevalier de l'Empire, 25 mars 1810.

Noailles (Alfred-Louis-Dominique-Vincent de Paul de), capitaine, aide de camp du prince vice-connétable de l'Empire, baron de l'Empire, 31 janvier 1810.

Noailles (Antoine-Claude-Dominique-Just de), chambellan de l'Empereur, comte de l'Empire, 27 septembre 1810.

Noailles (Emmanuel-Louis de), ancien ambassadeur de France à Vienne, membre du collège électoral d'Eure-et-Loir, comte de l'Empire, 4 juillet 1811; majorat, 19 juin 1813.

Noel (François), l'un des inspecteurs généraux de l'Université impériale, chevalier de l'Empire, 21 décembre 1808.

Nogaret (Pierre-Barthélemi-Joseph), préfet de l'Hérault, baron de l'Empire.

Noizet (Jean-Rémi), adjudant-commandant, chevalier de l'Empire, 13 février 1811.

Noos (Joseph), colonel du 15ᵉ de ligne, baron de l'Empire, 11 juin 1810.

Normand (Jean-François-Gaspard), adjudant-commandant, baron de l'Empire, 13 août 1810.

Norvins (Marquet de), V. Marquet de Norvins.

Notaire de Grandville (Alexandre-Jean-Louis), ingénieur de la marine, chef de bataillon au régiment des ouvriers militaires, chevalier de l'Empire, 2 novembre 1810.

Nougarède de Fayet (André-Jean-Simon), président de la cour

impériale de la Seine, conseiller de l'Université, chevalier de l'Empire, 8 août 1811 ; baron de l'Empire avec majorat, 1er avril 1809.

NOURRISSON (Jean-Baptiste-Antoine), substitut du procureur général près la cour impériale de Besançon, procureur impérial près le tribunal criminel du département du Doubs, membre du collège électoral de la Haute-Saône, chevalier de l'Empire, 11 septembre 1813.

NOURY (Henry-Marie), colonel du 2e régiment d'artillerie à cheval, chef de l'état-major de l'artillerie du 5e corps de la grande armée, baron de l'Empire, 2 juillet 1808.

NOVEL (Louis), inspecteur aux revues, chevalier de l'Empire, 8 avril 1813.

NOYELLE (Jean-Jacques), capitaine aide de camp, chevalier de l'Empire, 11 juin 1810.

NUGUE (Antoine-Laurent), procureur général près la cour criminelle du Rhône, chevalier de l'Empire, 30 octobre 1810.

NUGUES (Saint-Cyr), adjudant-commandant, chevalier de l'Empire, 18 août 1810 ; baron de l'Empire, 13 juillet 1811.

OBERT (Marc-Antoine-Marie), major du 9e léger, chevalier de l'Empire, 29 septembre 1809.

ODET DE PEYSAC (Charles-Antoine-Armand), membre du collège électoral du Loir-et-Cher, baron de l'Empire, 5 août 1812.

ODOUARD (Mathieu-Barthelemi), juge en la Cour d'appel de Grenoble, chevalier de l'Empire, 25 mars 1810.

OFFENSTEIN (François-Joseph), général de brigade, baron de l'Empire, 28 mai 1809.

OGER (Claude), capitaine adjudant-major de la gendarmerie d'élite, chevalier de l'Empire, 14 juin 1810.

OLIVIER (Jean-Baptiste), général de division commandant la 16e division militaire, baron de l'Empire, 19 janvier 1811.

OLIVIER-GÉRENTE (Joseph-Fiacre), membre du collège électoral et président du conseil général du département de Vaucluse, baron de l'Empire, 8 avril 1813.

OLLIVIER (Antoine-Joseph), juge à la Cour criminelle de la Drôme, chevalier de l'Empire, 11 juillet 1810.

OMÉARA (Guillaume), colonel attaché à l'état-major, baron de l'Empire, 14 avril 1810.

ORDENER (Michel), sénateur, 1er écuyer de l'impératrice et reine, général de division, comte de l'Empire, 20 décembre 1808.

OREGLIA DE FARIGLIANO NOVELLO (Charles-Augustin-Victor-Ange-

Marie), membre du collège électoral de la Stura, président de l'assemblée du canton de Benc, baron de l'Empire, 9 mars 1810.

ORILLARD DE VILLEMANZY (Jacques-Pierre), sénateur, inspecteur en chef aux revues, intendant général de la grande armée d'Allemagne, baron de l'Empire, 9 mars 1810 ; comte de l'Empire, 11 novembre 1813.

ORLÉANS (la ville d'), concession d'armoiries, 21 novembre 1810.

ORMANCEY (François-Léon), adjudant commandant, baron de l'Empire, 25 mai 1811.

ORNANO (Philippe-Antoine), colonel du 25e dragons, comte de l'Empire, 22 novembre 1808.

OSMOND (Antoine-Eustache d'), évêque de Nancy, 1er aumônier du roi de Hollande, baron de l'Empire, mai 1808 ; archevêque de Florence, comte de l'Empire, 16 décembre 1810.

OTTO-DÉMOSLOY (Louis-Guillaume), conseiller d'État, envoyé extraordinaire de l'Empereur près la cour de Bavière, comte de l'Empire, 9 décembre 1809.

OUDART-FOURMENTIN (Jacques), enseigne de vaisseau, chevalier de l'Empire, 28 mai 1809.

OUDET (Jacques-Nicolas-Eliacin), baron de l'Empire avec dotation, 13 février 1811.

OUDINOT (Charles-Nicolas), général de division, député au Corps législatif, comte de l'Empire, 2 juillet 1808 ; maréchal d'Empire, duc de Reggio, 14 avril 1810.

OUDOT (Charles-François), juge en la cour de cassation, chevalier de l'Empire, mai 1808.

OULLENBOURG (Ignace-Laurent-Joseph-Stanislas d'), général de brigade, baron de l'Empire, 26 octobre 1808.

OZILLAN (Jacques-François), major au 40e de ligne, chevalier de l'Empire, 13 février 1811.

PACTHOD (Michel-Marie), général de brigade, baron de l'Empire, 15 juin 1808 ; général de division, comte de l'Empire, 9 octobre 1813.

PAGEOT (François-Marie-Sébastien), général de brigade, commandant le département de la Haute-Saône, chevalier de l'Empire, 18 juillet 1811.

PAGÈS (Joseph), général de brigade, membre du collège électoral du Gard, baron de l'Empire, 9 janvier 1810.

PAILHÈS (Antoine-César-Alexandre), major du 7e régiment des tirailleurs de la garde impériale, 11 décembre 1813.

PAILLOU (Gabriel-Laurent), évêque de la Rochelle, baron de l'Empire, 16 septembre 1808.

PAIMBOEUF (la ville de), concession d'armoiries, 5 décembre 1811.

PAJOL (Claude-Pierre), général de brigade, baron de l'Empire, 18 juin 1809.

PALASNE DE CHAMPEAUX (Antoine-Julien-Pierre), adjudant-commandant, chevalier de l'Empire, mai 1808.

PALLAVICINI (Jules-César), évêque de Luni-Sarrazane, département des Apennins, baron de l'Empire, 4 juin 1810.

PALMAROL (François), général de brigade, baron de l'Empire, 12 novembre 1811.

PALOMBINI (Joseph), général de division, baron de l'Empire, 27 décembre 1811.

PANNETIER (Claude-Marie-Joseph), général de brigade, comte de Valdotte, 31 décembre 1809.

PANNOCHIESCHI D'ELOI (Ours-Marie), chambellan de la grande duchesse de Toscane, député au Corps législatif, chevalier de l'Empire, 3 juillet 1813.

PAPIN (Jean-Baptiste), sénateur, comte de Saint-Christau, 1808.

PARADIS (Boniface), président de la Cour criminelle de l'Yonne, chevalier de Joncreux, 18 juin 1809.

PARDESSUS (Jean-Anne), notaire à Blois, membre du collège électoral du département du Loir-et-Cher, adjoint au maire de Vineuil-les-Bois, chevalier de l'Empire, 19 juin 1813.

PARENT (Antoine), chef d'escadron en retraite, baron de l'Empire, 9 septembre 1810.

PARENT (Louis-Hilaire), chef de bataillon au 56e de ligne, chevalier de l'Empire, avec dotation, 28 novembre 1809.

PARETO (Jean-Benoit), membre du collège électoral du département de Gênes, baron de l'Empire, 18 mai 1811.

PARIGOT (Augustin), adjudant-commandant, baron de l'Empire, 1808.

PARIS (la ville de), concession d'armoiries, 29 janvier 1811.

PARIS (Marie-Augustin), général de brigade, baron de l'Empire, 21 novembre 1810.

PARISOT (Jean-Nicolas-Jacques), juge en la Cour d'appel de Paris, président de la cour criminelle de l'Aube, chevalier de l'Empire, 12 novembre 1809.

PARME (la ville de), concession d'armoiries, 13 juin 1811.

PARMENTIER (Charles-Joseph), membre du collège électoral de la Meurthe, maire de Phalsbourg, baron de l'Empire, 13 mars 1813.

PAROLETTI (Thomas-Gaetan-Camille), adjudant-commandant, chevalier de Mayolle, 13 mars 1812.

PAROLETTI (Victor-Modeste), député au Corps législatif, chevalier de l'Empire, 19 juin 1813.

PASCALIS (Jean-Baptiste-Hyacinthe), commissaire ordonnateur des guerres, chevalier de l'Empire, 24 août 1811.

PASQUIER (Etienne-Denis), maître des requêtes au Conseil d'État, procureur général près du conseil du sceau des titres, baron de l'Empire, 27 novembre 1808.

PASQUIER (Jacques-François), chef de bataillon au 103e de ligne, chevalier de l'Empire, 29 septembre 1809.

PASSAMA-LABUSQUIÈRE (François), juge au tribunal de Lombez, membre du collège électoral du Gers, baron de l'Empire avec majorat, 13 juin 1811.

PASSERAT DE LA CHAPELLE (Honoré-Anthelme), membre du collège électoral de l'Ain, président du canton de Michaille, même département, baron de l'Empire, 24 janvier 1814.

PASSERIEU (Antoine), lieutenant aux chasseurs à cheval de la garde impériale, chevalier de l'Empire, 27 septembre 1811.

PASSINGES (Eustache-Hubert de), adjudant-commandant, chevalier de Préchamps, 14 juin 1810.

PASTORET (Claude-Emmanuel-Joseph-Pierre), membre de l'Institut de France et du conseil général des hospices du département de la Seine, chevalier de l'Empire, 27 juillet 1808; comte de l'Empire, 9 janvier 1810.

PASTORET (Nicolas), président de la cour de justice criminelle des forêts, chevalier de l'Empire, 5 août 1809.

PATIGNY (Jean-Marie), lieutenant de grenadiers au 33e de ligne, baron de l'Empire, 2 mars 1811.

PATUREL (François-Etienne), chef de bataillon en retraite, chevalier de l'Empire, 13 février 1811.

PAU (la ville de), concession d'armoiries, 23 avril 1812.

PAUL (Dominique-Joseph), chef de bataillon en retraite, chevalier de l'Empire, 11 juillet 1810.

PAULIN (Jules), capitaine au corps impérial du génie, chevalier de l'Empire, 18 août 1810.

PAULLET (Dominique-Nicolas), chirurgien-major de l'hôpital de la garde impériale, chevalier de l'Empire, 3 mai 1809.

PAULTRE DE LAMOTTE (Pierre-Louis-François), colonel au 9e cuirassiers, baron de l'Empire, 15 octobre 1809.

PAVÉE DE VENDEUVRE (Jean-Baptiste-Gabriel), membre du conseil d'arrondissement de Bar-sur-Aube, baron de l'Empire avec majorat, 14 février 1810.

PAVETTI (Jacques), député au Corps législatif, chef du 54ᵉ escadron de la gendarmerie impériale, juge de la Cour criminelle spéciale séant à Turin, chevalier de l'Empire, 28 janvier 1809.

PÊCHEUX (Marc-Nicolas-Louis), colonel du 95ᵉ de ligne, baron de l'Empire, 22 novembre 1808.

PECQUIGNOT (André), lieutenant colonel de la gendarmerie impériale, chevalier de l'Empire, 18 juin 1809.

PÉGOT (Jean), major du 26ᵉ de ligne, chevalier de l'Empire avec donation, 19 décembre 1809.

PEIRETTI DE CONDOVE (Jean-Alexandre), premier président de la Cour d'appel de Turin, baron de l'Empire, 21 novembre 1810.

PELET DE LA LOZÈRE (Jean), conseiller d'État à vie, chargé du second arrondissement de la police générale de l'Empire, comte de l'Empire, 1808.

PELET (Jean-Jacques-Germain), chef d'escadron, aide de camp, chevalier de l'Empire, 13 juillet 1811.

PELGRIN (Christophe), colonel du 2ᵉ d'artillerie à cheval, baron de l'Empire, 19 décembre 1809.

PELISSIER (Jean), lieutenant aux chasseurs à cheval de la garde impériale, chevalier de l'Empire, 13 mars 1812.

PELLAERT-GHISTELLES (Anselme-Marie-Jean-Guislain), chambellan de l'empereur, comte de l'Empire, 27 septembre 1810.

PELLEGARDS (Léon-François-Joachim), adjudant-commandant, baron de l'Empire, 9 décembre 1809.

PELLEGRIN (Joseph), colonel directeur du parc d'artillerie de la garde impériale, baron de Millon, 10 avril 1811.

PELLEPORT (Pierre), colonel du 18ᵉ de ligne, baron de l'Empire, 4 janvier 1811.

PELLETAN (Philippe-Jean), chirurgien, consultant de l'Empereur, chirurgien en chef de l'Hôtel-Dieu, professeur à la Faculté de médecine, chevalier de l'Empire, 16 décembre 1810.

PELLETIER (Jean-Baptiste), colonel-directeur de l'artillerie à Varsovie, baron de l'Empire, 27 novembre 1808.

PELLETIER DE MONTMARIE (Aimé), colonel du 28ᵉ dragons, baron de l'Empire, 9 mars 1810.

PELLETIER DE MONTMARIE (Louis-François-Élie), général de brigade, baron de l'Empire, 26 avril 1810.

PÉMARTIN (Joseph), député au Corps législatif, chevalier de l'Empire, 1ᵉʳ avril 1809.

PENGUERU (Guillaume-Joseph-Marie), capitaine aux chasseurs à pied de la garde impériale, chevalier de l'Empire, 23 mai 1810.

Penne (Raimond), colonel du 112ᵉ de ligne, baron de l'Empire, 14 juin 1810.

Percy (Pierre-François), inspecteur général du service de santé, baron de l'Empire, 14 avril 1810.

Péré (Antoine-François), sénateur, comte de l'Empire, 26 avril 1808.

Pérès de Lagesse (Emmanuel), préfet de Sambre-et-Meuse, baron de l'Empire, 14 février 1810.

Pereymont (Thomas), général de brigade, baron de l'Empire, 27 juillet 1808.

Pérez (Joseph-Pierre-Anne de), député au Corps législatif, chevalier de l'Empire, 11 juillet 1810; baron de l'Empire, 12 avril 1813

Péridiez (Louis-Michel-Jacques), chef d'escadron au 2ᵉ dragons, chevalier de l'Empire, 29 août 1810.

Périer (Jean-François), évêque d'Avignon, baron de l'Empire, 12 novembre 1809.

Pérignon (Dominique-Catherine), sénateur, maréchal d'Empire, comte de l'Empire, 6 septembre 1811.

Perin d'Augny (Claude-François), procureur général à la Cour de Metz, baron de l'Empire, 13 mars 1813.

Pernet (Jean-Charles), chef d'escadron, aide de camp du prince Vice-Connétable, baron de l'Empire, 9 mars 1810.

Pernety (Joseph-Marie), général de division d'artillerie, baron de l'Empire, 21 novembre 1810.

Peronneau (Pierre), membre du collège électoral du département de la Creuse, conseiller en la cour de Limoges, baron de l'Empire, 25 février 1813.

Perquit (Sébastien), major du 9ᵉ chasseurs à cheval, chevalier de l'Empire, 9 septembre 1810.

Perrée (Pierre-Nicolas), maître en la Cour des comptes, chevalier de l'Empire, 20 juillet 1808.

Perregaux (Alphonse-Claude-Charles-Bernardin), auditeur au Conseil d'État, comte de l'Empire avec institution de majorat, 21 décembre 1808.

Perret (Jean-Baptiste), membre du collège électoral du Cantal, baron de l'Empire, 15 juin 1812.

Perret (Jean-Mathieu), membre du collège électoral du Rhône, maire de la commune de Rivoire, chevalier de la Menue, 13 mai 1813.

Perrin (Hubert-Joseph-Vincent), capitaine aide de camp, chevalier de l'Empire, 11 juillet 1810 ; chef d'escadron aide de camp, baron de l'Empire, 25 février 1813.

, PERRIN DE BRICHAMBEAU (Antoine-Charles de), capitaine au corps impérial du génie, chevalier de l'Empire, 31 décembre 1809.

PERRON DE SAINT-MARTIN (Charles-Jean-Hyacinthe de), membre du collège électoral du département du Pô, chevalier de l'Empire, 10 janvier 1814.

PERRON DE SAINT-MARTIN (Charles-Joseph-François-Louis), membre du collège électoral de la Doire, comte de l'Empire, 13 août 1810.

, PERROT (Étienne-Martin), chef d'escadron, quartier-maître des grenadiers à cheval de la garde impériale, chevalier de Mousseau, 20 août 1808.

PERROT-DESMOUSSEAU (Étienne-Martin), chef d'escadron, quartier-maître des grenadiers à cheval de la garde impériale, baron de l'Empire, 3 mai 1810.

PERTHUIS (Léon de), président du canton de Toucy, membre du collège électoral de l'Yonne, baron de l'Empire avec majorat, 3 juillet 1813.

PERVINQUIÈRE (Mathieu-Joseph-Séverin), membre du collège électoral de la Vendée, baron de l'Empire, 26 avril 1811.

PETHOU-DESNOYERS (Pierre-Charles), adjudant-commandant dans le département de l'Allier, chevalier de l'Empire, 19 janvier 1811.

, PÉTIET (Pierre-Claude), adjudant-commandant, chevalier de l'Empire, 2 novembre 1810.

PETIET (Pierre-François-Charles-Alexandre-Claude de), auditeur au Conseil d'État, intendant de la couronne en Toscane, capitaine d'artillerie, baron de l'Empire, 12 novembre 1811.

PÉTIGNY (Thomas-Guillaume), maire de Versailles, membre du conseil général de Seine-et-Oise, chevalier de Maurepas, 26 octobre 1808.

PETIT (Claude), général de brigade, baron de l'Empire, 15 janvier 1809.

PETIT (Claude-Auguste), député au Corps législatif, membre du collège électoral du département de la Seine, chevalier de l'Empire, 11 juillet 1810.

PETIT (Jean-Martin), colonel du 67e de ligne, baron de l'Empire, 11 juin 1810.

PETIT DE BEAUVERGER (Claude-Auguste), député au Corps

législatif, membre du collège électoral de la Seine, baron de l'Empire, 6 septembre 1811.

PETIT-LAFOSSE (Aignan-Louis), président de la Cour impériale d'Orléans, chevalier de l'Empire, 27 juillet 1808; baron de l'Empire, 25 février 1813.

PETIT-PRESSIGNY (Henri-Anselme), adjudant-commandant, chevalier de l'Empire, 27 septembre 1810.

PETITOT DE MONTLOUIS (Alexandre), député au Corps législatif, membre du collège électoral du Taro, chevalier de l'Empire, 15 août 1811.

PETRIKOWSKI (Théodore-Gottlieb de), ex-général de brigade au service de la Saxe, chevalier de l'Empire, 10 avril 1811.

PEUGNET (Jean-Baptiste), colonel en second, commandant d'armes, baron de l'Empire, 16 décembre 1810.

PEYRI (Louis-Gaspard-Balthazar-Pierre-Léon-Marie de), général de brigade, baron de l'Empire, 2 mars 1811.

PEYROT (Joseph), colonel en second du 16ᵉ dragons, baron de l'Empire, 14 juin 1810.

PEZENAS DE PLUVINAL (Joseph-Mathieu-Emmanuel-Gaspard), chancelier de la 8ᵉ cohorte, membre du collège électoral du département de Vaucluse, baron de l'Empire, 3 février 1813.

PHILIPPON (Armand), colonel du 54ᵉ de ligne, baron de l'Empire, 11 juillet 1810.

PIAT (Jean-Pierre), colonel du 25ᵉ de ligne, baron de l'Empire, 16 décembre 1810.

PICARD (Joseph), général de brigade, inspecteur des dépôts de cavalerie dans les 3ᵉ et 4ᵉ divisions militaires, baron de l'Empire, 1ᵉʳ juin 1808.

PICARD (Pierre-Isidore), chef d'escadron des dragons de la garde impériale, chevalier de l'Empire, 1ᵉʳ avril 1809.

PICHARD (Louis-Jacques), chef de bataillon au 64ᵉ de ligne, chevalier de l'Empire avec donation, 9 décembre 1809.

PICUOT (Jean-Antoine-Dominique), commissaire des guerres, chevalier de l'Empire, 14 juin 1810.

PICKE (Pierre-Joseph), maire de Gand, chevalier de l'Empire, 18 août 1810; baron de l'Empire, 19 septembre 1810.

PICOT (Joseph), fourrier du palais, chevalier de l'Empire, 13 août 1810.

PICOT-BAZUS (Étienne-Guillaume), général de division en retraite, baron de l'Empire avec majorat, 19 juin 1813.

PICOT DE DAMPIERRE (Augustin-Louis), chef d'escadron, aide de camp, baron de l'Empire, 13 mars 1813.

PICQUERY DE WASRONVAL (Philippe-Louis-Benoît), chef de bataillon au 13ᵉ léger, chevalier de l'Empire, 19 janvier 1811.

PICQUET (Cyrille-Simon), colonel du 6ᵉ dragons, baron de l'Empire, 10 septembre 1808.

PICTET (Marc-Auguste), inspecteur général des études, chevalier de l'Empire, mai 1808.

PICTET (Jacques), capitaine de dragons de la garde impériale, chevalier de l'Empire, 21 septembre 1808.

PICTET (Pierre), chevalier de l'Empire, 18 mars 1809.

PIERETS DE CROONENBURGH (Pierre-André-Joseph), maire de Malines, membre du collège électoral du département des Deux-Netres, chevalier de l'Empire, 12 février 1812.

PIERRE (Charles-Antoine), major au 84ᵉ de ligne, chevalier de l'Empire, 18 août 1810.

PIERRE (Jean), capitaine au 3ᵉ cuirassiers, baron de l'Empire 9 mars 1810.

PIERROT DIT SARREBOURG (Jean-Nicolas), major au 10ᵉ cuirassiers, chevalier de l'Empire avec donation, 31 janvier 1810.

PIERSON (Jean-Baptiste-Jacob), major en retraite, chevalier de l'Empire avec donation, 12 novembre 1809.

PIEYRE (Jean), préfet du Loiret, chevalier de l'Empire, 27 juillet 1808; baron de l'Empire, 14 février 1810.

PIGNET (Pierre), major au 14ᵉ de ligne, chevalier de l'Empire, 18 août 1810.

PILLAY (Maurice-Magloire), chef d'escadron au 10ᵉ dragons, chevalier de l'Empire, 22 octobre 1810.

PILLE (Louis-Antoine), général de division, inspecteur général d'armes d'infanterie, chevalier de l'Empire, 18 mars 1809.

PILLET (Louis-Marie), major au 10ᵉ léger, chevalier de l'Empire, 15 juin 1812.

PILOTTE DE LA BAROLLIÈRE (Jacques-Marguerite), général de division en retraite, baron de l'Empire avec majorat, 25 mars 1810.

PINCHINAT (Pierre-Antoine), chef de bataillon au 45ᵉ de ligne, chevalier de l'Empire avec donation, 19 décembre 1809.

PINO (Dominique), général de division, premier capitaine de la garde italienne de l'Empereur, comte de l'Empire, 9 mars 1810.

PINOT (Jean-Marie-Madeleine), capitaine adjudant-major au 27ᵉ dragons, chevalier de l'Empire, 20 août 1808.

PINTEVILLE-CERNON (Jean-Baptiste de), maître des comptes, chevalier de l'Empire, 5 octobre 1808.

PINTHON (Hippolyte), lieutenant colonel adjoint à l'état-major général, chevalier de l'Empire, 9 septembre 1810.

PIOCH (Jean-Antoine-Louis), capitaine aux chasseurs à pied de la garde impériale, chevalier de l'Empire, 23 mai 1810.

PION DE SAINT-JULE (Jean), lieutenant-colonel aux chasseurs à pied de la garde impériale, chevalier de l'Empire, 23 avril 1812.

PIOSSASCO (Louis-Pacifique-François de), président de la cour d'appel de Turin, chevalier de l'Empire, 11 août 1808; baron de l'Empire, 15 juin 1812.

PISANI DE LA GAUDE (Charles-François-Joseph), évêque de Namur, baron de l'Empire, 12 novembre 1811.

PISTON, général de division, baron de l'Empire, juin 1808.

PISTRE (Benoit), chef d'escadron au 8e dragons, chevalier de l'Empire avec donation, 9 mars 1810.

PITAT (Pierre-Dominique), officier de la gendarmerie impériale, chevalier de l'Empire, 11 août 1808.

PLAIGE (Jean-Baptiste), chef de bataillon au 30e de ligne, chevalier de l'Empire, 21 novembre 1810.

PLAISANCE (la ville de), concession d'armoiries, 13 juin 1811.

PLASCHAERT (Jean-Baptiste-Joseph-Ghislain), député au Corps législatif, membre du collège électoral du département de la Dyle, chevalier de l'Empire, 22 octobre 1810.

PLAZANET (Jean-Baptiste), major au 15e d'infanterie de ligne, chevalier de l'Empire avec donation, 19 décembre 1809.

PLICQUE (Louis-Augustin), adjudant commandant, baron de l'Empire, 2 août 1811.

PLOCHIN (Jean-Baptiste), substitut du procureur général près la cour de justice criminelle de Turin, président du collège électoral de Pignerol, chevalier de l'Empire, 18 juin 1809.

POILLOUE DE SAINT-MARS (Abel-Jacques-Louis), lieutenant au 2e hussards, chevalier de l'Empire, 4 juillet 1811.

POILLY (Charles-François-Ferdinand de), maire de Leuilly (Aisne) chef du dépôt impérial d'étalons, chevalier de l'Empire, 9 octobre 1813.

POINSOT (Claude), chef de bataillon au 3e de ligne, chevalier de l'Empire, 29 août 1810.

POINSOT (Pierre), général de brigade, baron de Chansac, 14 février 1810.

Poirson (Louis-Onésime), chef de bataillon au 105ᵉ de ligne, chevalier de l'Empire, 2 novembre 1810.

Poissonnier de Prulay (Louis-Joseph), membre du collège électoral de l'Orne, baron de l'Empire avec majorat, 16 décembre 1810.

Poitevin (Jean-Étienne-Casimir), général de brigade au corps impérial du génie, inspecteur général des fortifications, baron de Maurcillan, 21 décembre 1808.

Poittevin-Maissemy (Charles), préfet du Mont-Blanc, chevalier de Maissemy, 15 octobre 1809; baron de l'Empire, 14 août 1813.

Polosson (Jean-Baptiste), chef de bataillon au 3ᵉ de ligne, baron de l'Empire, 14 février 1810.

Pommereul (François-René-Jean de), général de division, préfet du Nord, baron de l'Empire, 9 septembre 1810.

Pompejac (Pierre), lieutenant-colonel au 2ᵉ régiment des tirailleurs chasseurs à pied de la garde impériale, chevalier de l'Empire, 2 mars 1811.

Poncet (François-Frédéric), chef du génie maritime, chevalier de l'Empire, 18 mars 1809.

Poncet (Jean-François), capitaine au 2ᵉ de ligne, baron de l'Empire, 23 juillet 1810.

Pons (la ville de), concession d'armoiries, 23 avril 1812.

Ponsard (Jean), colonel en retraite, baron de l'Empire, 19 juin 1813.

Ponsard (Jean-Marie), lieutenant en retraite, receveur particulier des contributions de l'arrondissement de Mantes, chevalier de l'Empire, 23 décembre 1810.

Pont (Auguste-Antoine Prouveur, chevalier de). V. Prouveur.

Pontaubevoye de Lauberdière (Louis-François-Bertrand), général de brigade, membre du Corps législatif, baron de l'Empire, mai 1808.

Ponte d'Albaret (Gabriel-François-Marie-Ange de), baron de l'Empire, 25 mars 1810.

Ponthon (Charles-François de), colonel du génie, secrétaire du cabinet de l'Empereur, baron de l'Empire, 19 janvier 1811.

Pontier-Catus (Charles-Ignace), inspecteur aux revues de la 24ᵉ division militaire, chevalier de l'Empire, 15 janvier 1809.

Popon de Maucune (Antoine-Louis), général de brigade, baron de l'Empire, 10 septembre 1808.

Popon de Maucune (Louis), adjudant commandant, baron de l'Empire, 11 juillet 1810.

PORCHER DE RICHEBOURG (Gilles-Charles), sénateur, comte de l'Empire, 26 avril 1808.

PORET (Prosper), major au 18ᵉ léger, chevalier d'Estière, 16 décembre 1810.

PORET DE MORVAN (Paul-Jean-Baptiste), colonel du 34ᵉ léger, chevalier de l'Empire, 27 février 1812; major au 3ᵉ tirailleurs de la garde impériale, baron de l'Empire, 14 août 1813.

PORIQUET (Jean-Gabriel), juge à la Cour de cassation, chevalier de l'Empire, mai 1808.

PORSON (Jean-François), général de brigade, baron de l'Empire, 23 octobre 1811.

PORTAL (Antoine), membre de l'Institut impérial de France, docteur en médecine, chevalier de l'Empire, 27 juillet 1808.

PORTALIS (Joseph-Marie), conseiller d'État, membre du conseil du sceau des titres, chevalier de l'Empire, 26 avril 1808; comte de l'Empire, 9 décembre 1809.

POUCHELON (Etienne-François-Raimond), colonel du 33ᵉ régiment d'infanterie, baron de l'Empire, 26 octobre 1808.

POUCHIN DE LA ROCHE (Pierre-Guillaume), général de brigade, baron de l'Empire, 5 décembre 1811.

POUDAVIGNE-BEAUBASSIN (Louis-Jean), capitaine aux chasseurs à pied de la garde impériale, chevalier de l'Empire, 16 décembre 1810.

POUDVET DE FERRET (René), chef de bataillon, chevalier de l'Empire, 13 août 1811.

POUGEARD DU LIMBERT (François), préfet de l'Allier, baron de l'Empire, 14 avril 1810.

POUGET (Jean-Pierre), général de brigade, baron de l'Empire, 12 novembre 1811.

POUGET (Pierre-Benjamin-Denis), titre de comte conféré à l'amiral Martin, avec dotation, à lui transmissible, 2 octobre 1813.

POUPART DE NEUFLIZE (Jean-Abraham-André), président du collège électoral des Ardennes, maire de Sedan, baron de l'Empire avec majorat, 23 juin 1810.

POURAILLY (Bernard), colonel du 24ᵉ régiment d'infanterie légère, baron de l'Empire, 1808.

POURTALES (Henri-Charles-Frédéric), capitaine aide de camp du prince vice-connétable, comte de l'Empire, 31 décembre 1809.

POUSSIELGUE (Aléxandre-Laurent), chirurgien principal des armées impériales, chevalier de l'Empire, 26 avril 1810.

POUZET (Charles), général de brigade, baron de Saint-Charles, 26 octobre 1808.

PRADEL DE SAINT-CHARLES (Charles), sous-inspecteur aux revues, chevalier de l'Empire, 26 avril 1810.

PRAEFKE (Jean-André), colonel du 28e léger, baron de l'Empire, 15 octobre 1809.

PRATI DE RAVAGNASQUE (Pie-Charles-Ignace-Camille-André-Jean-Marie), député au Corps législatif, chevalier de l'Empire, 18 mars 1809.

PRÉLIER (Guilbert-Joseph), capitaine au 3e régiment des voltigeurs de la garde impériale, chevalier de l'Empire, 13 juillet 1811.

PRÉTET (Charles-Etienne-Joseph), capitaine du génie et l'un des officiers d'ordonnance de l'Empereur, baron de l'Empire, 10 janvier 1813.

PRÉVOST (Louis-Charlemagne), colonel en second du 7e dragons, chevalier de l'Empire, 16 décembre 1810.

PRÉVOST DE BORD (Antoine-Henri-Honoré), capitaine quartier-maître trésorier du 8e cuirassiers, chevalier de l'Empire, 1er avril 1809.

PRÉVOST DE SAINT-CYR (Joseph-Honoré-Célestin-François La Caussade), colonel en second du 6e de ligne, chevalier de l'Empire, 17 mai 1810.

PRIÉ (Simon-Hercule-Epictête-Flavien-Démétrius de), maître des cérémonies de l'Empereur, introducteur des Ambassadeurs, auditeur au Conseil d'État, baron de l'Empire, 26 avril 1811.

PRIMAT (Claude-François-Marie), sénateur, archevêque de Toulouse, comte de l'Empire, 27 novembre 1808.

PRIVAL (Claude-Antoine-Hippolyte), général de brigade, baron de l'Empire, 7 juin 1808.

PRIVÉ (Ythier-Silvain), général de brigade, baron de l'Empire, juin 1808.

PROST (Ambroise), capitaine du génie, chevalier de l'Empire, 27 février 1809.

PROST (Claude), colonel, directeur d'artillerie, baron de l'Empire, 23 mai 1810.

PROST (Didier), chef de bataillon en retraite, chevalier de l'Empire, 29 août 1810.

PROST (Pierre), chef de bataillon au corps impérial du génie, sous-directeur de l'Ecole de l'artillerie à Metz, chevalier de l'Empire, 24 février 1809.

PROVANA DEL FABBIONE (Michel-Xavier), chambellan du prince Borghèse, membre du collège électoral du département du Pô et de l'Académie impériale de Turin, baron de l'Empire, 14 avril 1810.

PROUVEUR (Auguste-Antoine-Joseph), préfet de l'Indre, chevalier de Pont, 2 août 1808 ; baron de Grouard avec majorat, 5 août 1809.

PRUDHOMME (Jean-Baptiste), chef de bataillon du génie, chevalier de l'Empire, 28 janvier 1809.

PRUÈS (Bernard), chef d'escadron, aide de camp, chevalier de l'Empire, 19 janvier 1811.

PUCCI (Emile), chambellan de l'Empereur, maire de Florence, comte de l'Empire, 30 octobre 1810.

PUCHEU (Jean), chef d'escadron des dragons de la garde impériale, chevalier de l'Empire, 17 mai 1810.

PUNIET-MONTFORT (Joseph), chef de bataillon au corps impérial du génie, chevalier de Montfort, 28 janvier 1809.

PUPIER DE BRIOUDE (Claude-Antoine), procureur général impérial près la cour criminelle de la Loire, chevalier de l'Empire, 20 juillet 1808.

PURAT (Jean-Baptiste-André), président de la cour de justice criminelle de la Creuse, chevalier de l'Empire, 15 janvier 1809.

PUTHOD (Claude-Marie-François), procureur général en la Cour de justice criminelle de l'Ain, chevalier de l'Empire, 28 janvier 1809.

PUTHOD (Jacques-Marie-Joseph), général de division, baron de l'Empire, 23 mai 1810.

QUANDALLE (Auguste), chef de bataillon adjoint à l'état-major général de la garde impériale, chevalier de l'Empire, 30 juillet 1810.

QUÉLEN (Auguste-Marie-Louis de), écuyer de Madame Mère, baron de l'Empire, 14 avril 1810.

QUÉNARD (François-Rémi), sous-inspecteur aux revues, chevalier de l'Empire, 9 septembre 1810.

QUÉRILHAC (Clément), sous-inspecteur aux revues, chevalier de l'Empire, 4 janvier 1811.

QUESNEL (Louis-François), chef de bataillon adjoint à l'état-major général de la garde impériale, chevalier de l'Empire, 30 octobre 1810.

QUESNEL-DUTORPT (François-Jean-Baptiste), général de division, baron de l'Empire, 16 décembre 1810.

QUÉTARD-DELAPORTE (Jacques), général de brigade, baron de l'Empire, 14 juin 1810.

QUEUNOT (Mathieu), colonel du 9e régiment de dragons, baron de l'Empire, 7 juin 1808.

QUINETTE (Jean-Charles), colonel du 5e régiment de cuirassiers, baron de l'Empire, 5 octobre 1808.

QUINETTE (Nicolas-Marie), préfet de la Somme, chevalier de Rochemont, 27 juillet 1808 ; baron de l'Empire, 19 septembre 1810.

QUINTIN DE BEINE (François-Charles-Gédéon), sous-lieutenant au 2e cuirassiers, chevalier de l'Empire, 14 juin 1810.

QUIOT (Joachim-Jérôme), colonel du 100e de ligne, baron de l'Empire, 21 décembre 1808.

RABELLEAU (Guillaume-Stanislas), lieutenant colonel aide de camp, chevalier de l'Empire, 10 avril 1811.

RABUSSON (Jean), chef d'escadron aux chasseurs à cheval de la garde impériale, baron de l'Empire, 13 mars 1813.

RADET (Etienne), général de brigade, inspecteur général de la gendarmerie, baron de l'Empire, 2 septembre 1810.

RAFÉLIS DE SAINT-SAUVEUR (Aldonce-Charles-Joseph-François de Paule-Samaritain), major au 8e cuirassiers, baron de l'Empire, 25 mars 1810.

RAFFRON (Cyprien-Joseph), colonel du 1er d'artillerie à cheval, baron de l'Empire, 3 janvier 1813.

RAGOIS (Thomas), chef d'escadron, adjudant au palais de Fontainebleau, chevalier de l'Empire, 3 août 1810.

RAILLON (Jacques), évêque d'Orléans, chanoine de l'église métropolitaine de Paris, baron de l'Empire, 23 décembre 1810.

RALLIER (Louis-Anne-Esprit), député au Corps législatif, chevalier de l'Empire, 14 juin 1810.

RAMBAUD (Pierre-Thomas), procureur général près la Cour d'appel de Lyon, président de canton, membre du collège électoral du département du Rhône, chevalier de l'Empire, 27 septembre 1808 ; baron de l'Empire, 22 octobre 1810.

RAMBAUD (Pierre-Thomas), procureur général près la Cour de Lyon, baron de la Sablière avec majorat, 25 mars 1813.

RAMBOURGT (Claude-Constant-Marie), lieutenant au 1er chasseurs à cheval, chevalier de l'Empire, 23 juillet 1810.

RAMBOURGT (Gabriel-Pierre-Patrice), colonel de cavalerie, baron de l'Empire, 17 mai 1810.

RAMEAUX (Antoine-Simon), colonel du 3e provisoire de réserve, chevalier de l'Empire, 9 septembre 1810.

RAMEY DE SUGNY (Jean-Marie-Vital), général de division, premier inspecteur général de l'artillerie et des troupes de la marine, comte de l'Empire, 28 janvier 1809.

RAMOND (Louis-François-Élisabeth), préfet du Puy-de-Dôme, membre de l'Institut, baron de l'Empire, 14 février 1810.

RAMOND-DUTAILLIS (Adrien-Jean-Baptiste-Amable), général de division, comte de l'Empire, 1808.

RAMPON (Antoine-Guillaume), général de division, sénateur, comte de l'Empire, 26 avril 1808.

RAMPON (Jean-Baptiste), capitaine aux chasseurs à pied de la garde impériale, chevalier de l'Empire, 23 mai 1810.

RANDON DE PULLY (Charles-Joseph de), général de division, comte de l'Empire, 12 novembre 1809.

RANDON D'HANNENCOURT (Jean-Ferdinand-Elie), chef d'escadron, capitaine commandant la vénerie impériale, baron de l'Empire, 14 avril 1810.

RANDON-DULAULOY (Charles-François), général de division, chevalier de l'Empire avec dotation, 9 mars 1810 ; inspecteur général d'artillerie, comte de l'Empire, 13 février 1811.

RANIERI D'ALBIZZI (Luc-Laurent-Joseph), chambellan de l'Empereur, comte de l'Empire, 20 juin 1811.

RAOUSSET-BOULBON (Henri-Émile-Charles-Louis-Michel-Raoux), propriétaire à Avignon, baron de l'Empire avec majorat, 19 janvier 1811.

RAPP (Jean), aide de camp de l'Empereur, général de division, gouverneur général de Dantzig, comte de l'Empire, 28 janvier 1809.

RATEAU (Louis-René), chef de bataillon au 105e de ligne, chevalier de l'Empire, 15 juillet 1810.

RATEAU (Pierre-Auguste), procureur général à la Cour d'appel de Bordeaux, baron de l'Empire, 29 janvier 1811.

RATTIER (Jean-Henri), capitaine aux chasseurs à pied de la garde impériale, chevalier de l'Empire, 23 mai 1810.

RAULET (Antoine), quartier-maître des chevau-légers polonais de la garde impériale, chevalier de l'Empire, 4 juin 1810.

RAULOT (Jean-François), colonel directeur d'artillerie, chevalier de l'Empire, 21 novembre 1810.

RAVARAN (Beltrame-Christiani de), sous-préfet de l'arrondissement d'Asti, membre du collège électoral du département de Marengo, chevalier de l'Empire, 9 mai 1811.

RAVERAT (René-Claude-Jean), lieutenant au 57e de ligne, baron de l'Empire, 25 mars 1810.

RAVIER (Auguste-Juste), capitaine de gendarmerie, chevalier de l'Empire, 10 février 1809.

RAVIER (Jean-Baptiste-Ambroise), colonel du 18e régiment de ligne, baron de l'Empire, 2 août 1808.

RAYNARDI DE BELVEDÈRE (François-Félix), adjudant commandant, baron de l'Empire, 14 avril 1810.

RAZOUT (Louis-Nicolas de), général de brigade, baron de l'Empire, 29 septembre 1809.

RÉAL (Pierre-François), conseiller d'État à vie, comte de l'Empire, 24 avril 1808.

RÉAUT (Paul-Charles), capitaine, quartier-maître aux grenadiers à pied de la garde impériale, chevalier de l'Empire, 19 janvier 1811.

RÉBILLOT (Pierre), major du 16e chasseurs à cheval, chevalier de l'Empire, 15 juillet 1810.

REBOUL (Jean-Louis), chef de bataillon au 4e de ligne, chevalier de l'Empire, 6 octobre 1810.

RECEVEUR DE LIVREMONT (Vincent-Auguste), chef d'escadron au 12e chasseurs à cheval, chevalier de l'Empire, 18 juin 1809.

RECHOWICZ (Stanislas-François-Michel), capitaine au 2e régiment de la Vistule, chevalier de l'Empire, 10 janvier 1813.

REDON DE BELLEVILLE (Charles), maître des requêtes au conseil d'État, intendant général des provinces illyriennes, baron de l'Empire, 15 juillet 1810.

RÉGEAU (Jean-Marie), chef de bataillon au 9e léger, chevalier de l'Empire avec dotation, 19 décembre 1809.

REGE GIFFLENGA (Alexandre de), colonel aide camp du vice-roi d'Italie, baron de l'Empire, 14 avril 1810.

REGNARD (Auguste-Jean), lieutenant-colonel aide de camp, sous-inspecteur aux revues provisoire, chevalier de l'Empire, 10 avril 1811.

REGNARD (Joseph-Constant), capitaine en retraite, chevalier de l'Empire, 28 janvier 1809.

REGNAUD (Charles), propriétaire, baron de l'Empire avec majorat, 26 février 1814.

REGNAUD DE SAINT-JEAN-D'ANGELY (Michel-Louis-Etienne), ministre d'État, secrétaire de l'état de la famille impériale, comte de l'Empire, 24 avril 1808.

REGNAULT (Jean-Baptiste), peintre d'histoire, chevalier de l'Empire, 15 janvier 1809.

REGNIER (Amé-Nicolas-François-Silvestre), auditeur au Conseil d'Etat, secrétaire du sceau des titres, comte de Gronau avec dotation, 15 septembre 1811.

REGNIER (Claude-Ambroise), grand juge, ministre de la justice, comte de l'Empire, 24 avril 1808; duc de Massa, 15 août 1809.

REILLE (Honoré-Charles-Michel-Joseph), aide de camp de l'Empereur, général de division, comte de l'Empire, 29 juin 1808.

REILLE (Honoré-Martin-Polyeucte), chef de bataillon, aide de camp, chevalier de l'Empire, 4 janvier 1811.

REINHARD (Charles-Frédéric) envoyé et ministre plénipotentiaire de l'empereur Napoléon, près le roi de Westphalie, membre de l'Institut, chevalier de l'Empire, 24 février 1809; baron de l'Empire, 31 décembre 1809.

REISET (Marie-Antoine), général de brigade, chevalier de l'Empire, baron de l'Empire, 25 mars 1813.

RÉMOND (Charles), colonel du 34e de ligne, baron de l'Empire, 18 mars 1809.

REMUSAT (Augustin-Laurent de), 1er chambellan de l'Empereur, maître de sa garde-robe, surintendant des théâtres de Paris, comte de l'Empire, 27 novembre 1808.

RÉMY (Antoine), chef d'escadron aux grenadiers à cheval de la garde impériale, chevalier de l'Empire, 20 août 1808; baron de l'Empire, 6 octobre 1810.

RÉMY (Claude-Charles), lieutenant au 5e cuirassiers, chevalier de l'Empire, 26 avril 1811.

RENARD (Brice-Jean-Baptiste), colonel du 4e régiment de ligne italien, chevalier de l'Empire, 9 septembre 1810.

RENARD (François-Nicolas), chef de bataillon en retraite, chevalier de l'Empire avec dotation, 19 décembre 1809.

RENAUD (Antoine-François-Adolphe), colonel du 30e dragons, baron de l'Empire, 14 avril 1810.

RENAULDON (Charles), maire de Grenoble, membre du collège électoral de l'Isère, baron de l'Empire, 25 février 1813.

RENNES (la ville de), concession d'armoiries, 20 juin 1811.

RENOU DE LA BRUNE (Louis-François-Edmond), adjudant commandant, chevalier de l'Empire, 24 août 1811.

RENOULT (Adrien-Jacques), chirurgien-major de la gendarmerie d'élite, chevalier de l'Empire, 5 octobre 1808.

REQUIN (Pierre), adjudant-commandant, membre du collège électoral du département du Mont-Blanc, chevalier de l'Empire, 1er janvier 1813.

RESCARD-BELFORT (Jacques), général de brigade, baron de l'Empire, 18 juin 1809.

REUTER (Nicolas), député au Corps législatif, chevalier de l'Empire, 5 août 1809.

REVERONI SAINT-CYR (Jacques-Antoine de), lieutenant colonel

attaché à l'état-major du prince vice-connétable de l'Empire, baron de l'Empire avec majorat, 30 octobre 1810.

REVEST (Jean), adjudant commandant, chevalier de l'Empire, 22 octobre 1810.

REY (Jean-Baptiste), commissaire ordonnateur, chevalier de l'Empire, 15 janvier 1809.

REY (Jean-Pierre-Antoine), général de brigade, baron de l'Empire, 28 mai 1809.

REYMOND (Henri), évêque de Dijon, baron de l'Empire, 14 février 1810.

REYNAUD (Benoît-Hilaire), général de brigade, baron de l'Empire, 28 janvier 1809.

REYNAUD (Nicolas), général de brigade, baron de l'Empire, 10 février 1809.

REYNIER (Jean-Louis-Ebenezer), général de division, comte de l'Empire, 25 mai 1811.

REYPAILHADE (Jean-Ambroise), conseiller à la cour impériale de Montpellier, membre du collège électoral de l'Hérault, chevalier de l'Empire, 1er janvier 1813.

RHEINVALD (Charles-Louis), général de brigade, baron de l'Empire, 2 février 1809.

RIBOUD (Thomas-Philibert), président de la cour criminelle du département de l'Ain, député au Corps législatif, chevalier de l'Empire, 21 décembre 1808.

RICALDONE (Alliaga-Charles-François-Irène-Marie-Gandolphe de), écuyer du prince Borghèse, baron de l'Empire, 16 décembre 1810.

RICARD (Etienne-Pierre-Silvestre), général de brigade, baron de l'Empire, 7 juin 1808.

RICARD (François), chef d'escadron aide de camp, chevalier de l'Empire, 1er janvier 1813.

RICHARD (Joseph-Étienne), préfet de la Charente-Inférieure, chevalier de l'Empire, 18 juin 1809 ; baron de l'Empire, 9 mars 1810.

RICHARD (Joseph-Pierre), colonel du 46e régiment d'infanterie de ligne, baron de l'Empire, 2 août 1808.

RICHEMONT (Christophe-François-Adolphe de), colonel aide de camp, baron de l'Empire, 28 mai 1809.

RICHEPANCE (Eugène-Charles-François-Antoine), fils du général Richepance, baron de l'Empire, 31 janvier 1810.

RICHEPANCE (Marie-Joséphine-Charlotte-Anne-Antoinette, veuve du général de), baronne de l'Empire, 9 mars 1810.

RICHETTA (François-Édouard), chef de bataillon au 24ᵉ léger, chevalier de l'Empire, 18 août 1810.

RICHTER (Jean-Louis), colonel du 3ᵉ cuirassiers, baron de l'Empire, 25 mars 1809.

RICOT (Jean-Adrien-François), président du tribunal de commerce de Saint-Valery (Somme), chevalier de l'Empire, 15 septembre 1811.

RIGAL (Louis-Maximilien), officier trésorier de la 4ᵉ cohorte de la Légion d'honneur, sénateur, comte de l'Empire, 26 avril 1808.

RIGAUX (Antoine), général de brigade, baron de l'Empire, 2 février 1809.

RIGNON (Jean-Antoine), capitaine adjudant-major aux chasseurs à pied de la garde impériale, chevalier de l'Empire, 6 octobre 1810.

RIGNOUX (Antoine), colonel du 103ᵉ de ligne, baron de l'Empire, 31 janvier 1810.

RIGNY. Voir GAULTIER DE RIGNY.

RINGUELET (Claude), chef de bataillon au 16ᵉ léger, chevalier de l'Empire, 29 août 1810.

RINUCCINI (Pierre-François), chambellan de la princesse de Lucques et de Piombino, grande duchesse de Toscane, membre d'administration du débit public, baron de l'Empire, 14 avril 1810.

RIOU DE KERSALAUN (François-Marie-Joseph), préfet du Cantal, baron de l'Empire, 14 février 1810.

RIOUFFE (Honoré-Jean), préfet de la Meurthe, baron de l'Empire, 9 mars 1810.

RIOULT D'AVENAY (Archange-Louis), général de brigade, baron de l'Empire, 15 janvier 1809.

RIPPERT (Alexandre-Antoine-Calixte), général de brigade, baron de l'Empire, 28 janvier 1808.

RIQUET DE CARAMAN (Maurice-Gabriel-Joseph), membre du Corps législatif, du collège électoral et du conseil général du département de Jemmapes, baron de l'Empire avec majorat, 3 juillet 1813.

RIQUET DE CARAMAN (Victor-Marie-Joseph-Louis), capitaine, l'un des officiers d'ordonnance de l'Empereur, baron de l'Empire, 21 février 1814.

RIS (Jean-Louis), commissaire ordonnateur, chevalier de l'Empire, 5 mai 1812.

RITAY (Jean-Marie), général de brigade, baron de l'Empire, 26 octobre 1808.

RIVAUD (Olivier-Macoux), général de division, commandant la 25ᵉ division militaire, baron de la Raffinière, 29 juin 1808.

Rivaz (Charles-Emmanuel de), député au Corps législatif, chevalier de l'Empire, 11 septembre 1813.

Rivet (Léonard-Philippe), préfet de la Dordogne, chevalier de l'Empire, 22 novembre 1808; baron de l'Empire, 9 mars 1810.

Rivetta (Georges-Antoine-Marie-Vincent), membre du collège électoral du département de Marengo, maire de Casal, baron de Limna, 28 avril 1813.

Rivière (Charles-François), chef de division au ministère de la guerre, chevalier de l'Empire, mai 1808.

Rivoyra (Louis), sous-lieutenant en retraite, chevalier de l'Empire, 15 juin 1812.

Robert (Claude), commissaire des guerres, chevalier de l'Empire, 11 juillet 1810.

Robert (Louis-Benoît), colonel du 117e de ligne, baron de l'Empire, 10 avril 1811.

Robert (Pierre-Nicolas), chef de bataillon au 48e de ligne, baron de l'Empire, 11 juillet 1810.

Robert (Simon), major des grenadiers à pied de la garde impériale, baron de l'Empire, 4 janvier 1811.

Robillard (Jacques-Florent), membre du collège électoral de la Seine, censeur de la Banque de France, baron de l'Empire avec majorat, 22 octobre 1810.

Robillard (Jean-Michel), major au 67e de ligne, chevalier de l'Empire avec dotation, 9 mars 1810.

Robinet (Charles-François), président de la Cour criminelle d'Ille-et-Vilaine, député au Corps législatif, chevalier de l'Empire, 25 mars 1810.

Robinet-Duteil (Gilbert-Louis), général de brigade, commandant du prytanée de La Flèche, chevalier Duteil, 25 mars 1809.

Robquin (Pierre-Charles-Éléonore), chef d'escadron de gendarmerie, chevalier de l'Empire, 20 juin 1811.

Rochechouart de Mortemart (Anne-Victurnien-René-Roger de), comte de Mortemart avec majorat, 17 mai 1810.

Rochechouart-Mortemart (Casimir-Louis-Victurnien de), capitaine, officier d'ordonnance de l'Empereur, baron de l'Empire, 8 avril 1813.

Rochefort d'Ally (Amédée de), baron de l'Empire, 14 février 1810.

Rochefort (la ville de), concession d'armoiries, 3 janvier 1813.

Rocq-Wasservas (Philippe-François), major en retraite, chevalier de l'Empire, 29 août 1810.

RODELURTZ (Louis), adjudant-major en retraite, chevalier de l'Empire, 10 avril 1811.

RODIER (Jean-Baptiste), régent de la Banque de France, baron de l'Empire, 22 octobre 1810.

RŒDERER (Antoine), auditeur au Conseil d'État, préfet du Frasimène, baron de l'Empire, 11 juin 1810.

RŒDERER (Pierre-Louis), sénateur, titulaire de la sénatorerie de Caen, comte de l'Empire, 2 février 1809.

ROEMERS (Charles-Clément de), député au Corps législatif, baron de l'Empire, 15 septembre 1811.

ROGER (Alexandre), capitaine aide de camp, chevalier de l'Empire, 26 avril 1808.

ROGER (Daniel), président du canton de Gonesse, membre du collège électoral de Seine-et-Oise, baron de l'Empire avec majorat, 10 mars 1809.

ROGER DE CHERFOSSE (Pierre-Henri-Victor de), membre du collège électoral, du conseil général, conseiller de préfecture d'Ille-et-Vilaine, baron de l'Empire, 13 mars 1813.

ROGER (François), député au Corps législatif, conseiller de l'université impériale, chevalier de l'Empire, 23 décembre 1810.

ROGER (Salomon-Louis), maire de Villeron (Seine-et-Oise), baron de l'Empire avec majorat, 17 mai 1810.

ROGERY (Marie-Joseph-Bernard), chef de bataillon au 4e régiment des tirailleurs de la garde impériale, chevalier de l'Empire, 20 juin 1811.

ROGET DE BELLOGUET (Mansuy-Dominique), général de division, chevalier de l'Empire avec dotation, 9 janvier 1810; baron de l'Empire, 22 octobre 1810.

ROGGIERI (Jean-Baptiste), préfet de la Meuse-Inférieure, baron de l'Empire, 14 février 1810.

ROGNIAT (Joseph), général de brigade au corps impérial du génie, baron de l'Empire, 17 mai 1810.

ROGUET (François), général de brigade, commandant l'infanterie de la 1re division militaire et de la garnison de Paris, baron de l'Empire, 26 avril 1808; général de division, chambellan de l'Empereur, colonel en second des grenadiers à pied de la garde impériale, comte de l'Empire, 26 février 1814.

ROHAN (Ferdinand-Maximilien-Méviadée de), ancien archevêque de Cambrai, premier aumônier de l'impératrice reine, comte de l'Empire, 2 juillet 1808.

Rohault de Fleury (Hubert), lieutenant-colonel au corps impérial du génie, chevalier de l'Empire, 10 avril 1811.

Roidot de Saint-Michel (Charles-Didier), chef de bataillon au 3e régiment des tirailleurs grenadiers de la garde impériale, baron de l'Empire, 11 septembre 1813.

Roize (Claude), général de brigade, baron de l'Empire, 21 novembre 1810.

Rolland (Jacques), inspecteur général des ponts et chaussées, chevalier de l'Empire, 2 avril 1812.

Rolland (Jean-André-Louis), préfet des Apennins, baron de l'Empire, 9 janvier 1810.

Rolland (Pierre), major au 2e cuirassiers, chevalier de l'Empire, 28 janvier 1809; colonel en second au 2e cuirassiers, baron de l'Empire, 23 juillet 1810.

Rolland de Chambaudouin (Barthélemi-François), préfet de l'Eure, baron de l'Empire avec majorat, 29 septembre 1809.

Rolland de Mallelot (Sigisbert-Antoine-Louis-Joseph), conseiller en la cour impériale de Nancy, membre du collège électoral de la Meurthe, baron de l'Empire, 26 avril 1811.

Rollet (Jean-Louis-Simon), ci-devant évêque de Montpellier, membre du chapitre impérial de Saint-Denis, baron de l'Empire, 7 juin 1808; baron de l'Empire avec majorat et transmission de titre à Jean-Baptiste Nicolas Lemercier, 20 août 1809.

Rollin (Jean-Baptiste), chef d'escadron au 2e carabiniers, chevalier de l'Empire avec donation, 19 décembre 1809.

Romanet (Joseph), général de brigade en retraite, membre du collège électoral de Seine-et-Oise, chevalier de l'Empire, 11 juillet 1810.

Rome (Jean-François), colonel du 7e léger, chevalier de l'Empire, 14 août 1813.

Rome (la ville de), concession d'armoiries, 13 juin 1811.

Romeuf (André-Barthélemi-Jules), baron de l'Empire, 13 mars 1813.

Romeuf (Jean-Louis), adjudant-commandant, baron de l'Empire, 3 mai 1810.

Romey (Chalcédoine-Louis-Joseph-François, membre du collège électoral des Alpes-Maritimes, chevalier de l'Empire, 25 mars 1810.

Ropartz (Joseph), procureur général de la cour criminelle des Côtes-du-Nord, chevalier de l'Empire, 21 novembre 1810.

Roque (Pierre), procureur général impérial près la cour criminelle du département de la Haute-Garonne, chevalier de l'Empire, 10 septembre 1808.

Roques de Clausonnette (Charles-Henri de), membre du collège électoral du Gard, baron de l'Empire, 8 mai 1811.

Rosé (Jean-Baptiste), colonel directeur d'artillerie, baron de l'Empire, 12 novembre 1809.

Rosey (François), chef de bataillon aux grenadiers à pied de la garde impériale, chevalier de l'Empire, mai 1808; major commandant le 2e régiment de chasseurs de la garde impériale, baron de l'Empire, 29 janvier 1811.

Roslin-d'Ivry (Jean-Baptiste-Marie), membre du conseil de l'arrondissement d'Etampes, lieutenant de la louveterie, baron de l'Empire avec majorat, 19 décembre 1809.

Rosnyvinen de Piré (Hippolyte-Marie-Guillaume), colonel du 7e chasseurs à cheval, baron de l'Empire, 2 août 1808.

Rossetti (Joseph-Marie-Thomas), chef d'escadron, aide de camp du roi des Deux-Siciles, chevalier de l'Empire, 16 septembre 1810.

Rossignol (Louis-Jacques-Henri), chef d'escadron des dragons de la garde impériale, chevalier de l'Empire, 5 octobre 1808.

Rotours de Chaulieu (Louis-Jules-Auguste des), membre du collège électoral de la Manche, commandant la garde d'honneur de l'arrondissement de Mortain, baron de l'Empire, 25 juillet 1811.

Rottembourg (Henri), colonel du 108e de ligne, baron de l'Empire, 20 août 1809.

Rotterdam (la ville de), concession d'armoiries, 20 juin 1811.

Rouelle (Pierre-Michel), colonel du 116e de ligne, baron de l'Empire, 19 janvier 1811.

Rouen (Denis-André), maire du IIe arrondissement de Paris, chevalier de l'Empire, 19 janvier 1811.

Rouen (la ville de), concession d'armoiries, 2 novembre 1810.

Rougé (François-Hiacinte-Gauderie), lieutenant-colonel au 65e de ligne, chevalier de l'Empire, 1er avril 1809.

Rougelin (Jean-Baptiste), chef de bataillon en retraite, chevalier de l'Empire, 30 juillet 1810.

Rougier de la Bergerie (Jean-Baptiste), préfet de l'Yonne, correspondant de l'Institut de France, baron de l'Empire, 25 mars 1810.

Rouillé d'Orfeuil (Gaspard-Marie-Louis), auditeur au conseil d'État, sous-préfet de Nogent-le-Rotrou, baron de l'Empire, 21 novembre 1810.

Rouillé d'Orfeuil (Antoine-Louis), propriétaire, baron de l'Empire avec majorat, 6 octobre 1810.

Roujoux (Louis-Julien de), préfet de Saône-et-Loire, baron de l'Empire avec majorat, 11 juin 1810.

Roulhac (Guillaume-Grégoire), procureur général près la cour d'appel de Limoges, chevalier de l'Empire, 2 janvier 1809.

Roulhac (Guillaume-Grégoire de), procureur général près la cour d'appel de Limoges, baron de l'Empire, 13 avril 1811.

Roullet de la Bouillerie (François-Marie-Pierre), maître des requêtes au conseil d'état, trésorier général du domaine extraordinaire de l'Empereur et officier de sa maison, baron de l'Empire, 11 juillet 1810.

Rousseau (Antoine-Alexandre), général de brigade, commandant l'île de Gadzand, baron de l'Empire, 4 juillet 1811.

Rousseau (Claude-Louis), évêque d'Orléans, baron de l'Empire, mai 1808.

Rousseau (Guillaume-Charles), major commandant les fusiliers chasseurs de la garde impériale, baron de l'Empire, 19 juin 1813.

Rousseau (Jean), sénateur, comte de l'Empire, 26 avril 1808.

Rousseau (Jean-Joseph), maire du IIe arrondissement de Paris, chevalier de l'Empire, mai 1808.

Rousseau (Louis-Jacques), juge en la cour de cassation, chevalier de l'Empire, mai 1808.

Rousseau de Chamoy (Anne-Claude), membre du collège électoral de l'Aube, maire de la commune de Chamoy, baron de l'Empire avec majorat, 9 mai 1811.

Rousseau de Saint-Aignan (Nicolas-Auguste-Marie), chef d'escadron, aide de camp, baron de l'Empire, 31 décembre 1809.

Roussel (Jean-Charles), général de brigade, baron de l'Empire, 6 octobre 1810.

Roussel (Placide-Edme), référendaire de 1re classe en la cour des comptes, chevalier de l'Empire, 23 juin 1810.

Roussel d'Hurbal (François-Nicolas), général de division, baron de l'Empire, 26 février 1814.

Roussille (Jean-Ignace), colonel du 5e de ligne, baron de l'Empire, 25 mars 1810.

Rouvier (Paul), chef de bataillon en retraite, commandant d'armes, attaché à la 1re division militaire, chevalier de l'Empire, 22 octobre 1810.

Rouvroy (Albert-Joseph), chef de la 1re légion des gardes nationales d'élite du département du Nord, baron de l'Empire avec majorat, 11 septembre 1813.

Roux (Jean), capitaine de frégate, chef militaire des mouvements de la marine au port de Nantes, chevalier de l'Empire, 13 février 1811.

Roux (Vital), régent de la Banque de France, chevalier de l'Empire, mai 1808.

Rouyer (Jean-Victor), général de brigade, baron de Saint-Victor, 27 décembre 1811.

Rouyer (Joseph), adjudant commandant, baron de l'Empire, 26 avril 1810.

Rouzeau (Médard), chef d'escadron au 1er dragons, chevalier de l'Empire, 11 juillet 1810.

Rouzier (Pierre-François-Gabriel), colonel du 95e de ligne chevalier de l'Empire, 1er janvier 1813.

Rozat (Nicolas-Félix), colonel du 10e provisoire de dragons, chevalier de Mandres, 17 mai 1810.

Ruat (Jean-François-Noël), colonel du 21e dragons, chevalier de l'Empire, 27 février 1812.

Rudler (François-Joseph), préfet de la Charente, chevalier de l'Empire, 28 janvier 1809 ; baron de l'Empire, 14 février 1810.

Ruffin (François), général de division, comte de l'Empire, 26 octobre 1808.

Ruffo (Claude-Marie), ancien évêque de Saint-Flour, membre du chapitre impérial de Saint-Denis, baron de l'Empire, 15 juin 1808.

Rupérou (Olivier), juge à la cour de cassation, chevalier de l'Empire, 26 avril 1808.

Ruphy Menthon de Lornay (François-Louis), député au Corps législatif, chevalier de l'Empire, 3 juillet 1813.

Rusca (Jean-Baptiste), général de division, baron de l'Empire, 13 mars 1811.

Russeau (Jean-Simon-Louis-Germain-Barbe), procureur général près la cour de justice criminelle du Loiret, membre du collège électoral de ce département, chevalier de l'Empire, 18 juin 1809.

Ruty (Charles-Etienne-François), général de brigade, commandant l'artillerie du corps de réserve de la grande armée, baron de l'Empire, 11 août 1808 ; général de division, comte de l'Empire, 11 septembre 1813.

Sabatier (Bonaventure Hippolyte), colonel au corps impérial du génie, chevalier de l'Empire, 18 juin 1809 ; directeur général des parcs du génie, baron de l'Empire, 9 janvier 1810.

Sablon (Antoine), maire de Clermond-Ferrand, président du collège électoral du Puy-de-Dôme, chevalier de l'Empire, 23 mai 1810.

SACHON (Claude-Marie), capitaine aux dragons de la garde impériale, chevalier de l'Empire, 14 août 1813.

SACHS (Pierre-Frédéric), colonel du 14ᵉ régiment de chasseurs à cheval, baron de l'Empire, 2 juillet 1808.

SAHUC (Louis-Michel-Antoine), général de division commandant la 19ᵉ division militaire, baron de l'Empire, 24 juin 1808.

SAIN-ROUSSET (André-Paul), membre du collège électoral du Rhône, adjoint au maire de Lyon, chevalier de l'Empire, 18 juin 1809; baron de Vauxonne, 3 mai 1810, majorat, 2 octobre 1813.

SAINT-ALBIN (Pierre), chef d'escadron au 5ᵉ cuirassiers, chevalier de l'Empire, 19 janvier 1812.

SAINT-CHAMANS (Alfred-Armand-Robert), chef d'escadron aide de camp, chevalier de l'Empire, 28 janvier 1809; colonel du 7ᵉ chasseurs à cheval, baron de l'Empire, 11 septembre 1813.

SAINT-DIDIER (Alexandre-Charles-Nicolas de), préfet du palais, membre du collège électoral des Basses-Alpes, baron de l'Empire, 12 novembre 1809.

SAINT-ÉTIENNE DE BORNE SAINT-SERNIN (Eustache-Louis-Achille-François de), baron de l'Empire, 23 avril 1812.

SAINT-GENIÈS (Jean-Marie-Noel de), colonel du 19ᵉ dragons, baron de l'Empire, 21 septembre 1808.

SAINT-HILAIRE. Voir LEBLOND DE SAINT-HILAIRE.

SAINT-JEAN (Pierre), chef de bataillon au 26ᵉ léger, chevalier de l'Empire, 11 juillet 1810.

SAINT-LAURENT (Louis-Joseph-Auguste-Gabriel de), général de division au corps de l'artillerie, directeur général des parcs des corps d'armes et des places du nord, baron de l'Empire, 14 avril 1810.

SAINT-LÉGER (Ferdinand-Baptiste-Alexandre de), capitaine au corps du génie, chevalier de l'Empire, 25 février 1813.

SAINT-LO (la ville de), concession d'armoiries, 5 décembre 1811.

SAINT-MARS (Joseph-César), colonel du 3ᵉ chasseurs à cheval, baron de l'Empire, 6 octobre 1810.

SAINT-MARTIN (Jean), colonel du 1ᵉʳ de ligne, baron de l'Empire, 9 septembre 1810.

SAINT-MARTIN (Joseph), capitaine aux chasseurs à pied de la garde impériale, chevalier de l'Empire, 23 octobre 1811.

SAINT-MARTIN DE LA MOTTE (Jean-François-Félix), membre du conseil du sceau des titres, sénateur, comte de l'Empire, 1808.

SAINT-PIERRE-LESPERET (Henri), député au corps législatif, chevalier de l'Empire, 13 février 1811.

SAINT-RÉMI (Maurice-Louis), chef d'escadron adjoint, à l'état major général, chevalier de l'Empire, 13 août 1810.

SAINT-SIMON-COURTOMER (Antoine-Léon-Pierre), chambellan de l'impératrice et reine, comte de l'Empire, avec majorat, 20 août 1809

SAINT-VINCENT (Marie-Joseph-Auguste de), colonel directeur d'artillerie, chevalier de l'Empire, 16 décembre 1810.

SAIZIEU (Louis-François-Richard Barthélemi de), capitaine de vaisseau, commandant le bataillon des marins de la garde impériale, baron de l'Empire, 21 février 1814.

SALADIN (Charles-Antoine), membre du collège électoral du département de la Meurthe, l'un des présidents en la cour impériale de Nancy, baron de l'Empire, 25 mars 1813.

SALAMON (Joseph-Étienne-Marie), officier d'état-major en retraite, chef du bureau du mouvement des troupes au département de la guerre, baron de l'Empire, 22 mars 1814.

SALMUN DE KERLANGUY (Jean-Marie), maire de Mespaul, arrondissement de Morlaix, baron de l'Empire avec majorat, 4 janvier 1811.

SALK-REGULSKI (Joseph-François), chef de bataillon au 2e régiment de la Vistule, chevalier de l'Empire, 9 octobre 1813.

SALHA DE HONE (Valentin), général de division et ministre de la guerre de Westphalie, comte de l'Empire, 23 avril 1812.

SALLÉ (Étienne-François), président de la cour d'appel de Bourges, baron de l'Empire, 6 octobre 1810.

SALMATORIS-ROSSILLON (Charles de), intendant des biens de la souveraineté impériale dans les départements au delà des Alpes, comte de l'Empire, 14 février 1810,

SALM-DYCK (Joseph-François-Marie-Antoine-Hubert-Ignace de), chancelier de la 4e cohorte de la légion d'honneur, député au Corps législatif et capitaine de la louveterie de 28e arrondissement, chevalier de l'Empire, mai 1808; comte de l'Empire, avec majorat, 24 février 1809.

SALMON (Jean-Jacques), colonel à la suite du 7e grenadiers de la réforme, baron de l'Empire, 25 mars 1810.

SALUCES (André-Annibal de), écuyer de l'Empereur, baron de l'Empire, 2 septembre 1810.

SALVAGE DE FAVEROLLES (Jean-Toussaint), colonel de cavalerie, chevalier de Faverolles, 28 janvier 1809.

SALVIAC DE VIEL-CASTEL (Charles), chambellan de l'impératrice Joséphine, baron de l'Empire, 6 octobre 1810.

SANÉ (Jacques-Noel), inspecteur-général du génie maritime, baron de l'Empire, 6 octobre 1810.

Sanson (Nicolas-Antoine), général de division, inspecteur du génie, directeur général du dépôt de la guerre, comte de l'Empire, mai 1808.

Sarraire (Auguste), colonel du 8ᵉ léger, baron de l'Empire, 2 novembre 1810.

Sarrut (Augustin-Jean-Jacques-Thomas), baron de l'Empire, avec dotation, 10 janvier 1814.

Sarrut (Jacques-Thomas), général de brigade, baron de l'Empire, 14 avril 1810.

Sartelon (Antoine-Léger de), secrétaire général du ministère de l'administration de la guerre, commissaire ordonnateur de la division et du gouvernement de Paris, membre du collège électoral de la Corrèze, chevalier de l'Empire, 21 décembre 1808.

Saulnier (Pierre-Dieudonné-Louis), secrétaire général du ministère de la police générale, chevalier de l'Empire, mai 1808.

Saunier (Louis-François), colonel de gendarmerie, baron de l'Empire, 11 juin 1810.

Saur (Jean-André), sénateur, comte de l'Empire, mai 1808.

Sauret. Voir Franconin Sauret.

Sautereau (Étienne-Pierre), lieutenant de la gendarmerie impériale, chevalier de l'Empire, 21 décembre 1808.

Sauxan d'Aramon (Camille-Élisabeth de), capitaine de dragons, chevalier de l'Empire, 13 mars 1812.

Savary (Anne-Jean-Marie-René), aide de camp de l'Empereur, général de division, colonel de la gendarmerie d'élite, duc de Rovigo, 1808.

Savary (Pierre-Hector), procureur général près la cour criminelle de la Charente-Inférieure, chevalier de l'Empire, 12 octobre 1809.

Savary de Lancose (Louis-Alphonse), membre du collège électoral du département de l'Indre, comte de l'Empire, 26 avril 1810.

Savettier de Candras (Jacques-Lazare de), général de brigade, baron de La Tour de Pré, 27 novembre 1808.

Savoie-Carignan (Charles-Albert de), comte de l'Empire, avec majorat, 6 octobre 1810,

Savoie-Carignan (Marie-Joseph de), chef d'escadron au 8ᵉ hussards, baron de l'Empire, 25 mars 1810 ; avec majorat, 27 septembre 1810 ;

Savone (la ville de), concession d'armoiries, 30 septembre 1811.

Savoye de Rollin (Jacques-Fortunat), préfet du département des Deux-Néthes, baron de l'Empire, 12 avril 1813.

SCALFORT (Joseph-Nicolas), général de brigade, baron de l'Empire, 21 décembre 1808.

SCHAUENBOURG (Baltasar), général de division, inspecteur général d'infanterie, baron de l'Empire, 16 décembre 1810.

SCHELER (Jean-Georges de), lieutenant général Wurtembergeois. comte de l'Empire, 14 août 1813.

SCHERB (Igace-Léopold-Elysée), chef d'escadron au 11e cuirassiers, chevalier de l'Empire, 2 septembre 1810.

SCHERER (Jean), chef de bataillon en retraite, chevalier de l'Empire avec dotation, 9 décembre 1809.

SCHILT (Jean-Jacques), général de brigade, baron de l'Empire, 2 avril 1812.

SCHIMMELPENNINCK (Roger-Jean), sénateur, comte de l'Empire, 10 avril 1811.

SCHINER (Joseph-François-Ignace-Maximilien), général de brigade, baron de l'Empire, 12 novembre 1809.

SCHIRMER (Jean-Louis), président de la Cour d'appel de Colmar, baron de l'Empire, 10 avril 1811.

SCHMITS (Louis-Joseph), membre du collège électoral de la Meurthe et du conseil général du même département, l'un des conservateurs des eaux et forêts, baron de l'Empire, 25 février 1813.

SCHMITZ (Nicolas), major du 32e de ligne, chevalier de l'Empire avec dotation, 9 mars 1810.

SCHNEIDER (Antoine-Virgile), chef de bataillon, employé près du ministre de la guerre, chevalier de l'Empire, 23 février 1811.

SCHNEIT (Pierre-Henri), colonel du 24e régiment de chasseurs à cheval, chevalier de l'Empire, baron de l'Empire, 24 janvier 1814.

SCHOBERT (Laurent), colonel du 3e d'infanterie, baron de l'Empire, 1er avril 1809.

SCHRAMM (Adam), général de brigade, baron de l'Empire, 21 décembre 1808.

SCHREIBER (Nicolas-Joseph), général de brigade, baron de l'Empire, 25 mars 1813.

SCHUTZ (François), chef de bataillon au 3e régiment de la Vistule, chevalier de l'Empire, 5 août 1813.

SCHWARZ (François-Xavier), général de brigade, baron de l'Empire, 15 janvier 1809.

SCHWEIKERT (Jean-Jacques), chef de bataillon au 28e de ligne, chevalier de l'Empire, 18 août 1810.

Schwendt (Etienne-François-Joseph), juge en la Cour de cassation, chevalier de Saint-Etienne, 10 septembre 1808.

Schwitter (Henri-César-Auguste), colonel du 55e de ligne, baron de l'Empire, 10 septembre 1808.

Sébastiani-Porta (Horace-François-Bastien), général de division, comte de l'Empire, 31 décembre 1809.

Sébastiani-Porta (Louis), évêque d'Ajaccio, baron de l'Empire, 14 juin 1810.

Sécretan (Antoine-Joseph), chef de bataillon au 2e régiment des tirailleurs chasseurs de la garde impériale, chevalier de l'Empire, 16 décembre 1810.

Séganville (Louis), colonel, premier aide de camp du maréchal duc d'Istrie, chevalier de l'Empire avec majorat, 15 octobre 1809 ; baron de l'Empire, 14 février 1810.

Segoing-Laborde (Jean-Constantin), adjudant-commandant, attaché à l'état-major de la place de Paris, baron de l'Empire, 3 février 1813.

Segond (Henri-Martial-Adolphe de), titre de baron et majorat du sieur de Vaublanc, son grand-père, à lui transmissible, 1er janvier 1813.

Séguier (Antoine-Jean-Mathieu), maître des requêtes, premier président de la cour d'appel de Paris, baron de l'Empire avec majorat, 28 janvier 1809.

Séguier (Armand-Louis-Maurice), consul à Trieste, chevalier de l'Empire, 26 avril 1810.

Ségur (Louis-Philippe de), grand maître des cérémonies, conseiller d'État à vie, membre de l'Institut de France, comte de l'Empire, mai 1808.

Ségur (Octave-Gabriel-Henri de), sous-lieutenant au 15e chasseurs à cheval, comte de l'Empire, 9 septembre 1810.

Ségur (Paul-Philippe de), maréchal des logis de l'Empereur, adjudant-commandant, comte de l'Empire, 31 décembre 1809.

Semelle (Jean-Baptiste-Pierre-Hippolyte), général de brigade, baron de l'Empire, 1er juin 1808.

Sémery (Jacques-Philippe de), adjudant-commmandant, baron de l'Empire, 30 octobre 1810.

Séniluac (Jean-Jacques-Louis), adjudant-commandant, chevalier de l'Empire, 16 septembre 1808.

Sentuari (Louis-Joseph-Paulin), chef d'escadron, attaché à l'état-major général, chevalier de l'Empire, 23 juillet 1810.

Septenville. Voir Langlois de Septenville.

Séras (Jean-Mathieu), général de division, comte de l'Empire, 28 novembre 1809.

Seron (Denis-Etienne), colonel du 7ᵉ dragons, baron de l'Empire, 9 septembre 1810.

Séroux (Jean-Nicolas de), général de division au corps impérial de l'artillerie et commandant cette arme au 6ᵉ corps de la grande armée, baron du Fay, 20 juillet 1808.

Serra (Jean-Charles-François), résident de l'Empereur à Varsovie, baron de l'Empire, 16 décembre 1810.

Serra Saint-Michel (Jean-Charles-Vincent-Marie), maire de Gênes, membre du Conseil général du département, comte de l'Empire, 22 octobre 1810.

Serre (François), capitaine au 15ᵉ léger, baron de l'Empire, 4 janvier 1811.

Serret (François-Joseph-Jean-Baptiste de), membre du collège électoral du département de la Lys, baron de l'Empire, 1ᵉʳ janvier 1813.

Sers (Jean-Pierre), sénateur, comte de l'Empire, mai 1808.

Sérurier (Jean-Mathieu-Philibert), maréchal d'Empire, gouverneur de l'hôtel des Invalides, sénateur, comte de l'Empire, 1808.

Séruzier (Jean-Joseph-Théodore), major au corps impérial de l'artillerie, chevalier de l'Empire, 19 janvier 1811.

Severoli (Philippe-Eustache-Louis-Balthasar), général de division, comte de l'Empire, 23 mai 1810.

Seyssel d'Aix (Thomas de), maître des cérémonies de l'Empire, introducteur des ambassadeurs, comte de l'Empire, 14 février 1810.

Sezeur (Paul-Hector), procureur général près la Cour d'appel d'Orléans, chevalier de Bois-Mandé, 10 février 1809 ; baron de l'Empire, 25 février 1813.

Sézille (Moutan-Alexis), chef d'escadron au 4ᵉ d'artillerie, chevalier de l'Empire, 2 septembre 1810.

Shée (Henri), sénateur, comte de l'Empire, 14 avril 1810.

Shée (Redmond), adjudant commandant, baron de l'Empire, 14 février 1810.

Sibille (Claude), chef d'escadron au 6ᵉ d'artillerie à cheval, chevalier de l'Empire avec dotation, 9 décembre 1809.

Sibuet (Benoit), major du 96ᵉ de ligne, chevalier de l'Empire, 30 octobre 1810.

Sicard (Joseph-Victor), chef de bataillon aux chasseurs à pied de la garde impériale, chevalier de l'Empire, 21 décembre 1808 ; baron de l'Empire, 23 mai 1810.

SIEYES (Emmanuel-Joseph), sénateur, membre de l'Institut, comte de l'Empire, mai 1808.

SIGNORIS BURONZO BUSSETTI DE BEAUJEU (Émile), membre du collège électoral du département de Gênes, baron de l'Empire, 25 mai 1811.

SILVESTRE DE SACY (Antoine-Isaac), député au Corps législatif, membre de l'Institut de France, chevalier de l'Empire, 3 mai 1809 ; baron de l'Empire, 12 avril 1813.

SIMÉON (Joseph-Jérôme), conseiller d'État, ministre de la Justice et de l'Intérieur du roi de Westphalie, chevalier de l'Empire, 10 septembre 1808.

SIMMER (Martin-Valentin-François), adjudant commandant, baron de l'Empire, 2 septembre 1810.

SIMON (Claude), évêque de Grenoble, baron de l'Empire, 11 juin 1810.

SIMON (Edouard-François), général de brigade, baron de l'Empire, 12 novembre 1811.

SIMON (Jean-Baptiste-Charles), adjudant commandant attaché à l'état-major de la garde impériale, chevalier de la Mortière, 22 novembre 1808.

SIMONIN (Augustin-Dominique-Aubin), capitaine de cavalerie, chevalier de l'Empire, 20 août 1809.

SIMONIN (Claude-Louis), adjudant-commandant, chevalier de l'Empire, 18 mai 1811.

SINETTE (Stanislas), capitaine au 2e régiment de la Vistule, chevalier de l'Empire, 9 octobre 1813.

SIRUGUE (Marie-Antoine), colonel de la 14e légion de la gendarmerie impériale du département de l'Aube, député au Corps législatif, chevalier de l'Empire, 21 décembre 1808.

SOLAR DE VILLENEUVE (Alexandre), écuyer de la princesse Pauline, duchesse de Guastalla, adjudant du palais impérial de Turin, baron de l'Empire, 25 mars 1810.

SOLAR DE VILLENEUVE (Paule-Marie-Gabrielle Coconito de Montiglione, veuve du sieur), baronne de l'Empire, 26 avril 1810.

SOMAN (Louis), colonel de cavalerie, réformé, chevalier de l'Empire, 20 août 1809.

SOMIS (Justinien-Victor), général de brigade, baron de l'Empire, 13 février 1811.

SONGEON (Jean-Marie), adjudant commandant, chevalier de l'Empire, 30 octobre 1810.

Songis (Nicolas-Marie), général de division, premier inspecteur général de l'artillerie, comte de l'Empire, 1er avril 1809.

Songis de Pange (Marie-Jacques-Thomas), chambellan de l'Empereur, comte de l'Empire, 22 octobre 1810.

Sopransi (Louis), lieutenant-colonel, aide de camp du prince vice-connétable, baron de l'Empire, 6 octobre 1810.

Sorbier (Barthelmat), général de division, comte de l'Empire, mai 1808.

Sorbier-Pougnadoresse (Jean-François), colonel-directeur des fortifications, chevalier de l'Empire, 26 avril 1810.

Soubdès (Jean-Marie), lieutenant au 5e cuirassiers, chevalier de l'Empire, 9 septembre 1810.

Souham (Joseph), général de division, comte de l'Empire, 4 juin 1810.

Soulage (Etienne-Henri), adjudant commandant, aide de camp du maréchal duc d'Istrie, chevalier de l'Empire, 6 octobre 1810.

Soulès (Jérôme), général de brigade, sénateur, comte de l'Empire, mai 1808.

Soulès (Vital), adjudant-major aux fusiliers chasseurs de la garde impériale, chevalier de Saint-Vital, 6 octobre 1810.

Soulier (Jean-Antoine), général de brigade, baron de l'Empire, 1er janvier 1813.

Soult (Jean-de-Dieu), maréchal d'Empire, colonel général de la garde impériale, chef de la 4e cohorte de la Légion d'honneur, commandant en chef le 4e corps de la grande armée, duc de Dalmatie, 29 juin 1808.

Soyez (Jacques-Pierre), colonel du 39e de ligne, baron de Beauchêne, 16 septembre 1808.

Soyer (Louis-Stanislas-Xavier), général de brigade, baron de l'Empire, 2 juillet 1808.

Sparre (Louis-Ernest-Joseph), écuyer de l'Empereur, colonel du 5e dragons, baron de l'Empire, 9 mai 1811.

Spiezenael (Claude-François), président de la Cour de justice criminelle du Doubs, chevalier de l'Empire, 3 mai 1809.

Spina (Joseph-Marie), cardinal-prêtre de la Sainte-Église romaine, archevêque de Gênes, comte de l'Empire, 18 juin 1809.

Stassart (Gossevin-Joseph-Augustin de), auditeur au Conseil d'État, sous-préfet à Orange, chevalier de l'Empire, 18 juin 1809.

Steck (François-Joseph), chef d'escadron, aide de camp du prince de Ponte-Corvo, chevalier de l'Empire, 2 septembre 1810.

STOCKALPER (Gaspard-Eugène), conseiller en la cour impériale de Lyon, baron de l'Empire, 2 août 1811.

STOFFEL (Christophe-Antoine-Jacques), chef de bataillon adjoint à l'état-major général, chevalier de l'Empire, 18 août 1810.

STOKOWSKI (Ignace-Ferdinand), chef d'escadron aux chevau-légers polonais de la garde impériale, baron de l'Empire, 20 juin 1811.

STRASBOURG (la ville de), concession d'armoiries, 2 août 1811.

STROZZI (Ferdinand-Marie), chambellan de la princesse de Lucques et de Piombino, grande-duchesse de Toscane, baron de l'Empire, 23 mai 1810.

SUBERVIC (Gervais-Protais), colonel du 10e chasseurs à cheval, baron de l'Empire, 28 novembre 1809.

SUCHET (Gabriel-Catherine), chef de bataillon retiré, receveur général des droits réunis dans le département de la Seine-Inférieure, chevalier de l'Empire, 10 septembre 1808.

SUCHET (Louis-Gabriel), général de division, gouverneur du palais impérial de Lacken, commandant la première division de la grande armée en Silésie, comte de l'Empire, 24 juin 1808 ; maréchal d'Empire, commandant en chef l'armée d'Aragon, gouverneur du palais impérial de Lacken, duc d'Albuféra, 3 janvier 1813.

SUE (Jean-Joseph), médecin en chef de la garde impériale, chevalier de l'Empire, 21 décembre 1808.

SUISSE DE SAINTE-CLAIRE (Claude), capitaine aux chasseurs à pied de la garde impériale, chevalier de l'Empire, 11 juin 1810 ; colonel du 10e régiment des voltigeurs de la garde impériale, baron de l'Empire, 21 février 1814.

TAILLEFER (Hubert-Jules), chirurgien-major des marins de la garde impériale, chevalier de l'Empire, 4 juin 1810.

TAILLEPIED DE BONDY (Pierre-Marie), chambellan de l'Empereur, baron de l'Empire, 12 novembre 1809 ; maître des requêtes au Conseil d'Etat, comte de l'Empire, 14 février 1810.

TALHOUET (Auguste-Frédéric de), officier d'ordonnance de l'Empereur, baron de l'Empire, 3 août 1810.

TALLEYRAND-PÉRIGORD (Alexandre-Edmond), chef d'escadron, aide de camp du prince vice-connétable, comte de l'Empire, 17 mai 1810.

TALLEYRAND-PÉRIGORD (Augustin-Louis), chambellan de l'Empereur, ministre plénipotentiaire près la Confédération helvétique, comte de l'Empire, 31 janvier 1810.

TARBÉ (Charles-Hardouin), chef d'escadron au 2e carabiniers, chevalier de Saint-Hardouin avec dotation, 31 janvier 1810.

TARBÉ (Jean-Bernard), inspecteur divisionnaire du corps des ponts et chaussées, chevalier de l'Empire, 2 juillet 1808.

TARDIF-BORDESOULLE (Etienne), général de brigade, baron de l'Empire, 17 mai 1810.

TARDY (Charles-Joseph-Louis), évêque de Verceil, baron de l'Empire, 14 août 1813

TARDY (Jean-Philibert-Antoine), député au Corps législatif, chevalier de la Carrière, 11 juillet 1810.

TARRIBLE (Jean-Dominique), maître des comptes, chevalier de l'Empire, 2 juin 1808.

TASCHER (Pierre-Jean-Alexandre), sénateur, comte de l'Empire, mai 1808 ; institution de majorat auquel est attaché le titre de baron de l'Empire, 23 octobre 1811.

TASCHER DE LA PAGERIE (Jean-Henri-Robert de), colonel, comte de l'Empire, 6 octobre 1810.

TASCHER DE LA PAGERIE (Pierre-Claude-Louis-Robert), chef d'escadron, aide de camp du vice-roi d'Italie, comte de l'Empire, 9 mars 1810.

TAUPIN (Eloi-Charlemagne), général de brigade, baron de l'Empire, 2 juillet 1808.

TAVERNIER (François-Joseph-Antoine), adjudant-commandant, baron de l'Empire, 3 mai 1810.

TAVIEL (Albert-Louis-Valentin), général de brigade au corps impérial de l'artillerie, baron de l'Empire, 13 mars 1811.

TEILLARD (François), procureur général près la cour criminelle du Cantal, chevalier de l'Empire, 5 août 1809.

TEISSEIRÉ (Jean-François), chef de bataillon au 4e régiment des voltigeurs de la garde impériale, chevalier de l'Empire, 2 avril 1812.

TEISSIER (René), chef d'escadron en retraite, chevalier de l'Empire avec dotation, 14 février 1810.

TEISSIER DE MARGUERITTES (Esprit-Louis-Eugène), lieutenant de vaisseau commandant une escouade de marins de la garde impériale, chevalier de l'Empire, 3 août 1810.

TERRASSON (Claude-Marie), colonel du génie, directeur des fortifications, député au Corps législatif, chevalier de l'Empire. 26 avril 1808.

TERRASSON DE SÉNEVAS (Gabriel-Louis), propriétaire, baron de l'Empire avec majorat, 19 juin 1813.

TERREYRE (Denis), général de brigade, baron de l'Empire, 29 juin 1808.

TERRIER (Jacques), chef de bataillon adjoint à l'état-major général, chevalier de l'Empire, 18 août 1810 ; adjudant-commandant, baron de Palente, 11 septembre 1813.

TERTHE (Antoine-Marie du), commissaire ordonnateur des guerres, chevalier de l'Empire, 20 août 1809.

TESNIÈRE DE BRÉMESNIL (Jean-Victor), député au Corps législatif, baron de l'Empire avec majorat, 18 juin 1809.

TESTE (François), général de brigade, baron de l'Empire, 21 novembre 1810.

TESTE (Marc), inspecteur aux revues, chevalier de l'Empire, 22 octobre 1810.

TEULE (Jacques), capitaine au 39e léger, chevalier de l'Empire, 14 août 1813.

TEULLÉ (François-Marie-Cyprien), major du 12e de ligne, chevalier de l'Empire, mai 1809.

TEXIER-OLIVIER (Louis), préfet de la Haute-Vienne, baron de l'Empire, 14 février 1810.

THABAUD (Guillaume), administrateur de la loterie impériale, membre du collège électoral de l'Indre, baron de l'Empire, 18 juin 1809 ; avec majorat, 1er mai 1811.

THANARON (Pierre-Paul-Pascal), lieutenant de vaisseau, commandant l'une des escouades des marins de la garde impériale, chevalier de l'Empire, 2 novembre 1810.

THARREAU (Jean-Victor), général de division, baron de l'Empire, 21 décembre 1808.

THARREAU (Pierre-André), propriétaire, baron de l'Empire avec dotation, 14 août 1813.

THEOTOKI (Emmanuel), président du sénat des îles Ioniennes, baron de l'Empire, 28 février 1812.

THÉRY (Louis-Noël-Joseph), chef de bataillon attaché à l'état-major général, chevalier de l'Empire, 13 août 1810.

THEUREY (Louis), chef de bataillon pensionné de la garde impériale, chevalier de l'Empire, 27 juillet 1808.

THÉVENARD (Antoine-Jean), vice-amiral, préfet maritime du IVe arrondissement, comte de l'Empire, 9 janvier 1810.

THÉVENET (Louis-Marie-Joseph), colonel en second au 13e léger, chevalier de l'Empire avec majorat, 12 novembre 1809.

THÉVENEZ D'AOUST (François-Alexandre), colonel du 11e dragons, baron de l'Empire, 22 mars 1814.

THÉVENIN DE TANLAY (Louis), membre du collège électoral de l'Yonne, baron de l'Empire, 26 avril 1811.

THIBAUDEAU (Antoine-Clair), conseiller d'Etat, préfet des Bouches-du-Rhône, chevalier de l'Empire, 20 août 1809; comte de l'Empire, 31 décembre 1809.

THIBON (Louis-Charles), premier sous-gouverneur de la Banque de France, baron de l'Empire, 9 septembre 1810.

THIERRIAT DE LA MAISON-BLANCHE (Pierre), capitaine de frégate, chevalier de l'Empire, 28 mai 1809.

THIÉRY (Etienne), capitaine aux dragons de la garde impériale, chevalier de l'Empire, 12 février 1812.

THIEULLEN (Jean-Nicolas), premier président de la Cour d'appel de Rouen, chevalier de l'Empire, 28 janvier 1809; baron de l'Empire, 14 avril 1810.

THIONVILLE (la ville de), concesssion d'armoiries, 16 mai 1813.

THIRY (François-Mansuy), député au Corps législatif, membre du collège électoral de la Meurthe, baron de l'Empire, 12 avril 1813.

THIRY (Nicolas-Marin), général de brigade, baron de l'Empire, 20 août 1809.

THOMAS (Adrien-Martial), adjudant-commandant, baron de l'Empire, 6 octobre 1810.

THOMAS (Jean-Denis), député au Corps législatif, procureur général près la Cour de justice criminelle de la Seine-Inférieure, chevalier de l'Empire, 3 mai 1809.

THOMAS (Joseph), chef de bataillon attaché à l'état-major général, chevalier de l'Empire, 9 septembre 1810.

THOMAS (Jean-Joseph), président de la Cour de justice criminelle des Basses-Alpes, chevalier de l'Empire, 28 janvier 1809.

THOMIÈRES (Jean-Guillaume-Barthélemi), général de brigade, baron de l'Empire, 18 juin 1809.

THOREZ (Louis-Joseph), capitaine commandant au 4e bataillon des vétérans, à Bois-le-Duc, chevalier de l'Empire, 5 août 1812.

THOULOUZE (Martin), colonel du 33e de ligne, baron de l'Empire, 9 mars 1810.

THOUVENOT (Pierre), général de brigade, baron de l'Empire, 13 février 1811.

THURIOT (Jacques-Alexis), avocat général à la Cour de cassation, chevalier de l'Empire, 16 mai 1813.

THYSEBAERT (Auguste-Joseph de), membre du collège électoral du département de la Dyle, adjoint au maire de Bruxelles, baron de l'Empire, 21 février 1814.

TILLY (Jacques-Charles), général de division, chevalier de l'Empire, 25 mars 1809 ; baron de l'Empire, 23 avril 1812.

TIMBRUNE-THUMBRONNE DE VALENCE (Jean-Baptiste-Cyrus-Marie-Adélaïde), général de division, comte de Valence, 1er juin 1808.

TINDAL (Ralph-Dundas), général de brigade, adjudant général de la garde impériale, baron de l'Empire, 12 avril 1813.

TIRLEMONT (la ville de), concession d'armoiries, 25 mars 1813.

TIRLET (Louis), général de brigade au corps impérial d'artillerie, baron de l'Empire, 25 mars 1810.

TITARD (Jacques), chef d'escadron au 5e cuirassiers, chevalier de l'Empire, 15 juillet 1810.

TIXIER (Jean-Baptiste-Joseph), procureur général près la Cour impériale de Turin, chevalier de l'Empire, 5 octobre 1808 ; baron de l'Empire, 9 mai 1811.

TOPPIA (Jean-François), évêque d'Acqui, baron de l'Empire, 14 août 1813.

TORTEL (Gilbert-Joseph), adjudant commandant, sous-gouverneur du palais de Saint-Cloud, chevalier de l'Empire, 20 août 1808 ; baron de l'Empire, 31 décembre 1809.

TOSCAN DU TERRAIL (Pierre), capitaine de gendarmerie, membre du collège électoral du département des Hautes-Alpes, chevalier de l'Empire, 11 novembre 1813.

TOUCHAIN DE LA LUSTIÈRE (Louis-Charles), colonel, directeur du génie, baron de l'Empire avec majorat, 13 février 1811.

TOUCHALEAUME (Jacques-François), chef de bataillon au 85e de ligne, chevalier de l'Empire avec dotation, 12 novembre 1809.

TOULON (la ville de), concession d'armoiries, 12 novembre 1811.

TOULOUSE (la ville de), concession d'armoiries, 9 mai 1811.

TOURNOIS DE BONNEVALLET (Clément), major en retraite, chevalier de l'Empire, 25 mai 1811.

TOURNON (Philippe-Camille-Marcellin-Casimir), auditeur au Conseil d'Etat, préfet du Tibre, baron de l'Empire, 9 mars 1810.

TOURS (Jean-Pierre de), membre du collège électoral du Tarn-et-Garonne, baron de l'Empire, 26 avril 1811.

TOURS (la ville de), concession d'armoiries, 6 juin 1811.

TOURTEAU DE SEPTEUIL (Achille-Hippolyte-Jean-Louis), lieutenant aide de camp du prince vice-connétable, chevalier de l'Empire, 19 janvier 1811.

TOUSARD (Antoine-Etienne), général de brigade dans le corps impérial du génie, commandant le génie au 3e corps de la grande armée, baron de l'Empire, 16 septembre 1808.

Toussaint (Jean-François), colonel du 28e de ligne, baron de l'Empire, 18 juin 1809.

Toustain de Limesy (Jean-Baptiste-François-Hippolyte-Casimir de), membre du collège électoral de l'Eure, baron de l'Empire, 15 juin 1812.

Trappier (Jacques-Elisée), capitaine aux tirailleurs grenadiers de la garde impériale, chevalier de l'Empire, 18 août 1810.

Travaglini (Valère), député au Corps législatif, chevalier de l'Empire, 4 juillet 1811.

Travers (Etienne-Jacques), général de brigade, baron de Jever, 3 janvier 1813.

Travot (Jean-Pierre), général de division, baron de l'Empire, 3 février 1813.

Trazegnies (Georges-Philippe-Marie-Joseph-Gillien-Ghislain de), président de la députation du collège électoral du département de la Dyle, comte de l'Empire, 10 avril 1811.

Treilhard (Jean-Baptiste), conseiller d'Etat à vie, président du conseil des Ecoles de droit de Paris, comte de l'Empire, 24 avril 1808.

Trelliard (Anne-François-Charles), général de division, baron de l'Empire, 9 mars 1810.

Tranqualyc (Anne-Alexis-Jean), adjudant commandant, baron de l'Empire, 11 juin 1810.

Treuille (Jean-Baptiste-Pierre), colonel du 15e régiment de dragons, baron de Beaulieu, 2 juillet 1803.

Trévary (Charlemagne), capitaine commandant la compagnie de réserve de la Mayenne, chevalier de l'Empire, 22 octobre 1810.

Triaire (Joseph), colonel aide de camp du vice-roi d'Italie, baron de l'Empire, 31 janvier 1810.

Tridoulat (Paul-Augustin), colonel en retraite, baron de l'Empire, 21 février 1814.

Tripoul (Joseph-César), major au 43e de ligne, chevalier du Reivan, 28 janvier 1809.

Trocmet (Louis-Joseph), chef de bataillon au 14e léger, chevalier de l'Empire, 6 octobre 1810.

Trompeo (Charles-Camille), sous-préfet d'Alba, département de la Stura, chevalier de l'Empire, 18 juin 1809.

Tronsson le Comte (Jacques-Quentin), maire de Reims, député au Corps législatif, chevalier de l'Empire, 26 avril 1810.

Trouvé (Claude-Joseph), préfet de l'Aude, baron de l'Empire, 9 mars 1810.

TROYES (la ville de), concession d'armoiries, 2 août 1811.

TUGNOT (Philippe-Henri), adjudant commandant, sous-chef de l'état-major du 6ᵉ corps de la grande armée, baron de Lanoye, 10 septembre 1808.

TUGNY (Nicolas-François-Thérèse), général d'artillerie au service du roi de Naples, baron de l'Empire, 10 avril 1812.

TUPINIER (Jean), député au Corps législatif, chevalier de l'Empire, 11 juin 1810.

TURENNE (Henri-Amédée-Mercure de), chef d'escadron, l'un des chambellans de l'Empereur, maître de sa garde-robe, comte de l'Empire, 11 novembre 1813.

TURIN (la ville de), concession d'armoiries, 6 juin 1811.

TURPIN DE CRISSÉ (Lancelot-Théodore de), chambellan de l'impératrice Joséphine, baron de l'Empire, 2 mars 1811.

TURREAU DE LINIÈRE (Louis-Marie), général de division, baron de l'Empire, 13 mars 1812.

TWENT DE ROSENBERG (Adrien-Pierre), ancien ministre en Hollande, comte de l'Empire, 13 juin 1811.

URSEL (Charles-Joseph d'), maire de Bruxelles, membre du collège électoral de la Dyle, comte de l'Empire, 16 décembre 1810.

USSEL (Hyacinthe d'), membre du collège électoral et conseiller de préfecture du département de la Corrèze, baron de l'Empire, 25 mars 1813.

VADET (Etienne-Augustin), chef d'escadron en retraite, chevalier de l'Empire, 3 août 1810.

VAILLANT (Pierre-François), chef d'escadron au 27ᵉ dragons, chevalier de l'Empire avec dotation, 19 décembre 1809.

VALDEC-BOUDINHON (Jean-Claude), colonel du 15ᵉ dragons, chevalier de l'Empire, 29 août 1810.

VALÉE (Charles), général de brigade, baron de l'Empire, 13 février 1811.

VALENTIN (François), général de brigade, baron de l'Empire, 9 décembre 1809.

VALENTIN DU PLANTIER (Jean-Marie-Cécile), préfet des Landes, baron de l'Empire, 23 mai 1810.

VALHIADE (Henri-Constance-Casimir), chef de bataillon en retraite, chevalier de Ronnel, 26 avril 1810.

VALLÉE (Pierre-Joseph), membre de la Cour de cassation, chevalier de l'Empire, 26 avril 1808.

VALLIN (Louis), colonel du 6ᵉ hussards, baron de l'Empire, 3 mai 1810.

VALOGNES (la ville de), concession d'armoiries, 12 novembre 1811.

VALORY (Gui-Louis-Henri de), général de brigade, baron de l'Empire, 2 juillet 1808.

VALPERGA DE MASIN (Charles-François-Georges-Emile-Marie de), propriétaire, chevalier de l'Empire, 9 octobre 1813.

VALTERRE (François), général de brigade, baron de Saint-Ange, 19 décembre 1809.

VAN BRIÉNEN VÁN DE GROODT LINDT (Whilhem-Joseph), maire d'Amsterdam, baron de l'Empire, 3 janvier 1813.

VAN-CAMP (Mathias-François), évêque de Bois-le-Duc, baron de l'Empire, 13 août 1811.

VANDAMME (Dominique-Joseph-René), général de division, commandant en chef le premier corps d'armée de réserve, comte d'Unsebourg, 1er avril 1809.

VAN DEDEM VAN GELDER (Frédéric-Gilbert), sénateur, comte de l'Empire, 13 mars 1811.

VAN DE POLL (Jean-Wolters), sénateur, comte de l'Empire, 13 mars 1811.

VAN DER HAEGHEN MUSSAIN (Philibert-François-Jean-Baptiste-Joseph), président du conseil général de l'Escaut et du canton ouest de Gand, baron de l'Empire avec majorat, 14 août 1813.

VAN DER HEIM (Antoine), propriétaire, chevalier de l'Empire, 2 octobre 1813.

VAN DER LEYEN (Frédéric-Henri), député au Corps législatif, membre du collège électoral et président du canton de Crévelot, département de la Roër, baron de l'Empire, 12 avril 1813.

VANDEWALLE (Jacques-Antoine-Léonard), procureur général près la Cour de justice criminelle de la Lys, chevalier de l'Empire, 16 septembre 1808.

VANDOOR VAN DER BOEDE (Abraham), député au Corps législatif, chevalier de l'Empire, 16 mai 1813.

VAN HEDEN (Adrien), général de division, chevalier de l'Empire, 9 octobre 1813.

VANOOSTEROM (Jean-Baptiste), chef d'escadron de gendarmerie, chevalier de l'Empire, 13 février 1811.

VAN RECUM (André), député au Corps législatif, membre du collège électoral du département du Rhin-et-Moselle, baron de l'Empire, 14 août 1813.

VAN STYRUM (Jean), préfet de la Loire-Inférieure, baron de l'Empire, 23 octobre 1811.

Van Zuylen Van Nyevelt (Philippe-Jules), sénateur, général de division, gouverneur du palais impérial d'Amsterdam, comte de l'Empire, 17 mars 1811.

Varéliaud (Antoine), chirurgien de la maison de l'Empereur, chevalier de l'Empire, 11 juillet 1810.

Varin (Pierre-Jacques-Ferdinand), chef de bataillon au 94ᵉ de ligne, chevalier de l'Empire, 15 juillet 1810.

Varlet (Jean-Marie), capitaine du 1ᵉʳ bataillon des fusiliers chasseurs de la garde impériale, baron de l'Empire, 14 juin 1810.

Varlet (Louis-Marius), premier président de la Cour d'appel d'Amiens, chevalier de l'Empire, 28 octobre 1808; baron de l'Empire, 13 mars 1813.

Vasse Sainte-Marie (Marie-Louis-Augustin), capitaine au 1ᵉʳ régiment d'artillerie, chevalier de l'Empire, 11 décembre 1813.

Vasse Saint-Ouen (Thomas-Jean-Nicolas), juge en la Cour de cassation, chevalier de l'Empire, mai 1808.

Vasserot (Louis), major du 17ᵉ de ligne, baron de l'Empire, 2 septembre 1810.

Vattier (Antoine-Melchiord), colonel-major des marins de la garde impériale, baron de l'Empire, 2 août 1811.

Vaufreland-Piscatory (Achille-Victor-Fortuné), général de brigade, chevalier de l'Empire, 10 septembre 1808.

Vaugrigneuse (Ancelis-François-Ferréol), colonel du 1ᵉʳ régiment de la garde municipale de Paris, chevalier de l'Empire, 29 septembre 1809.

Vauquelin (Baptiste-Nicolas-Louis), membre de l'Institut de France, professeur des arts chimiques au Muséum d'histoire naturelle, chevalier de l'Empire, 1ᵉʳ avril 1809.

Vaussay (Charles-Achille de), auditeur au Conseil d'État, préfet des Basses-Pyrénées, baron de l'Empire, 27 décembre 1811.

Vautier (Gilles), chef d'escadron de gendarmerie, chevalier de l'Empire, 3 mai 1809.

Vautré (Victor), colonel du 9ᵉ de ligne, chevalier de l'Empire, 19 septembre 1810.

Vautrin (Hubert), chef d'escadron, adjudant attaché à l'état-major de la garde impériale, chevalier de l'Empire, 20 août 1808.

Veaux (Antoine-Joseph), baron de l'Empire, 29 janvier 1809.

Védel, général de division, comte de l'Empire, 28 juin 1808.

Veilande (Michel), colonel du 88ᵉ de ligne, baron de l'Empire, 26 octobre 1808.

VENTURI (Hippolyte-Louis-Jean-Gualbert-Gaspard), sénateur, comte de l'Empire, 20 août 1809.

VERCEIL (la ville de), concession d'armoiries, 12 novembre 1811.

VERDIER (Jean-Antoine), général de division, comte de l'Empire, mai 1808.

VERDIER DE LACOSTE (Henri), député au Corps législatif, chevalier de l'Empire, 27 septembre 1810.

VERDIER DE LACOSTE (Louis), chef d'escadron en retraite, chevalier de l'Empire, 9 septembre 1810.

VERGES (Jean-Marie), général de brigade, baron de l'Empire, 21 septembre 1808.

VERGÈS (Emmanuel), juge en la Cour de cassation, chevalier de l'Empire, 2 août 1808.

VERGEZ (Marie-François), médecin en chef des pages de l'Empereur et des maisons impériales d'Ecouen, Saint-Denis, etc., chevalier de l'Empire, 9 octobre 1813.

VERHUELL (Charles-Henri), vice-amiral, comte de l'Empire, 25 mai 1811.

VERMEIL (François-Michel), juge en la Cour de cassation, chevalier de l'Empire, mai 1808.

VERNEILU-PUIRASEAU (Joseph de), député au Corps législatif, chevalier de l'Empire, 14 août 1813.

VERNET (Isaac), président du collège électoral du Léman, chevalier de l'Empire, 28 janvier 1809.

VERNET (René-Victor), chef de bataillon, chevalier de l'Empire, 16 décembre 1810.

VERNIER (Théodore), sénateur, comte de Mont-Orient, mai 1808.

VERSAILLES (la ville de), concession d'armoiries, 6 juin 1811.

VERSEYDEN DE VARICK (Jean-Jacques-Victor), membre du collège électoral et secrétaire général de la préfecture de la Dyle, chevalier de l'Empire, 14 août 1813.

VERSTOLK (Johan-Gysbert), préfet de la Frise, baron de l'Empire, 12 novembre 1811.

VÉSIN (Jean-François), chevalier de l'Empire, 11 juillet 1810.

VESOUL (la ville de), concession d'armoiries, 23 avril 1812.

VEYRON-LACROIX (Claude-Joseph-François), sous-inspecteur aux revues, chevalier de l'Empire, 2 mai 1811.

VÉZU (Jacques-Paul), chef de bataillon au 2e régiment des tirailleurs grenadiers de la garde impériale, chevalier de l'Empire, 27 septembre 1810.

VIAL (Jacques-Laurent-Louis-Augustin), colonel du 26ᵉ chasseurs à cheval, baron de l'Empire, 28 janvier 1809.

VIAL (Sébastien), colonel du 16ᵉ dragons, baron de l'Empire, 21 décembre 1808.

VIALA (Sébastien), général de brigade, chevalier de l'Empire, 22 octobre 1810.

VIALETE DE MORTARIEU (Joseph-Pierre), membre du Corps législatif, maire de Montauban, président du conseil d'arrondissement de cette ville, chevalier de l'Empire, 28 octobre 1808 ; baron de l'Empire, 19 janvier 1811 ; avec majorat, 19 juin 1813.

VIALLANNES (Jean-Baptiste-Théodore), général de brigade, baron de l'Empire, 20 juillet 1808.

VIANNEY (Joseph-Amand), sous-adjudant-major au régiment des chevau-légers polonais de la garde impériale, chevalier de l'Empire, 19 septembre 1810.

VIARD (Louis-René), membre du collège électoral de la Meurthe, directeur des droits réunis du même département, baron de l'Empire, 25 février 1813.

VIARIS (Gaston-Fortunat-Eusèbe-François-Marie-Benoît), capitaine au 111ᵉ de ligne, baron de l'Empire, 25 mars 1810.

VICTOR PERRIN (Claude), maréchal d'Empire, duc de Bellune, 10 septembre 1808.

VIDAL DE VALLABRÈGUE (David-Eliézer), capitaine aide de camp, chevalier de l'Empire, 12 novembre 1809.

VIEFVILLE DES ESSARTS (Jean-Louis de), membre du collège électoral et président du conseil général de l'Aisne, l'un des conservateurs des Eaux et Forêts, baron de l'Empire, 25 février 1813.

VIELLART (René-Louis-Marie), président de la Cour de cassation, chevalier de l'Empire, 2 juillet 1808.

VIEN (Joseph-Marie), membre de l'Institut, recteur, professeur des écoles spéciales de peinture et de sculpture de Paris, comte de l'Empire, 26 avril 1808.

VIENNET (Jean), colonel d'infanterie, commandant la citadelle de Perpignan, chevalier de l'Empire, 27 septembre 1810.

VIENNOT DE VAUBLANC (Vincent-Marie), préfet de la Moselle, chevalier de l'Empire, 28 novembre 1809 ; baron de l'Empire, 19 décembre 1809.

VIGENT (François-Pascal-Théodore), baron de l'Empire avec dotation, 2 octobre 1813.

VIGNOLLE (Martin de), général de division, baron de l'Empire, 29 juin 1808 ; comte de l'Empire, 31 décembre 1809.

VIGNON (Pierre), président du tribunal de commerce de la Seine, chevalier de l'Empire, 21 décembre 1808.

VIGOUREUX DU PLESSIS (Charles-Henri-Jean-Baptiste), attaché à l'État-major, chevalier de l'Empire, 1er janvier 1813.

VILAIN XIV (Philippe-Louis-Marie-Ghislain), membre du collège électoral et du conseil général de l'Escaut, maire de Basel, commandant la garde d'honneur de Gand, lieutenant de la louveterie impériale, comte de l'Empire, 27 décembre 1811.

VILLAIN (Pierre-François), sous-inspecteur aux revues, chevalier de Saint-Hilaire, 22 novembre 1808.

VILLARET (Jean-Chrysostôme), évêque de Casal, chancelier de l'université, baron de l'Empire, 28 mai 1809.

VILLATTE (Eugène-Casimir), général de division, baron d'Outremont, 26 octobre 1808.

VILLEBOIS (Pierre-Marie-Maurille de), membre du conseil général d'Angers, commandant la garde d'honneur du département de Maine-et-Loire, baron de l'Empire avec majorat, 19 janvier 1811.

VILLENEUVE-BARGEMONT (Christophe de), préfet du Lot-et-Garonne, baron de l'Empire, 3 mai 1810.

VILLENEUVE DE VENCE (Clément-Louis-Hélion), officier d'ordonnance de l'Empereur, baron de l'Empire, 31 décembre 1809.

VILLETARD (Edme-Pierre-Alexandre), sénateur, comte de l'Empire, 26 avril 1808.

VILLIERS (Edme-Antoine), député au Corps législatif, chevalier de l'Empire, 11 juillet 1810.

VILLIERS DU TERRAGE (Paul-Etienne de), commissaire général de police dans les ports des départements de la Manche et du Pas-de-Calais, chevalier de l'Empire, 21 décembre 1808.

VILLOT DE FRÉVILLE (Jean-Baptiste-Maximilien), membre du collège électoral du département de la Seine, chevalier de l'Empire, mai 1808 ; maître des requêtes, baron de l'Empire avec majorat, 19 décembre 1809.

VILMAIN (François-Joseph-Ferdinand), chef de bataillon, aide de camp, chevalier de l'Empire, 2 novembre 1810.

VIMAR (Nicolas), sénateur, comte de l'Empire, mai 1808.

VIMEUX (Louis-Antoine), général de division, commandant à Luxembourg, baron de l'Empire, 18 mai 1811.

VINCENT (Catherine-Balthazar), colonel aide de camp, baron de l'Empire, 19 décembre 1809.

VINCENT DE MARNIOLA (Etienne), auditeur au conseil d'État, préfet du département du Pô, chevalier de l'Empire, 5 octobre 1808.

VINOT (Gilbert-Julien), colonel commandant le 2° hussards, chevalier de l'Empire, 6 octobre 1810.

VIONNET (Louis-Joseph), chef de bataillon aux grenadiers à pied de la garde impériale, chevalier de Maringoné, 23 mai 1810; major colonel du 2ᵉ régiment des tirailleurs de la garde impériale, membre du collège électoral du département du Doubs, baron de l'Empire, 24 janvier 1814.

VIRIEU (Joseph-Marie-Alexandre), maire de Lantilly (Côte-d'Or), membre du collège électoral du même département, baron de Beauvoir, 26 avril 1811.

VIRY (François-Marie-Justin de), chambellan de l'Empereur, comte de l'Empire, 26 avril 1808.

VISCHER DE CELLES (Antoine-Philippe-Fiacre-Ghislain), maître des requêtes, préfet de la Loire-Inférieure, comte de l'Empire avec majorat, 29 septembre 1809.

VISCONTI (Ennius-Quirinus), membre de l'Institut antiquaire et conservateur des antiques du Musée Napoléon, chevalier de l'Empire, 2 juillet 1808.

VISME (Valéry de), sous-préfet de Vervins, membre du collège électoral de l'Aisne, baron de l'Empire, 24 janvier 1814.

VITAL (Jean-Baptiste-Pie), évêque de Mondovi, baron de l'Empire, 7 juin 1808.

VIVIEN (Pierre-Joseph-Michel), chef de bataillon en retraite, chevalier de l'Empire, 20 août 1809.

VIVIÈS (Guillaume-Raymand-Amand), général de brigade, baron de Laprade, 11 août 1808.

VOISIN (François-Aimable de), évêque de Saint-Flour, aumônier de l'Empereur, baron de l'Empire, 21 septembre 1808.

VOLNEY (Constantin-François Chassebœuf de), membre de l'Institut, sénateur, comte de l'Empire, 26 avril 1808.

VON DER LEYEN (Frédéric-Henri), député au Corps législatif, chevalier de l'Empire, 28 janvier 1809.

VOS DE CAUWENBERG (Louis-François-Joseph de), 1ᵉʳ adjoint au maire de la ville de Bruxelles, membre du collège électoral du département de la Dyle, baron de l'Empire, 25 février 1813.

VOUGNY DE BOQUESTANT (Anne-Marie-Louis de), membre du conseil général et du collège électoral d'Eure-et-Loir, maire de Boulay-Thierri, baron de l'Empire avec majorat, 23 décembre 1810.

VOUILLEMONT (Armand-Nicolas), général de brigade, baron de l'Empire, 12 avril 1813.

VOUTE (Robert), maître des requêtes au conseil d'État, directeur général de la Caisse centrale d'Amsterdam, baron de l'Empire, 12 février 1812.

VOUTY DE LA TOUR (Claude-Antoine), premier président de la Cour d'appel de Lyon, chevalier de l'Empire, 28 octobre 1808 ; baron de l'Empire, 9 mars 1810.

VOYER d'ARGENSON (Marc-René-Marie de), préfet des Deux-Nèthes, baron de l'Empire, 25 mars 1810.

VRIGNY (Pierre-Jean-François), major du 1er régiment des conscrits de la garde impériale, baron de l'Empire, 4 juin 1810.

WALSH-FERRANT (Antoine-Joseph-Philippe), président du collège électoral du Finistère, comte de Ferrant, 2 septembre 1810.

WALTER (Jean), major au 14e dragons, chevalier de l'Empire, 18 août 1810.

WALTHER (Frédéric-Henri), général de division, colonel des grenadiers à cheval de la garde impériale, comte de l'Empire, 26 avril 1808.

WARENGHIEN (Adrien-Lamoral-Jean-Marie de), chef de bataillon au 112e de ligne, chevalier de l'Empire avec dotation, 9 décembre 1809.

WARENGHIEN (Louis-Joseph-Marie de), procureur général à la Cour de Douai, chevalier de l'Empire, baron de l'Empire, 25 février 1813.

WARTELLE (Pierre-Mathias-Joseph), maire de la ville d'Arras, baron d'Herlincourt avec majorat, 9 octobre 1813.

WATHIER (François-Isidore), adjudant commandant, chevalier de l'Empire, 6 octobre 1810.

WATIER (Pierre), général de brigade, comte de l'Empire, 26 octobre 1808 ; comte de Saint-Alphonse, 12 novembre 1809.

WATRIN (Marie-Dominique), colonel de cavalerie en retraite, chevalier de Vaux, 9 septembre 1810.

WATTEVILLE (Albert de), officier d'ordonnance de l'Empereur, baron de l'Empire, 23 juillet 1810.

WERBROUCK (Jean-Etienne-Augustin-Joseph), maire de la ville d'Anvers, chevalier de l'Empire, 5 août 1809.

WERLÉ (François-Jean), général de brigade, baron de l'Empire, 27 novembre 1808.

WESTRENEN DE THÉMAET (Pierre-Gérôme de), député au Corps législatif, chevalier de l'Empire, 3 juillet 1813.

WICHERS (Hendrick-Ludolf), préfet du département de l'Ems occidental, baron de l'Empire, 6 septembre 1811.

WIMPFFEN (Félix-Victor-Charles-Emmanuel de), colonel du 2e de ligne, baron de l'Empire, 23 décembre 1810.

WINTER (Jean-Guillaume de), vice-amiral, inspecteur général des côtes du Nord, comte de l'Empire, 9 mai 1811.

WITTGENSTEIN (Jean-Jacques-Herman-Joseph de), maire de Cologne, chevalier de l'Empire, 18 juillet 1811.

WOLF (Marc-François), colonel des chevau-légers de la garde du roi de Westphalie, chevalier de l'Empire, 29 août 1810.

WRÈDE (Charles-Joseph-Philippe de), lieutenant général au service du roi de Bavière, comte de l'Empire avec dotation, 14 février 1810.

YVAN (Alexandre-Urbain), chirurgien ordinaire du roi, chirurgien adjoint de l'hôtel impérial des Invalides, docteur en médecine, baron de l'Empire, 31 janvier 1810.

ZAEPFFEL (François-Louis), officier d'ordonnance de l'Empereur, chef de bataillon au 23e de ligne, baron de l'Empire, 11 juin 1810.

ZAEPFFEL (Jean-Evangéliste), évêque de Liège, baron de l'Empire, 26 octobre 1808.

ZANGIACOMI (Joseph), juge à la Cour de cassation, chevalier de l'Empire, 26 avril 1808 ; conseiller à la Cour de cassation, baron de l'Empire, 27 septembre 1810.

ZANOLI (Jean-Baptiste), chef de bataillon commandant d'armes à Bardi, chevalier de l'Empire, 6 juin 1811.

ZIMMER (Joseph), major du régiment de la Tour d'Auvergne, chevalier de l'Empire, 15 juillet 1810.

ZONDADARI CHIGI (Ange), adjoint au maire de Sienne, chevalier de l'Empire, 15 septembre 1811.

ZUCCHI (Charles), général de brigade, baron de l'Empire, 11 juin 1810.

ZUYDTWYCK (Engelbert-Antoine-Aloys-Cyriaque-Heereman), chambellan de l'Empereur, membre du collège électoral de la Roër, baron de l'Empire, 14 février 1810.

91. — Paris. Typographie Gaston Née, rue Cassette, 1.

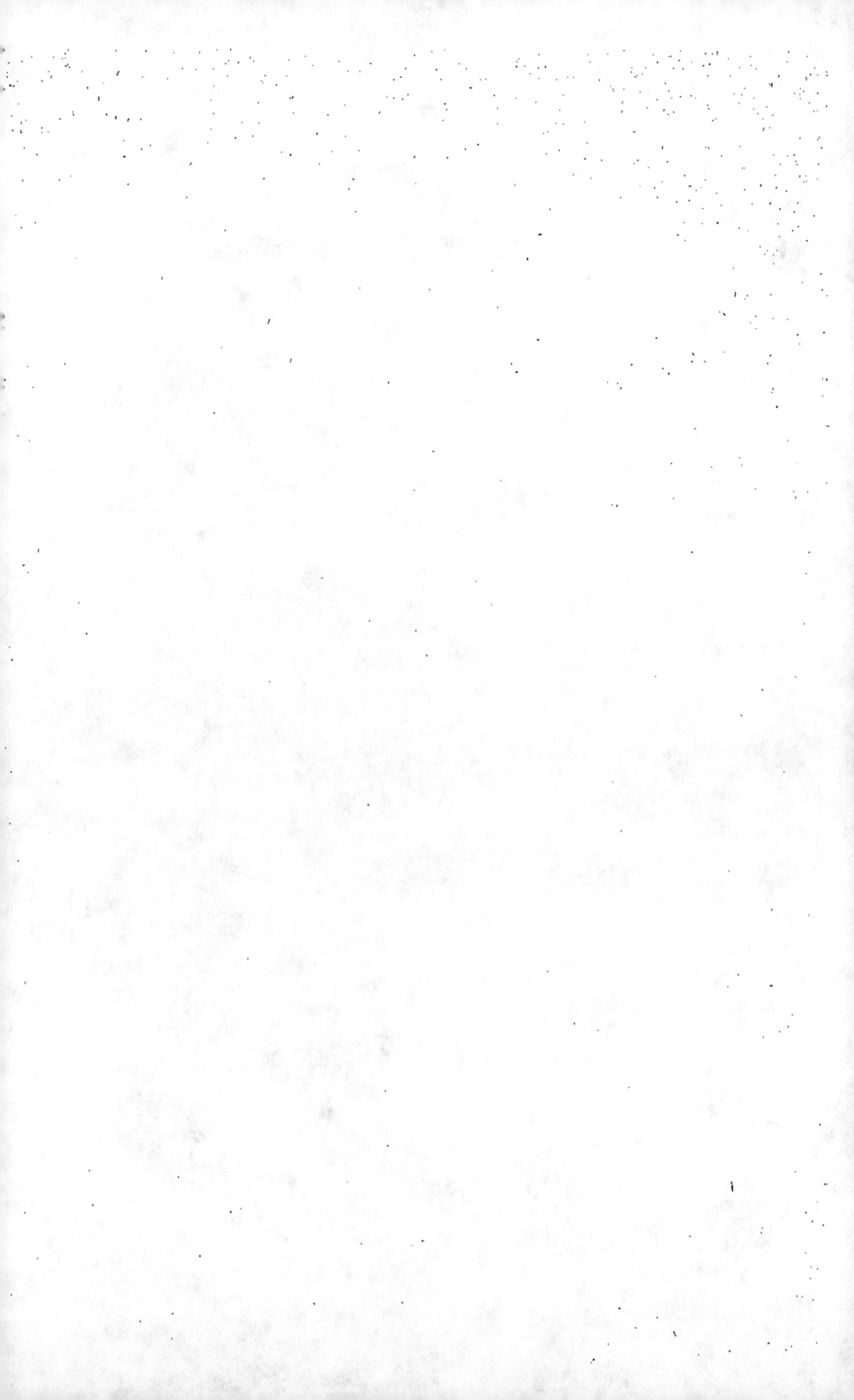

PUBLICATIONS DE LA SOCIÉTE

EN VENTE AU SIÈGE, RUE DE FURSTENBERG, 4

OUVRAGES DÉJA PARUS :

Qu'est-ce que le Tiers état? par EMMANUEL SIEYÈS, précédé de l'*Essai sur les privilèges*, édition critique avec une introduction par EDME CHAMPION, Paris, 1888, in-8. — Prix : 4 fr.

Les Conventionnels, listes par départements et par ordre alphabétique des députés et des suppléants à la Convention nationale, dressées d'après les documents originaux des Archives nationales, avec nombreux détails biographiques inédits, par JULES GUIFFREY. Paris, 1889, in-8. — Prix : 5 fr.

EN PRÉPARATION :

Mémoires inédits de Fournier l'Américain, publiés par F.-A. AULARD.

Discours de Mirabeau à la nation provençale, édition critique, par AUGUSTE DIDE.

Liste critique des membres de la Constituante, de la Législative, du Conseil des Cinq-Cents et du Conseil des Anciens, par ÉTIENNE CHARAVAY et ALEXANDRE TUETEY.

Procès-verbaux inédits des districts de Paris en août 1789, par ÉTIENNE CHARAVAY.

Paris. — Typ. Gaston Née, rue Cassette, 1.

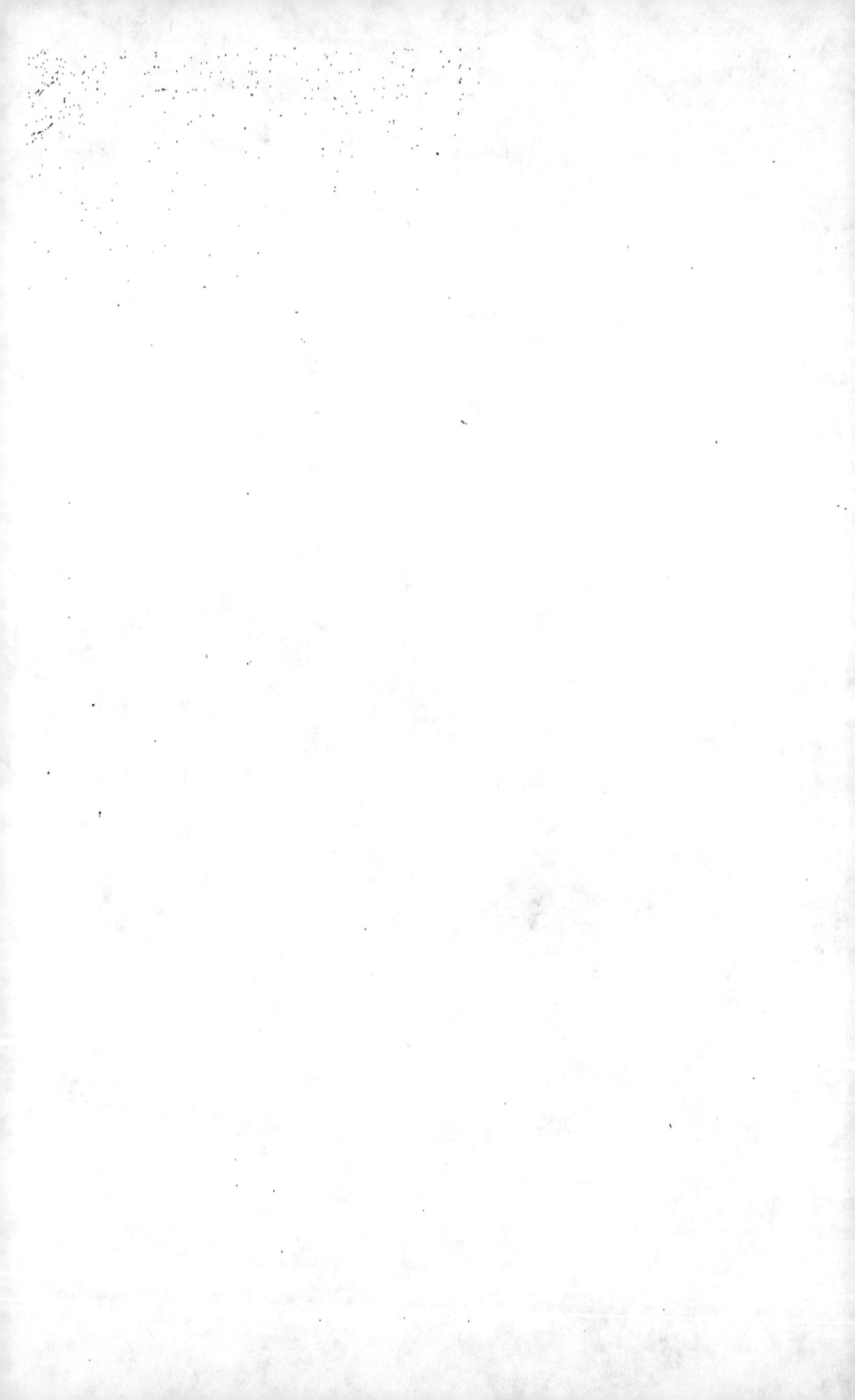

www.ingramcontent.com/pod-product-compliance
Lightning Source LLC
Chambersburg PA
CBHW072225270326
41930CB00010B/1995